人民至上的生动实践

RENMIN ZHISHANG DE
SHENGDONG SHIJIAN

"SHISANWU"SHIQI
GUIZHOU TUOPIN GONGJIAN JINGYAN ZONGJIE

"十三五"时期
贵州脱贫攻坚经验总结

中国扶贫发展中心
贵州省扶贫开发办公室
华中科技大学
联合课题组 编著

中国出版集团
研究出版社

图书在版编目 (CIP) 数据

人民至上的生动实践:“十三五”时期贵州脱贫攻坚经验总结 / 中国扶贫发展中心，贵州省扶贫开发办公室，华中科技大学联合课题组编著 . -- 北京：研究出版社，2021.1
ISBN 978-7-5199-0974-1

Ⅰ . ①人… Ⅱ . ①中… ②贵… ③华… Ⅲ . ①扶贫 - 工作经验 - 贵州 Ⅳ . ① F127.73

中国版本图书馆 CIP 数据核字 (2021) 第 000075 号

人民至上的生动实践——“十三五”时期贵州脱贫攻坚经验总结
RENMIN ZHISHANG DE SHENGDONG SHIJIAN
—“SHISANWU” SHIQI GUIZHOU TUOPIN GONGJIAN JINGYAN ZONGJIE
中国扶贫发展中心 贵州省扶贫开发办公室 华中科技大学联合课题组 编著
责任编辑：寇颖丹

研究出版社 出版发行
（100011 北京市朝阳区安华里 504 号 A 座）

安徽新华印刷股份有限公司 新华书店经销

2021 年 1 月第 1 版 2021 年 1 月第 1 次印刷
开本：710 毫米 ×1000 毫米 1/16 印张：18.5
字数：267 千字

ISBN 978-7-5199-0974-1 定价：55.00 元

邮购地址 100011 北京市朝阳区安华里 504 号 A 座
电话（010）64217619 64217612（发行中心）

联合课题组成员

组　长

李　建　黄承伟

副组长

彭锦斌　向德平

成　员

（按姓氏笔画排序）

王禹澔　王　维　左　停　李晓红

李　峰　张中强　张　琦　陈　涛

郑　娟　骆艾荣　阎　艳　梁　怡

谢玉梅　雷　明

Contents | 目　录

执行摘要

开展贵州省脱贫攻坚经验研究具有重要意义。随着经济社会的快速发展，人们对贫困的认知不断深化，贫困已经不仅仅是一种特殊的经济问题，更是一种复杂的社会现象；随着贫困治理的推进，生态环境、气候变化和交通便利程度等因素对贫困人口分布的影响越来越明显，贫困的空间属性日益突出，"空间"作为贫困研究的一个视角得以发展。贫困研究的空间视角主要基于贫困在空间上聚集并呈现出一定特征的事实。中国的贫困现象也呈现出明显的空间不均衡性，即大多数贫困人口集中分布于农村地区，尤其是生态环境恶劣、地理位置偏僻、公共服务和公共设施不足的区域，空间属性突出，需要在精准扶贫进程中予以回应。贵州省位于我国西南部地区，其面临的基本困难和问题是全国性特点的表征。同时，作为精准扶贫和精准脱贫攻坚战的前沿重镇和开放式脱贫试验区，其在贫困治理上取得的进展和经验也具有全国性的意义。因此，对贵州省的经济社会发展状况及其减贫效应进行深入探析，能够在理论上丰富空间视角的贫困治理理论、拓展贫困治理的研究边界，也能够为中国乃至其他发展中国家的区域贫困治理提供实践经验和借鉴，具有重要的意义。

贵州省经济社会发展带来的减贫效应明显。贵州省近年来经济社会发展实现了历史性跨越，所带来的减贫成效非常明显：第一，扎实推进扶贫开发各项工作并取得显著成效。截至 2019 年底，贵州省贫困人口由 2012 年的 1019 万下降至 30.83 万，贫困发生率下降至 0.85%。农村人均可支配收入提高到10756元，66个贫困县中累计57个贫困县顺利摘帽。第二，经济持续快速发展，经济结构不断优化，与贫困分布呈现高度的耦合性，各个州（市）经济发展水平与贫困程度在地理空间的分布上具有一致性。第三，大力推进脱贫攻坚等重大民生工程，城乡居民收入水平提高明显，农村人均可支配收入增速快于城镇居民，居民收入与地区生产总值增速基本同步。第四，大规模开展交通基础设施建设，交通扶贫工作初见成效。2014年至2019年贵州省交通基础设施发展水平与贫困人口分布呈显著正相关关系，且道路交通系统完善促进收入改善的效应愈加明显。第五，不断加大教育投资力度，增加农民知识、能力、技能等脱贫致富的基本条件，实现了教育与经济、社会等领域的协同发展，减贫效益明显。贵州省的经济社会发展在未来面临着困难，如贵州仍然是全国贫困人口最多、贫困程度最深的省份之一，受国内外宏观经济环境的传导影响，长期积累的矛盾容易显现，投资需求后劲不足，地方发展走势分化等。为保障贵州省经济社会快速健康发展、脱贫攻坚任务扎实完成，本书提出如下建议：第一，重视空间异质性这一区域贫困的重要属性，从实际出发，因地制宜地规划扶贫脱贫政策；第二，科学制定基础设施规划路线，深入分析不同地区整体发展需求，秉承共享发展的理念，构建布局合理的综合交通体系；第三，优化教育资源配置，加快实施教育扶贫工程。

贵州省的脱贫攻坚取得了历史性成就。贵州省作为我国贫困面最大、贫困程度最深、贫困人口最多的省份，是全国脱贫攻坚的主战场和决战区。脱贫攻坚工程实施以来，贵州省经济社会健康快速发展，农村交通、水利、通信、医疗教育等基础设施与公共服务水平大幅改善。第一，贵州省的经济社会健康快速发展，全省的地区生产总值五年平均增速为10.14%（全国平均数据为6.86%），经济增长速度为同期全国最快。第二，贵州省的脱贫攻坚成效显著，贫困人口的绝对数量大规模减少，贫困发生率减少了25%，减贫速度高于同期全国平均水平。第三，大部分贫困县实现摘帽。第四，基础设施水平大幅提升，交通、水利、电力等建设为贫困人口带来了实际生活的便利。第五，社会公共服务呈现出崭新面貌，教育、医疗、住房等三保障工作取得了令人瞩目的成就。第六，易地扶贫搬迁取得巨大成效，2016 年全国易地扶贫搬迁工作成效考核中，贵州省名列第一，成为“贵州样板”，并在党的十九大召开前举办的“砥砺奋进的五年”大型成就展上作为先进典型向全国展示。贵州的脱贫攻坚带来了贵州贫困治理能力的大幅提升。

贵州的脱贫攻坚累积了宝贵的经验。贵州在脱贫攻坚取得巨大成就的同时，创新、累积了大量的宝贵经验。党政责任体制机制创新的经验：第一，持续深入学习，确保全省广大干部群众准确领会习近平总书记关于扶贫工作的重要论述和中央扶贫开发决策部署；第二，完善顶层设计，建立健全脱贫攻坚政策体系和体制机制；第三，持续真抓实干，确保脱贫攻坚各项工作精准落地见效。毕节试验区的减贫成果和经验：毕节“开发扶贫、生态建设、人口控制”试验区，开发扶贫成效显著；生态环境有效改善，森林资源持续增长，水土保持工程取得巨大成效，城乡居民生活环境有效改善；人口素质全面提升，2018 年人均受教育年限达到 8.9 年；经济社会全面发展，地区经济发展稳健，人民生活大幅改善，社会事业长足进步。脱贫攻坚的贵州认知，即以脱贫攻坚统领经济社会发展全局：把贫困治理纳入全省发展全局来谋划和推进，坚持精准扶贫精准脱贫方略，始终围绕促进贫困人口参与和分享改革与发展红利，补齐扶贫开发与城乡协调发展的各类短板，通过“大扶贫”推动基础设施、产业发展、城镇化水平、生态环境质量、公共服务均等化跃上新台阶。精准扶贫的“四看法”：“四看法”是贵州省威宁县在精准扶贫中精准识别扶贫对象和判断是否成功脱贫所采用的一套行之有效的工作方法，即“一看房，二看粮，三看劳动力强不强，四看家中有没有读书郎”。“四看法”成为各地精准识别贫困人口的样板，作为精准扶贫典型经验在全国范围内得到推广。“五个一批”的“三变”改革：“三变”改革是在贵州省六盘水市探索的一条科学脱贫之路，即资源变资产、资金变股金、农民变股东，从而不断发展壮大集体经济，有力促进农业增效、农民增收和农村繁荣。

贵州省的扶贫脱贫工作实现了体制机制的探索和创新。在脱贫攻坚统领经济社会发展全局的过程中，贵州省构建了“大扶贫”机制，创新实施防返贫监测预警管理机制：第一，“大扶贫”管理机制的创新和探索，包括组织管理体制变革、精准识别与精准施策创新探索、考核和退出机制的再完善；第二，“大扶贫”外源动力拉动机制的构建和创新，包括多样高效化帮扶机制、多元化社会化扶贫模式的探索和创新、投资平台与机制的创新再造；第三，“大扶贫”内源推动机制的培育与创新，包括转换生计能力的产业就业扶贫、强化主体力量的党建扶贫、激发内生动力的扶志扶智；第四，“大扶贫”防贫监测预警机制的积极创新和探索，包括立体监测清底数、精准预警强管理、标识管理和多种保障防返贫。贵州“大扶贫”体制机制的基本经验与启示：第一，积极探索外源拉动和内源推动相融合新方式；第二，锐意改革与率先创新的新时代担当精神；第三，“大扶贫”理念和强执行力的有效融合；第四，实事求是制定符合自身条件的扶贫脱贫机制。在接续的工作中，贵州“大扶贫”面临的新挑战包括：第一，巩固脱贫成果与构建稳定脱贫长效机制的新挑战；第二，提升脱贫质量、防止和减少返贫潜在风险的经验总结和推广；第三，扶贫脱贫与乡村振兴战略衔接的政策和制度转换的挑战；第四，探索边缘贫困对象带来的新矛盾解决办法的挑战；第五，扶贫脱贫机制成效评估和社会认可度的挑战。

贵州大扶贫格局有明确的构建路径和可借鉴的经验。脱贫攻坚是一项系统工程，需要全党全社会力量广泛参与，构建专项扶贫、行业扶贫与社会扶贫“三位一体”的大扶贫格局，形成政府、市场和社会等多方力量互相协作的局面。贵州省以脱贫攻坚统揽经济社会发展全局，动员各方力量，从组织保障、资源和人力投入、方式方法创新等各方面提供保障，构建大扶贫格局，着重挖掘社会扶贫潜力，在国家社会扶贫政策顶层设计与制度安排的指导下，结合贵州省的实际情况制定了一系列具有贵州特色的社会扶贫政策制度。贵州省构建大扶贫格局的具体做法有：第一，强化以政府为主导的专项扶贫，奠定扶贫开发工作的基础；第二，整合各行业各部门扶贫力量，联动各部门推进行业扶贫；第三，增强与定点扶贫单位的沟通联络，加大定点扶贫工作力度；第四，建立多方合作共赢机制，深化东西部扶贫协作工作；第五，发挥企业社会扶贫主力军作用，推进企业参与扶贫工作；第六，激发社会组织扶贫活力，推动社会组织参与扶贫工作。大扶贫格局的构建在推动脱贫攻坚工作中发挥的作用日益明显，累积了有益经验，具体表现在：第一，完善大扶贫政策体系，为大扶贫格局提供制度上的支持和保障；第二，培育多元化的大扶贫扶贫主体，动员企业、社会组织和个人积极参与，凝聚最广泛的力量；第三，搭建立体化大扶贫工作平台，以“大数据+精准扶贫”的理念推动共建黔东南电商公共服务平台的电商协作模式；第四，创新多样化大扶贫工作方式，利用大数据、大平台，拓展多元扶贫主体参与脱贫攻坚的路径与方式；第五，营造和谐的大扶贫社会氛围，创新宣传方式，加强经验交流和树立典型，在全社会形成“人人皆能为、人人皆愿为、人人皆可为”的良好扶贫氛围。

贵州省在产业扶贫、就业扶贫、生态扶贫、社会保障减贫、金融扶贫、易地扶贫搬迁以及扶志扶智脱贫等领域有诸多成功经验与启示。

贵州省产业扶贫的实践与启示。贵州省在产业扶贫领域主要围绕三个方面展开工作：第一，围绕产业发展“八要素”[①]，开展农业产业革命。(1) 加强产业选择，夯实产业规模化标准化基础；(2) 提升农民培训效果，打造新型产业工人；(3) 抓好技术队伍建设，实现技术服务全覆盖；(4) 抓好各类资金整合，助力贫困地区产业发展；(5) 抓好主体培育壮大，农民合作社数量取得新突破；(6) 抓好内外市场开拓，确保产销对接、上下畅通；(7) 完善利益联结机制，促进农户增加收益；(8) 探索“村社合一”，发挥党组织引领发展作用。第二，创

① 产业发展“八要素”：产业选择、培训农民、技术服务、资金筹措、组织方式、产销对接、利益联结、基层党建。

新旅游扶贫。主要做法包括：（1）抓好顶层设计和战略布局；（2）实施旅游扶贫九项工程；（3）加强典型示范总结；（4）开发“贵州旅游精准扶贫云”；（5）加大资金支持力度。第三，创新电商扶贫。主要做法有：（1）大力实施“黔货”品牌塑造工程，推动“黔货”出山；（2）大力推进电商主题培育和电商人才培育；（3）完善农村电商服务体系，推动供给侧改革；（4）强化党建，走好农村电商扶贫群众路线。产业扶贫既是短期内促进增收、减贫脱贫的现实基础，也是巩固长期脱贫效果、抑制返贫的根本路径。贵州产业扶贫的启示包括：第一，尊重扶贫对象的主体地位，激发起内生发展动力。第二，积极调动新型经营主体参与扶贫开发的积极性，充分发挥新型经营主体的市场配置功能。第三，优化新型经营主体与贫困群众的利益联结机制，从人力资本开发方面创造新的经济增长点。第四，充分发挥财政扶贫资金的引导作用，将政府、贫困户和企业（合作社）联合起来组成利益共同体，最大限度地发挥财政资金的杠杆作用。

贵州省就业扶贫的实践与成效。世界银行和国际劳工组织等公认，保障就业、提高劳动收入是减贫的重要手段。贵州省践行“五步工作法”，以“一户一培训、一户一就业”动态消除“零就业家庭”，促进合同式稳定就业，不断提升就业质量，促进脱贫摘帽。具体做法有：第一，大力开展职业培训，提高培训精准度。培训内容包括就业技能培训、农村实用人才培训、民族特色手工艺培训和技能教育长期培训等。第二，通过构建高效培训网络，开展形式多样的培训活动，对培训进行严格的监督管理，创新了就业培训体系。第三，促进稳定就业和专业就业，包括促进就地就近就业、拓宽劳务输出门路、织密劳务协作网络、不断加强就业服务和加强劳务公司建设等。贵州省在就业扶贫方面的成效表现在：第一，建立了完善的信息系统，强化了任务目标管理；第二，出台了一系列扶贫政策，建立了就业脱贫攻坚工作体系；第三，总结推广扶贫成功经验，畅通拓宽了劳动力就业渠道；第四，突破现有政策，促进了易地扶贫搬迁就业创业。

贵州省生态扶贫的实践与经验。生态扶贫是生态保护和扶贫开发的有机统一，其内涵是通过构建有效转换机制将自然资源资产变为资本，再将资本变为财富，最终消除贫困。贵州省生态扶贫工作的主要做法有：第一，做好顶层设计和政策保障；第二，加强生态建设，巩固生态补偿机制，精准管理公益岗位；第三，发展各类生态产业，探索生态资源转化为经济收益的长效机制；第四，实施生态扶贫搬迁工程，将自然保护区生态保护与贫困人口脱贫相结合。贵州省生态扶贫工作的经验，值得借鉴：第一，强化顶层设计，做好组织保障，健全生态扶贫政策支撑体系；第二，创新生态建设扶贫激励机制，内化生态环境资源的正外部性；第三，优选主导生态产业，延长价值链，促进区域生态产业相互协同；第四，强化生态扶贫责任主体，形成完整工作体系；第五，聚集多方帮扶力量，构建生态扶贫治理体系和大生态格局。在贵州的生态扶贫工作中，也存在一些挑战：第一，干部思想认识亟须提升，需坚持把生态扶贫作为重点战略；第二，缺少生态产业风险防控措施，需建立产业风险防控体系；第三，政府责任过重，需加强多元主体的参与；第四，生态旅游业品牌宣传方式单一，需形成多渠道宣传布局。

贵州省社会保障减贫的政策创新和基层实践。社会保障制度天然带有反贫困效用。贵州省创新性地制订并颁布《贵州省大扶贫条例》统领全省减贫工作，以法律条文的形式呈现出大扶贫要求和构建大扶贫战略，为全省社会保障政策体系的完善提供了较高层次的法律法规的支持和方向指引。在此基础上，贵州省逐步建立起多重保障的社会救助制度体系兜底扶贫、社会保险扶贫以及社会福利和社会服务减贫的社会保障减贫格局。同时，大胆探索，立足城乡统筹建立健全高质量、高精准、多给付形式的社会救助制度体系，以综合性保障扶贫应对多维贫困，并立足本地文化探索“文化＋就业”形式帮扶就业困难群体，从质量、针对性等方面形成一系列本土化的社会保障减贫做法，成效显著。如赤水市实施特困老人全面集中供养和面向边缘老人的低偿服务，以高质量的特困人员供养政策为特困人员提供兜底保障；凯里市覆盖学前教育和义务教育的“校农”营养改善计划；安顺市西秀区以“托养+就业”模式帮助残疾人体面生活，这些都是社会保障减贫的基层典型实践。然而随着社会主要矛盾的转变，贵州省的社会保障制度及其减贫建设将面临新的挑战，亟待从以下几方面逐步过渡和优化：逐步进行社会保障减贫的制度主流化；强化益贫式社会保险制度体系建设；给予弱势群体和弱能群体更多政策关怀；建立起以村庄/社区为基础的多层次公共服务供给体系。

贵州省金融扶贫的实践与经验。金融扶贫主要是指通过向贫困群体提供金融产品和服务，实现扶持贫困户生产发展进而带动脱贫的目标。在大扶贫格局的背景下，贵州省内金融扶贫在制度、金融运行机制、金融产品和金融机构组织建设等方面都呈现了不同程度的创新与实践，并且取得一定成效。贵州省金融扶贫的成功经验主要表现为在金融扶贫资金投入增大的同时，有力推动信用工程建设、有针对性地发展地方特色产业、有效带动农户脱贫增收和改善贫困区域的基础设施。当前金融扶贫模式中主要存在两个方面问题：第一，集中还贷高峰期金融风险陡增；第二，扶贫小额信贷逾期问题可能引发金融扶贫的短期化和信用环境恶化问题。根据分析提出如下建议：第一，加强诚信与感恩宣传；第二，建立数据库，以数据为核心改变金融服务的基础逻辑；第三，发挥金融科技作用，建立多维数据化路径；第四，基于数据建立多维度的授信模型和风险决策模型。

贵州省易地扶贫搬迁的实践与经验。贵州省的易地扶贫搬迁工作着力完善顶层政策设计，出台了一系列指导性文件和实施意见；探索建立了易地扶贫搬迁“四定”工作法，即以群众意愿“定”搬迁地点、以就业岗位“定”搬迁人数、以家庭人口“定”安置面积、以家庭情况“定”脱贫措施；按照“六个坚持”要求，聚焦搬哪些、如何搬、如何稳等关键性问题，积极探索“五力汇集”的易地扶贫搬迁新模式；以“新市民计划”助推搬迁群众融入社区生活；以易地扶贫搬迁安置点为基本单元，对已经搬迁入住的项目开展拉网式“回头看”。贵州省易地扶贫搬迁的经验可以总结为：第一，贯彻“六个坚持”全面提高搬迁质量。一是坚持省级统贷统还，市县集中精力抓搬迁；二是坚持以贫困自然村寨整体搬迁为主，精准落实搬迁对象；三是坚持城镇化集中安置；四是坚持以县为单位集中建设，规范工程项目管理；五是坚持不让贫困户因搬迁而负债；六是坚持以岗定搬、以产定搬，精准落实就业和产业脱贫措施。第二，以“五个三”助力搬迁群众升级保障，即盘活承包地、山林地和宅基地三大资源，统筹就业、就学、就医三大民生问题，衔接低保、医保和养老保险三类保障，建设经营性公司、家庭农场和公共服务站三个场所，建立集体经营、社区管理服务、群众动员组织三种机制服务群众，确保搬迁群众安居能乐业、搬迁能脱贫、脱贫能致富。第三，以“五个体系”建设推动搬迁后续帮扶工作，“五个体系”即完善基层党建体系、基本公共服务体系、培训和就业服务体系、文化服务体系和社区治理体系。

贵州省扶志扶智的实践经验与现实挑战。扶志扶智是精准扶贫的重点也是难点，扶志扶智工作的主要做法为“两大机制＋‘软硬’两招”。两大机制是县直部门干部全部下沉到一线的驻村帮扶机制和重视挖掘本土脱贫“种子资源”的党政引领机制。“软硬”两招中“软招”重渗透，通过宣传教育、典型示范引领贫困人口立志弘志，建立了集中与分散、动态与静态、阶段性与长期性、普遍性与精准性全面结合的宣传教育机制，深入做好贫困群众思想工作；“硬招”以四场硬仗和法治扶贫为抓手，切实将扶贫与扶志扶智相结合，重视法治扶贫，化解各种矛盾。贵州志智双扶的主要经验有三点：一是明确产业扶贫是夯实扶志扶智的重要经济基础；二是精心构建党政引领扶志扶智的工作机制；三是始终贯穿让贫困群众“动起来—富起来”的内容主线。面临的主要问题有四点：一是乡村教育方面城乡差距与横向差距并存，是教育发展和教育扶贫的薄弱环节；二是产业扶贫的政府主导力度大，扶志扶智的经济基础需要市场支撑；三是扶志扶智面临老年乡村的现实挑战；四是家庭维度的缺失在很大程度上抵消了政策红利。因此，2020 年后贵州扶志扶智工作一是要补齐乡村教育短板，阻断贫困代际传递；二是建立产业发展的市场机制，处理好城镇化规律带来的人口空间聚集趋势、根据贵州乡村产业的特色转变销售思路、根据数字经济属性树立范围经济思维等三个关键问题；三是要提前谋划，应对乡村人口老年化中扶志扶智的挑战；四是可以考虑试点先行，面向贫困地区农村家庭母亲角色提供公共支持。

第一章

贫困治理的贵州实践

摘 要

改革开放以来，特别是党的十八大以来，我国走出了一条具有鲜明中国特色的贫困治理之路。作为全国脱贫攻坚的主战场，贵州的脱贫攻坚实践为中国的贫困治理和治理现代化提供了丰富的经验，成为全国脱贫攻坚“省级样板”。从治理视角来看，贵州的脱贫攻坚实践是改革开放的缩影，是习近平新时代中国特色社会主义思想的生动实践，也提升了我国的贫困治理能力。贵州脱贫攻坚以党建引领为治理核心，以脱贫攻坚统揽经济社会发展全局为治理方针，通过精准扶贫、产业扶贫、生态扶贫、易地扶贫搬迁等创新多维贫困治理手段，通过驻村帮扶、扶志扶智、扶贫云提升贫困治理能力，构建了加强组织领导、统筹和监管资金使用、健全考核评估机制和容错激励机制等多重保障。贵州省脱贫攻坚的主要启示：要以脱贫攻坚提升现代化治理能力，推进国家治理现代化进程；加强脱贫攻坚与乡村振兴的有效衔接，以脱贫攻坚奠定乡村振兴的制度和物质基础；巩固脱贫成效，继续开展防贫预警监测机制，实现脱贫与防贫相结合，关注边缘户群体，防止“福利陷阱”和“悬崖效应”，进一步探索制定解决相对贫困的政策。

贫困问题是一个世界性难题，也是当今全球面临的巨大挑战。贫困不仅是一个经济问题，还关乎全社会的公平与正义，涉及全球政治稳定、人类文明进步、全球稳定和谐发展。因此，贫困治理一直是各国政府不断聚焦的议题和各界学者致力研究的课题。贫困具有历史性、社会性和复杂性等特征，解决贫困问题任重道远，需要全世界的政府和人民共同奋斗。

让中华民族摆脱贫困落后，让各族人民分享改革发展成果，实现从站起来、富起来到强起来的历史性飞跃，是一代又一代中国共产党人矢志不渝的奋斗目标。从改革开放前小规模的救济式扶贫到改革开放后大规模的开发式扶贫，再到党的十八大以来将开发式扶贫与社会保障相结合，从“输血”到“造血”、扶贫与扶志扶智共同推动，中国共产党一直带领着全国人民与贫困作斗争，创造了具有鲜明中国特色的贫困治理模式。党的十八大以来，以习近平同志为核心的党中央把脱贫攻坚摆到治国理政突出位置，提出精准扶贫方略，全面打响了脱贫攻坚战。中国在贫困治理领域取得历史性进步，贫困人口大幅度减少。中国扶贫的举措不仅越来越有成效，而且对世界贫困治理也产生了积极的影响。

贵州省作为中国脱贫攻坚的主战场，深入学习贯彻落实习近平新时代中国特色社会主义思想、习近平总书记关于扶贫工作的重要论述和对贵州工作的重要指示精神，认真贯彻落实党中央、国务院决策部署，坚持以脱贫攻坚统揽经济社会发展全局，做到扶贫工作务实、脱贫过程扎实、脱贫结果真实。党的十八大以来，全省贫困人口从923万人减少至2018年的155万人，减贫人数全国第一，贫困发生率从26.8%下降到4.3%。2018年，18个贫困县成功摘帽。2019年，24个贫困县脱贫摘帽，全年减少贫困人口124万，贫困发生率下降到0.85%，全省贫困地区农村居民人均可支配收入增速高于全省平均水平，圆满完成脱贫攻坚年度各项目标任务。贵州省成为全国脱贫攻坚“省级样板”，连续三年脱贫攻坚成效考核处于全国第一方阵。习近平总书记在参加党的十九大贵州省代表团讨论时充分肯定贵州“脱贫攻坚成效显著”。脱贫攻坚“贵州样板”为具有中国特色的贫困治理模式提供了丰富的经验，有效推动了中国贫困治理和治理现代化的进程。

2020年是巩固脱贫成果、攻克深度贫困堡垒、全面打赢脱贫攻坚战的收官之年，也是面临脱贫攻坚战与疫情阻击战双重挑战的一年。疫情防控期间，贵州省认真贯彻落实习近平总书记在决战决胜脱贫攻坚座谈会上的重要讲话精神，坚定不移落实党中央决策部署，统筹抓好疫情防控和脱贫攻坚各项工作，突出重点、科学应对、做好防控，在控制传染源、切断传播渠道、守护人民群众生命安全的同时，也进一步坚定打赢脱贫攻坚战的信心决心，分类指导、分类施策、打好攻坚战，切实把各项工作抓实、抓细、抓落地，确保高质量按时完成脱贫攻坚目标任务。贵州省召开了决战决胜脱贫攻坚誓师大会以及疫情防控和经济社会发展工作会议等系列会议，努力克服疫情影响，坚持两条战线作战，牢牢把握打赢疫情防控阻击战和脱贫攻坚战的主动权和制胜权。在做好疫情防控的前提下，加快复工复产和扶贫项目开工复工，积极引导帮助贫困劳动力返岗就业。创新工作方式，运用科技手段和信息管理系统开展脱贫攻坚挂牌督战和指挥调度。补齐“三保障”和农村饮水安全等弱项短板，巩固拓展脱贫攻坚成果，严格落实“四个不摘”要求，加强易地扶贫搬迁后续扶持，加快建立防贫监测和帮扶机制。以东西部协作为契机，统筹用好各方帮扶资源，加强扶贫同扶志扶智相结合。转变发展方式，坚定不移纵深推进农村产业革命，统筹优势产业发展，促进贫困群众持续增收稳定脱贫。贵州多措并举，确保疫情防控不松劲、脱贫攻坚不耽搁、与全国同步建成小康社会。

一、从治理视角看贵州脱贫攻坚的重大意义

（一）改革开放的缩影

改革开放是决定当代中国命运的关键抉择，是中国经济社会发展的活力之源，为中国贫困治理事业提供了强大动力。改革开放 40 多年来，我国走出了一条波澜壮阔的改革发展之路，也走出了一条极具中国特色的贫困治理之路，占全球减贫人口 70% 以上的 7 亿多人口成功脱贫，为全球反贫困历史书写了浓墨重彩的一章。中国不仅成为全球最早实现联合国千年发展目标中减贫目标的发展中国家，为全球减贫事业贡献了中国经验，还将历史性地摆脱绝对贫困，实现全国人民共同迈向全面小康的千年目标。

贵州省脱贫攻坚作为中国脱贫攻坚的重要组成部分，是改革开放 40 多年减贫之路的重要缩影。贵州省立足自身优势，坚持问题导向，多措并举，开展了以下改革：围绕产业发展“八要素”，开展农业产业革命，推进“三变”改革，推动全省产业结构调整升级；充分利用贵州自然资源禀赋，培育新的经济增长点，创新旅游扶贫和生态扶贫模式，将生态资源优势转化为经济发展优势，实现贵州经济的可持续发展；在自然禀赋较差、一方水土养不起一方人的贫困地区，开展易地扶贫搬迁，断穷根挪穷窝，以“六个坚持”为原则，以“五个三”为重点，探索实施“四定”工作法，着重解决搬迁户的生计问题和融入问题；充分发挥定点扶贫和东西部协作效能，坚持开放扶贫，加强区域深度合作，建立起资源共享、经验互补的合作交流机制。

贵州省在脱贫攻坚的实践中，锐意改革，大胆创新，充分调动各方资源和力量，兼顾经济与社会共同发展，脱贫的速度与质量两手抓，重视人民的生活与发展，在满足人民日益增长的物质文化需要的基础上，带领人民一步步走向美好生活。

（二）新思想的生动实践

习近平总书记就贫困治理和治理现代化发表了一系列重要论述，作出了一系列重大决策部署。贵州省的脱贫攻坚实践是习近平总书记关于贫困治理和治理现代化论述的生动实践。贵州省积极践行习近平总书记的精准扶贫方略，因地制宜、因势利导、因户施策，创造性地在“六个精准”上开展“四看法”，后被推广成为全国脱贫攻坚精准识别贫困户的重要手段。同时，“三变改革”、防贫监测预警机制等典型经验都是习近平总书记关于扶贫工作的重要论述在贵州脱贫攻坚实践中的创造性和本土性发展。习近平总书记关于扶贫工作的重要论述为贵州的脱贫攻坚实践提供战略指导和方向，贵州的脱贫攻坚经验也进一步深化和发展了习总书记关于扶贫工作的重要论述。

与此同时，贵州的脱贫攻坚实践也是对习近平总书记治理现代化相关理念的积极探索。在推动脱贫攻坚的过程中提升乡村现代化治理能力。贵州依托新时代农民讲习所，深入学习宣传贯彻习近平新时代中国特色社会主义思想，大力弘扬和践行社会主义核心价值观，教育引导群众永远感党恩、听党话、跟党走。积极培育优良家风、文明乡风、淳朴民风，引导群众养成健康、文明、科学的生活习惯，遏制大操大办、人情攀比、高额彩礼、厚葬薄养等陈规陋习。深入开展“文明村镇”“星级文明户”“五好文明家庭”等创建活动，营造良好村风民风。按照村民自治、民主管理的原则，将农村水、电、路、信等基础设施管护纳为村规民约和乡村治理重要内容，实现村委会、管护人员、群众“三级联动”机制，确保农村基础设施长期有效使用。切实解决协调社会关系、规范社会行为、解决社会矛盾等问题，建立健全社会管理新机制，实现社会和谐发展。

（三）贫困治理能力的提升

贫困群体往往存在人力资本和社会资本的缺失，在社会和市场中处于弱势地位，无法及时共享经济社会发展成果，因此贫困治理是政府义不容辞的责任，也是社会主义制度的本质要求。贫困治理与国家治理协同推进，是由政府主导、社会各主体积极参与的治理实践，贫困治理体系的完善也会推动国家治理体系的现代化发展进程。

贵州在脱贫攻坚过程中，不断创新治理理念，采取了多样化的贫困治理手段，并取得了丰硕的贫困治理成果。在贫困治理制度和中央文件的基础上，贵州省根据实际情况出台“1 + N”配套文件，为贫困治理提供制度支持。在贫困治理机制中，通过探索与创新大扶贫机制、防贫监测预警机制等多项机制，提升贫困治理的外源拉力和内源驱动力。在贫困治理队伍上，通过完善“五主五包”责任链任务链、驻村帮扶制度以及干部容错激励机制，党员尽锐出战，扶贫队伍力量下沉，壮大了贫困治理队伍的力量。在贫困治理手段上，坚持改革创新，在完成好中央规定动作的基础上细化和丰富自选动作，提升贫困治理的实效。

二、治理视域下贵州脱贫攻坚的特点

（一）治理核心：党建引领

抓好党建促脱贫攻坚，将党的政治优势和组织优势转化为带领群众脱贫致富的不竭动力，发挥基层党组织的战斗堡垒作用，是贫困地区打赢脱贫攻坚战的重要抓手。贵州省充分发挥党建在贫困治理中的主心骨作用，把党建作为化解脱贫攻坚实践中“最后一公里”风险和挑战的利器。将党建优势转化为脱贫攻坚优势，把党建活力转化为乡村振兴动力，树立了“大党建”引领“大脱贫”的典型。

1. 发挥主心骨作用，党建引领凝聚发展力量

以基层党建为引领，脱贫攻坚工作才能形成强大合力。贵州省以党建引领凝聚发展力量，充分发挥基层党组织和广大党员的力量引领精准扶贫工作，全面推动大扶贫格局的构建。一是增强党员党性观念，发挥基层党组织的凝聚力、战斗力和号召力，健全激励约束机制和容错纠错

机制，在培养和激励一线干部的同时重视监督和考核工作，为基层党组织培养优秀人才，切实为群众服务。二是以党员为先锋，全员皆兵，尽锐出战，并将扶贫队伍力量下沉到基层，形成县级主令、镇级主攻、村级主战的网格化作战指挥调度体系，营造高度统一、奋发向上的攻坚氛围。三是凝聚各方资源向扶贫领域倾斜，为贫困地区和贫困群众提供人力、物力和智力支持。

2. 开展“民心党建”，党建引领推动脱贫攻坚

贵州把党的建设与脱贫攻坚工作有机结合，凸显了党建工作强大的生命力和凝聚力，实现了脱贫攻坚与基层党建“双推进”，为确保打赢脱贫攻坚战提供坚强有力的组织保证。以“民心党建”工程为统领，将党建融入产业扶贫、生态扶贫、易地扶贫搬迁等各项脱贫攻坚领域当中，把党组织设置在产业链上、在企业中、在乡村上、在合作社里，不仅加强了党的阵地建设，也增强了党员和群众的密切联系。落实党支部管企业，以产业为依托推进“造血”式扶贫工作，把打赢脱贫攻坚战的主动权、制胜权牢牢掌握在各级党组织手中。推广“龙头企业＋合作社＋农户”组织方式，组织贫困农户加入合作社，做大做强集体经济，把农户、企业以及合作社等联结成为紧密的利益共同体，形成品牌化和特色化的扶贫项目。发挥基层党组织带动作用，以强村带弱村，联村帮扶促脱贫，实现基层党建和农村经济发展的互动双赢。

3. 增强“头雁效应”，党建引领创新治理模式

治理现代化、精准扶贫、基层党建是革新农村基层治理秩序的关键点，党和政府鼓励地方将“基层治理”与“基层党建”有机结合，“夯实基层党建、推动乡村治理”成为农村基层共同发展理念。贵州省为实现党建与扶贫的双促双赢，打造服务型、创新型党组织，繁荣兴盛农村文化，培育文明乡风、良好家风、淳朴民风，探索形成为民谋幸福、为村谋发展的农村社会治理新模式。重点突出党建扶贫工作的实效性和创新性，创新基层党组织管理形式，把党员培养成致富能手，把党员致富能手培养成党员干部，发挥党支部带动作用和党员的先锋模范作用。

首先，是以党建为抓手，以基层治理创新为突破口，以产业发展为“助推器”，充分发挥基层党组织的战斗堡垒作用，在基层治理中充分发挥自身优势，多措并举，动员各方力量，有效提升基层治理工作成效。其次，是在基层治理中挖掘“能人”，在党员干部的带动下发挥“新乡贤”的作用，形成强大的“头雁效应”，鼓励村民主动参与乡村治理，推动乡村治理能力的进一步提升。

（二）治理宗旨：以脱贫攻坚统揽经济社会发展全局

贵州省贫困问题与民族问题交织，产业发展滞后与基本公共服务欠缺并存，贫困问题成为贵州省实现全面建成小康社会目标的最大挑战。薄弱的经济社会基础要求贵州省把脱贫攻坚工作作为“十三五”期间的头等大事和重点民生工程来抓，以脱贫攻坚统揽经济社会发展全局，深入贯彻精准扶贫、精准脱贫战略，主动作为，上下一心，尽锐出战，举全省之力、集全省之智，共同打赢脱贫攻坚战。牢固树立抓脱贫就是抓发展的理念，将全省的经济社会发展与脱贫攻坚工作紧密结合，以脱贫攻坚助力经济社会发展，以经济社会发展成果检验脱贫攻坚工作成效，确保脱贫攻坚任务如期完成。

1. 以脱贫攻坚推动经济社会全面发展

贵州具有贫困人口多、贫困面积广、贫困程度较深的特点，经济发展较为落后，社会服务体系也较为薄弱。脱贫攻坚面临严峻形势的同时也是推动贵州经济社会发展的重要机遇。贵州以下好“一子”来带活“全局”,[①] 在中央的大力支持下，以脱贫攻坚为契机，立足资源禀赋，充分发挥贵州的发展优势，开展经济和社会建设。高起点谋划、高标准定位、高质量实施一批特色产业发展项目，推动贵州经济在增速的同时

---

① 孙志刚：《坚持以脱贫攻坚统揽经济社会发展全局　众志成城坚决打赢这场输不起的攻坚战》，http：//dangjian. people. com. cn/n1/2016/0811/c385773 - 28629722. html，人民网，2016 年 8 月 11 日。

实现赶超，在赶超的过程中保证发展质量。在注重经济发展的同时提高社会发展效益，实施一批生态环保、公共服务、民生保障工程，通过“两不愁三保障”、基础设施建设、饮水安全问题的解决，提升社会公共服务水平，为建设经济繁荣、环境优美、和谐稳定、生活幸福的贵州奠定基础。

2. 以脱贫攻坚推动产业结构调整

产业是发展的根基，也是脱贫的主要依托。贵州省把脱贫攻坚的过程变成产业结构调整和培育新的经济增长点的过程，坚持把产业扶贫作为持续增收、稳定脱贫的根本之策和实施乡村振兴战略的重要抓手，围绕产业选择、培训农民、技术服务、资金筹措、组织方式、产销对接、利益联结、基层党建等“八要素”，纵深推进农村产业革命。推动农村经济结构实现“六个转变”，发展现代化农业。精准培育优势产业和龙头企业，推动特色农产品规模化生产，对龙头企业实施重点扶持，加快推动优质农产品生产能力。推广“龙头企业 + 合作社 + 农户”组织方式，着力推进资源变资产、资金变股金、农民变股东“三变”改革，完善利益联结模式，让更多贫困户享受到产业发展带来的收益。推动一二三产业融合发展，推进电商扶贫、旅游扶贫和消费扶贫。

3. 以脱贫攻坚推动区域协调发展

贵州省的贫困分布主要集中在东、南、西部地区，而中、北部则较为分散，呈现出区域发展不平衡、城乡差距较大的现象。贵州通过结合区域发展实际，厘清区域发展思路、狠抓农村产业革命，通过争取项目、资金、技术等支持，全力推动区域融合平衡协调发展，实现同步小康。通过深入推进扶贫资金、东西部扶贫协作、基础设施、帮扶力量向深度贫困地区特别是极贫乡镇聚集，推动深度贫困地区的脱贫攻坚工作向纵深延展。全力打好易地扶贫搬迁硬仗，实现跨区县搬迁，扎实抓好“五个体系”（基层党建体系、基本公共服务体系、培训和就业服务体系、文化服务体系、社区治理体系）建设，推动区域的融合协调发展。围绕解决区域性整体贫困，大力实施武陵山区、乌蒙山区、滇桂黔石漠化片区等三大集中连片特困地区和麻山、瑶山、月亮山等极贫困地区以及民族特困地区、革命老区扶贫脱贫攻坚规划，全面提高区域发展整体水平。

（三）治理手段：创新多维贫困治理方式

贫困问题具有复杂的成因，由能力贫困、精神贫困、文化贫困等多方面要素构成，不能单单依靠经济手段解决。贫困的标本兼治需要坚持多维治理理念，内源驱动与外源拉动相结合，多措并举才能推动贫困问题的有效解决。贵州省以问题为导向，以提升脱贫攻坚成效为目标，以贵州省实际情况为出发点，用心用情主动思考，积极作为，创新性地采用了多种贫困治理手段。

1. 精准扶贫增强脱贫实效

习近平总书记强调，扶贫开发贵在精准，重在精准，成败之举在于精准。贵州始终把“精准”二字贯穿脱贫攻坚全过程，实现对象精准、措施精准、退出精准。紧扣“六个精准”要求，着力把牢精准扶贫的关口。一是精准识别：通过学习政策方法、逐组逐户走访、召开群众大会、村民代表大会评议，精准核实、比对信息，全公开透明精准评选扶持对象，并对五类重点人群百分百排查，做到“村不漏户、户不漏人”。二是精准施策：对识别出来的建档立卡贫困人口，因户施策，由帮扶单位、帮扶责任人、驻村干部共同研究，分类制定脱贫帮扶措施，做到“户有帮扶措施、人有脱贫门路”。三是精准退出：运用“四看法”对拟退出贫困户进行逐户核查评估，让群众“清清楚楚算账、明明白白脱贫”，并在脱贫后实施防贫监测预警机制，巩固脱贫成果。

2. 产业扶贫提升“造血”能力

产业是脱贫之基、富民之本、致富之源，要充分发挥产业在脱贫攻坚中的“造血”功能。贵州以产业结构调整为抓手，把产业发展与脱贫攻坚结合起来，精准把脉，精准施策，念好产业扶贫真经，充分利用“三变”改革政策，紧紧围绕产业发展“八要素”战术，推进农村产业革命，形成促进贫困户增收、贫困村集体经济壮大的产业发展道路。通过培育优势产业和龙头企业，建设特色产业品牌，着力推动农村经济结构实现“六个转变”，发展现代化农业。以大数据战略和大生态战略实施为契机，推动电商扶贫、旅游扶贫和消费扶贫。以党建为引领，组织贫困户，推广“龙头企业 + 合作社 + 农户”组织方式。一共创建“村社合一”合作社 10941 家，开展“三变”改革试点贫困村 3358 个。促进贫困人口持续增收，稳定脱贫。

3. 生态扶贫推动绿色发展

生态扶贫坚持人与自然和谐发展的原则，创新产业发展和生态致富的模式，实现了生态效应与经济发展双赢的目标。贵州以实施“大生态”战略为契机，把绿水青山变成脱贫致富的金山银山，探索出“生态产业化、产业生态化”的绿色崛起脱贫新路，实现百姓富、生态美、产业兴的绿色发展目标。提升生态脱贫水平挖潜力，念好山字经、做好水文章、打好生态牌，持续增强贫困群众的舒适感。加强生态建设和生态补偿，设置生态扶贫管理岗位，在生态脆弱地区实施生态搬迁工程，实现扶贫效益与生态效益双促进。将生态优势转化为经济发展优势，探索生态产业发展模式，建设特色生态农业、生态工业和生态旅游项目，打造贵州生态产业发展名片，实现百姓富与生态美有机统一。

4. 易地扶贫搬迁阻断贫困根源

实施易地扶贫搬迁，不仅从根本上解决了贫困人口的生计问题，也是兼顾生态环境保护的有效对策，因此，易地扶贫搬迁是脱贫攻坚中最难打的“硬仗”，也是最重要的民生工程。贵州省搬迁规模占全国近五分之一，是全国搬迁规模最大的省份。贵州在易地扶贫搬迁动员和服务工作中充分发挥自身优势，多措并举，动员各方力量，有效提升易地扶贫搬迁工作成效。探索“六个坚持”，做好搬迁“前半篇文章”，即坚持建设资金省级统贷统还、坚持以自然村寨整体搬迁为主、坚持城镇化集中安置、坚持以县为单位集中建设、坚持不让贫困户因搬迁而负债、坚持以产定搬以岗定搬。建立“五个体系”，做好后续扶持“后半篇文章”，即完善基层党建体系、基本公共服务体系、培训和就业服务体系、文化服务体系、社区治理体系，出台加强和完善易地扶贫搬迁后续扶持工作“1+7”的意见，确保群众搬得出、稳得住、逐步能致富。实现了深山贫困群众挪穷窝与换穷业并举、安居与乐业并重、搬迁与脱贫并进，探索形成了易地扶贫搬迁可推广、可复制的模式。

（四）治理能力：健全综合贫困治理体系

贫困的治理能力建设应是内外结合，在鼓励外部力量积极参与贫困治理的同时，也要注重贫困群众的主体性，通过增强外源的牵拉力和内部的驱动力，全面提升治理能力。在增强内外部贫困治理主体能力的同时，也要充分利用大数据优势，完善贫困治理平台建设，提高贫困治理的效率。贫困治理能力的提升不仅有效推动了脱贫攻坚任务的按时按质完成，也为贵州的发展奠定了坚实的治理基础。

1. 驻村帮扶增强外源拉力

在脱贫攻坚中，扶贫队伍的建设是重点。驻村帮扶制度的实施，充实和壮大了扶贫队伍力量。贵州省举全省之力推动脱贫攻坚进程，尽锐出战，在加强各级领导联系帮扶的同时，选优配强驻村干部和第一书记，全省精准选派8542名第一书记和4.3万名驻村干部奋战脱贫攻坚一线，将精锐治理力量下沉到乡村中，大幅提升贫困地区的治理能力。全面实施精准扶贫“六个到村到户”，强化权责匹配，充分发挥帮扶队伍的作用，全面推行驻村帮扶队伍全程参与项目申报、实施、监管、评估的“四个全程参与”制度。加强对扶贫工作队和驻村干部的考核管理，对驻村帮扶干部及帮扶措施进行全面核查，提高帮扶的针对性和实效性。采用一线关怀激励机制和容错纠错机制，鼓励驻村帮扶干部在脱贫攻坚中敢作为、有作为，切实提升驻村帮扶的实效。

2. 扶智扶志提升内生动力

贫困群众既是脱贫攻坚的对象，更是脱贫致富的主体，激发贫困人口脱贫致富的内生动力至关重要。如果只强调外部帮扶而不注重内生动力，扶贫工作的持续性和有效性则会受到影响，外部拉动与内源驱动才能实现脱贫攻坚目标。如何将扶贫与“扶智”和“扶志”结合起来，是实现脱贫致富的关键。贵州在脱贫攻坚中，抓实智志双扶工作，聚焦农户自身发展能力，促进思想转变和素质提升，引导群众革陋习和组织群众抓生产双管齐下，斩断穷根富思想，激发内生动力出实效。加强脱贫攻坚先进事迹宣传，发挥先进群众示范效应，营造脱贫光荣、勤劳致富的良好氛围。转变扶持方式，采用生产奖补、劳务补助、以工代赈等正向激励机制，提升就业扶贫力度，引导贫困群众自立自强。开展“法治扶贫”，对扰乱社会秩序行为依法由相关部门进行教育引导。发挥村规民约作用，改变农村落后观念和陈规陋习。开展农村及少数民族地区脱盲再教育，2018 年至 2019 年完成 14 万人培训。

3. 扶贫云提高扶贫管理效率

在“大数据”战略实施的基础上，2015 年贵州针对部门数据不通不共享、精准识别难等“痛点”，打通公安、卫计、教育、人社、住建、民政、水利、国土、工商等 17 个部门和单位相关数据，建成“扶贫云”系统并投入使用，成为精准扶贫大数据支撑平台。[①] 贵州充分发挥“扶贫云”基础数据平台作用，依托基础数据管理、脱贫指挥调度、项目资金监管、贫困监测评估、攻坚责任落实考核等功能，实现对贫困信息的动态化、数字化、常态化精准管理，探索形成共搭平台、共享信息、精准对位、动态管理的运行机制。扶贫云以信息为基础，以分类帮扶尤其是产业帮扶为措施，以到村到户扶贫项目和资金为支撑，以种植养殖业、旅游加工业为抓手，运用现代信息化技术，通过大数据分析，拓展脱贫动态管理指挥职能，强化产业扶贫，实现大数据、电子商务和精准扶贫的有机结合。将贫困人口大数据与农产品大数据进行产业对接，设计向贫困人口倾斜的农产品生产供应链，实现精准扶贫。

---

① 《贵州“扶贫云”推动精准扶贫》，https：//baijiahao. baidu. com/s? id = 1600965841090694002&wfr = spider&for = pc，中国新闻网，2018 年 5 月 20 日。

（五）治理保障：构建多重贫困治理保障机制

在脱贫攻坚实践中，强化组织领导是提升治理实效的基础，统筹和监管扶贫资金的使用是提升治理实效的前提，扶贫政策的执行是提升治理实效的关键，扶贫队伍的激励是提升治理实效的重点。贵州在组织领导、资金使用、考核评估以及容错激励等方面构建多重有力保障机制，推动脱贫攻坚任务的顺利完成。

1. 强化组织领导

强化组织领导，为按时高质量打赢脱贫攻坚战提供有力支撑。坚决扛起重大政治责任，坚持把脱贫攻坚作为头等大事和第一民生工程，把全面从严治党要求贯穿脱贫攻坚全过程，持续深化扶贫领域腐败和作风问题专项治理。认真落实省负总责、市县抓落实的管理体制，强化党政一把手负总责的“双组长”责任制，坚持省市县乡村五级书记抓脱贫攻坚。贵州省两次召开省委全会部署脱贫攻坚，高频次召开省委常委会会议、省委专题会议、省政府常务会议、省扶贫开发领导小组会议研究部署脱贫攻坚工作。各级“四大班子”成员、各部门主动聚焦脱贫攻坚，实现贫困县、乡、村有挂职帮扶领导，贫困人口有帮扶干部。

2. 统筹和监管资金使用

脱贫攻坚作为重要民生工程，得到了中央和社会各界在资金上的大力支持，2019 年，中央和贵州省投入财政扶贫资金 445. 31 亿元，仅财政专项扶贫资金就投入 182. 79 亿元。在加大扶贫资金筹措力度的同时，贵州省也加强对扶贫资金使用的监管和统筹力度。坚持资金围绕项目转，多元整合、精准管理使用扶贫资金。推进县级脱贫攻坚项目库建设，及时做好项目库动态调整工作，2018 年至 2020 年，共入库县级脱贫攻坚项目 12. 33 万个，资金规模 1769 亿元。加强资金使用监管，健全资金使用相关制度体系，制定《关于强化扶贫资金管理使用的意见》《贵州省扶贫资金管理使用问责办法》《扶贫资金管理使用正负面清单政策》等具体实施政策。认真执行扶贫资金项目公告公示制度，主动接受群众和社会的监督，严格资金管理和项目申报程序，切实做到全过程公开公正，委托第三方全覆盖开展了扶贫项目资金审计和验收。每季度召开全省扶贫系统经济运行调度分析会，定期通报全省财政专项扶贫资金项目进展情况。

3. 完善考核评估机制

完善扶贫成效考核评价机制，建立精准扶贫业绩考核办法、贫困退出实施办法、精准扶贫工作督查办法等考核评价机制，全面推行扶贫开发工作绩效与干部评先选优挂钩、与绩效考核挂钩、与干部任用挂钩的“三挂钩”制度，并将党建促脱贫攻坚作为县乡党委书记抓基层党建述职评议考核的重要内容，纳入巡察工作内容，作为领导班子综合评价和选拔任用领导干部的重要依据。建立健全督查落实机制，成立脱贫攻坚专项巡察工作组和专项督查考核组，重点围绕脱贫攻坚资金使用、项目管理、干部作风、政策落实等开展专项巡察和动态督查。推行政策设计、工作部署、干部培训、督促检查、追责问责“五步工作法”，让各级推动脱贫攻坚工作落地落实更加有章可循。

建立健全负向惩戒机制，制定出台了干部执行力问责办法，明确了问责情形、程序、方式和结果运用，坚决执行中央、省、市、区决策部署，对推进重大项目、重点工程和重要任务无故拖延或执行不力的，无正当理由或特殊原因不执行中央、省、市、区决策部署，或未完成分配的工作任务、不落实工作要求的多种不作为、慢作为、乱作为情形进行严肃追责问责，倒逼干部担当作为。对在脱贫攻坚中贪污挪用、挥霍浪费扶贫资金，失职渎职，懒政怠政的从严查处，确保干部执行力提升。

4. 创建容错激励机制

在加强考核评价的同时，贵州也重视对脱贫干部队伍的关怀和激励，出台了脱贫攻坚一线干部关怀激励机制，对所有脱贫攻坚一线干部在培养使用、表彰奖励、待遇保障、人文关怀、抚恤救助、能力提升、创新创业、容错纠错八个方面强化正向激励，最大限度激发干部内生动力和在脱贫攻坚中建功立业的信心和决心。强化政治待遇、经济待遇、能力提升、人文关怀等保障，坚持把脱贫攻坚一线作为培养锻炼干部的主渠道，对实绩突出、群众公认的优先提拔使用，对工作实绩特别突出、工作特殊需要的按程序报批后破格提拔使用，全面激发了基层一线脱贫攻坚干部干事创业激情。

坚持从严管理与宽容保护相统一，特别是聚焦脱贫攻坚工作，着力营造敢于担当、勇于创新、锐意改革的良好氛围，牢固树立尽职免责、失职追责的鲜明导向，最大限度地保护敢于担当作为的干部，并逐步建立完善了容错纠错工作机制。制定出台干事创业容错纠错实施细则，明确了容错纠错的情形，坚持“三个区分”区别对待过错行为，旗帜鲜明地支持和鼓励党员干部用舍我其谁的担当和立说立行的作风大胆干事、大胆尝试，最大限度地调动了干部的工作积极性、主动性和创造性。

三、贵州脱贫攻坚的启示

（一）以脱贫攻坚推进治理体系和治理能力现代化

贫困治理是国家治理的重要组成部分，脱贫攻坚的贫困治理经验不仅能够促进和改善国家治理，还进一步丰富和完善了国家治理经验，推动国家治理现代化进程。党的十八大以来，国家治理与贫困治理呈现出协同联动、互相促进的良好局面。脱贫攻坚进程的加快，推动了经济和社会发展，促进包括就业、教育、医疗、文化、住房在内的公共服务体系建设，编织了兜住人民基本生活的安全网，增进了社会团结，提升了国家应对各种挑战的能力，从源头上奠定了提升现代化治理能力的基础。贫困治理的过程是一个社会再动员、再组织和再塑造的过程,[①] 也是对资源进行再优化配置的过程。在此过程中，贫困群众收获政策福利得以发展，基层党员在贫困治理中各项能力得到锻炼，基层党组织建设

① 洪大用：《完善贫困治理体系　推进贫困治理现代化》，http：//theory. people. com. cn/n1/2017/1009/c40531 - 29575223. html，人民网，2017 年 10 月 8 日。

得到强化，政府、市场和社会的合作交流得以加强，各种治理的体制机制得以完善，从而进一步巩固了党执政的社会基础，强化了党的执政能力建设，直接促进了国家治理现代化体系的完善和现代化治理能力的提升。

（二）实现脱贫攻坚与乡村振兴的有效衔接

精准扶贫战略和乡村振兴战略都是我国实现“两个一百年”奋斗目标的重要战略，是化解发展不平衡不充分突出问题、不断满足人民日益增长的美好生活需要的重要途径。习近平总书记指出，乡村振兴战略是关系全面建设社会主义现代化国家的全局性、历史性任务，是新时代“三农”工作总抓手。打好脱贫攻坚战是实施乡村振兴战略的优先任务。[①] 精准脱贫与乡村振兴相互支撑、协调推进才能更好地促进“两个一百年”奋斗目标的实现。贵州将乡村振兴战略的思想和原则融入精准脱贫攻坚中，统筹脱贫攻坚与乡村振兴的有效衔接，通过发展特色产业、做强集体经济、抓牢乡村治理全力打造“百姓富、生态美、产业强”的现代乡村。在脱贫攻坚中按照乡村振兴的总要求，美化乡村环境、建设乡风文明社区文化、补牢产业发展基础、改善基本公共服务、构建乡村治理新体系，提高了脱贫的质量和可持续性，奠定了乡村振兴的制度和物质基础。

（三）巩固脱贫成效，助力相对贫困的解决

贵州开展脱贫攻坚战以来，取得了显著的成效，经济发展速度不断提升，基础设施建设不断完善，公共服务体系不断健全，人民生活水平不断提高，贫困人口数量大幅减少。在党中央和各级政府的支持下，很多优惠政策和资源都重点指向贫困地区和贫困户，优厚的福利支持使很

---

① 黄承伟：《打好脱贫攻坚战是实施乡村振兴战略的优先任务》，《贵州日报》2018 年 11 月 20 日。

多贫困户不愿意主动脱贫，容易陷入“福利陷阱”。同时，很多贫困户是在国家直接的扶贫政策和资金支持下脱贫，特别是对于一部分作为脱贫任务坚中之坚、难中之难的特殊贫困群体，由于身体或年龄原因生计能力缺乏或者较为薄弱，大多由政策保障兜底，抗风险能力较差，因病因灾等意外事件返贫风险较高。因此，要进一步发挥防贫监测预警机制作用，巩固脱贫成效，做到贫困风险早掌握、薄弱环节早发现、突出问题早整改，走出一条扶贫与防贫相结合的道路。

在绝对贫困状况得到明显改善的同时，我国解决相对贫困问题的任务仍较为艰巨，很多处于临界贫困线的边缘户，生活仍然较为困难，发展的机会也较少，但无法享受精准扶贫政策红利，面临沦为新的贫困群体的风险。同时，由于政策和资源倾斜，贫困人口与非贫困人口、贫困村与非贫困村之间容易出现“悬崖效应”，可能造成社会新的不公平。因此，如何从政策上进一步辐射到边缘户、解决相对贫困，还需进一步探索。

第二章

贵州脱贫攻坚的成绩与经验

摘　要

党的十八大以来，中国的扶贫开发进入了精准扶贫的新阶段。党的十八届五中全会将扶贫攻坚工程升级为脱贫攻坚工程，为2020年中国全面建成小康社会吹响了反贫困的决战冲锋号。根据国家统计局的数据，截至2019年底，依照现行标准，中国总的贫困人口由2012年末的9899万人下降至551万人，贫困发生率下降至0.6%。中国的减贫事业取得了巨大成就，其中贵州省作为贫困面较大、贫困程度较深、贫困人口较多的省份之一，是全国脱贫攻坚的主战场和决战区。脱贫攻坚工程实施以来，贵州省经济社会健康快速发展，农村交通、水利、通信、医疗、教育等基础设施与公共服务水平大幅改善。截至2019年底，贵州贫困人口由2012年的1019万下降至30.83万，贫困发生率下降至0.85%。农村居民人均可支配收入提高到10756元，66个贫困县中累计57个贫困县顺利摘帽。在贵州脱贫攻坚取得巨大成就的同时，创新、累积了大量的宝贵经验，其中包括毕节试验区实践、党建引领脱贫、精准识别

“四看法”、“三变”改革以及以脱贫攻坚统领经济社会发展全局。贵州省2020年后的贫困治理工作，必须坚持党对减贫工作的领导，继续坚持精准脱贫理念，继续创新干部帮扶机制，坚持绿色理念推进农村减贫，探索建立新型的减贫政策体系，强化群众致富的主体地位。

在全国脱贫攻坚的重要进程中，贵州省作为贫困面较大、贫困人口较多、贫困程度较深的欠发达省份之一，是全国精准扶贫和精准脱贫攻坚战的前沿重镇和开放式脱贫试验区。[①] 贵州省在精准反贫困上取得的进展和经验具有全国性意义，同样，其面临的基本困难和问题，也是全国性特点的表征。对贵州精准扶贫和精准脱贫的成绩和经验进行系统总结，向尚未脱贫的地区提供经验与模式参考，无论是对中国还是对世界的减贫事业都具有重大意义。

一、贵州省情及贫困状况

（一）贵州基本情况

贵州省位于我国西南内陆地区腹地，云贵高原东部，地跨北纬24°37′—29°13′，东经103°36′—109°35′。作为西南地区交通枢纽，贵州省是长江经济带重要组成部分，地势西高东低，起伏较大，平均海拔约1100米。省内森林资源丰富，自然旅游风光突出，文化底蕴深厚。全省总面积17.62万平方千米，山地和丘陵面积占90%，其中喀斯特地貌面积达70%。全境自中部向北、东、南三面倾斜，且西高东低，地跨长江和珠江两大水系，水网稠密。属亚热带湿润季风气候，降水量年际变化较大，易发生春旱和伏旱。由于历史、地理及自身发展等原因，贵州省内丰富的资源未得到合理充分的开发，特殊的地理屏障导致基建成

① 王春光：《贵州省脱贫攻坚及可持续发展研究》，《贵州民族大学学报（哲学社会科学版）》2018年第3期。

本较高，历史欠账较多，交通、电力、水利和通信等基础设施严重滞后，要素聚集能力较弱，是一个经济欠发达、资源欠开发的省份。[①] 在全国脱贫攻坚的重要进程中，贵州省作为贫困面最大、贫困程度最深、贫困人口最多的省份之一，是全国脱贫攻坚的主战场和决战区。

脱贫攻坚以来，贵州省始终坚持发展为第一要务，将保障和改善民生作为一切工作的落脚点和出发点，经济持续保持快速发展态势，城乡居民收入稳定增长，人民获得感明显增强。农村交通、水利、通信、医疗、教育等基础设施与公共服务水平大幅改善。全省实现县县通高速公路、乡乡通油路、村村通公路，促进了贵州省的经济发展和对外开放脚步，直接或间接地增加了农民收入，促进了贫困的消除。此外，贵州省始终坚持将教育扶贫作为打赢脱贫攻坚战的先导战略，强化教育资源投入，优化教育资源配置，实现了与经济、社会等领域的协同发展，助力大扶贫战略的实施。[②]

贵州省积极践行新发展理念，努力实施工业强省、城镇化带动主战略，坚守发展和生态两条底线，强力推进大扶贫、大数据、大生态三大战略行动，深入发展国家生态文明试验区、大数据综合试验区、内陆开放型经济试验区、贵安绿色金融改革创新试验区、“1＋8”国家级开放创新平台、“5个100工程”、“四在农家·美丽乡村”和六个小康等支撑经济加快发展，着力于将省内资源优势转化为经济发展优势。2016年，经国家发展改革委等部门批准，贵州成为首个国家大数据综合试验区。经过几年的发展，贵州大数据产业已初具规模，并展现出蓬勃发展的良好生机。通过加快打造有贵州特色的发展途径、大力推动改革开放创新，贵州省经济社会实现了历史性跨越，地区生产总值突破一万亿元大关，年增速连续位居全国前列。经济发展呈现结构趋优、效益提升、

① 钟良晋：《贵州省生态脆弱对地区贫困的影响——基于GIS技术的空间计量分析》，《贵州商学院学报》2017年第3期。

② 范国旭、王志凌：《贵州精准扶贫的现状、措施、成效与发展探讨》，《改革与开放》2017年第15期。

动力增强的良好态势，民生不断改善。①

（二）贵州贫困人口及空间分布

由于地势险峻、交通基础薄弱，丰富的资源无法输出，先进的技术、设备难以引入，贵州省的经济发展一直处于落后水平，省内贫困人口较多，具有较大的扶贫开发空间。② 作为典型的少数民族地区和贫困地区，全省贫困地区共涉及六盘水、遵义、安顺、毕节和铜仁五个市，以及黔西南布依族苗族自治州和黔南布依族苗族自治州等的多个国家级贫困县。

近年来，中央对贵州省经济扶贫和脱贫给予了前所未有的大力支持，农民收入持续稳定增加，贫困乡村发生翻天覆地的变化，群众获得感大幅提高，发展与脱贫速度全国领先，成为全国脱贫攻坚的“贵州样板”。2016 年至 2019 年，全省贫困人口和贫困发生率显著下降（图 2－1），贫困人口共减少 341.17 万人，其中，2016 年减贫 121 万人，

图 2－1　贵州省贫困人口及贫困发生率（2016—2019 年）

① 潘云：《贵州省经济社会发展观察》，《当代经济》2018 年第 2 期。

② 王永明、王美霞、吴殿廷等：《贵州省乡村贫困空间格局与形成机制分析》，《地理科学》2017 年第 2 期。

2017 年减贫 91.68 万人，2018 年减贫 125.2 万人，2019 年减贫 124.29 万人。贫困发生率从 2016 年的 10.6% 下降到 2019 年的 0.85%。从宏观上来看，在过去几年中，贵州的经济增速连续保持全国前列，总量突破万亿元大关。

随着脱贫攻坚的展开，贵州省自 2016 年起，陆续有贫困县通过国务院第三方评估机构专项评估检查。截至 2019 年底，贵州省共有 57 个贫困县顺利实现脱贫摘帽（表 2－1）。贵州省的贫困具有分布集中的特点，主要呈现出东、南、西部贫困较为集中，而中、北部分散的空间分布格局。同时，其贫困聚集地往往在空间层面具有人地关系紧张、县域经济发育不足、县域城镇化水平低下、基础设施与公共服务不足等特征。经济强县几乎全部集中在以贵阳市和遵义市为中心的黔中地区。除盘县外，铜仁市辖区碧江、万山及兴义市、钟山区等市（州）政府驻地被纳入经济强县，而经济发展相对滞后的县基本位于省内东北部、东南部、南部以及西北部。少数民族地区贫困状况显著，贵州省 11 个少数民族自治县全部处于最贫困地区。3 个少数民族自治州的 36 个县，大部分都是国家级贫困县。

表 2－1　贵州省贫困县脱贫情况

摘帽县 / 地市	2016 年摘帽县	2017 年摘帽县	2018 年摘帽县	2019 年摘帽县
遵义市	赤水	桐梓县、凤冈县、湄潭县、习水县	道真仡佬族苗族自治县、务川仡佬族苗族自治县	正安县
六盘水市			六枝特区、盘县	水城县
安顺市		西秀区、平坝区	普定县、镇宁布依族苗族自治县	关岭布依族苗族自治县
毕节市		黔西县	大方县	七星关区、织金县
铜仁市		碧江区、万山区、江口县、玉屏县	石阡县、印江土家族苗族自治县	思南县、德江县、松桃苗族自治县

（续表）

摘帽县 地市	2016 年摘帽县	2017 年摘帽县	2018 年摘帽县	2019 年摘帽县
黔东南苗族侗族自治州			丹寨县、麻江县、施秉县、三穗县、雷山县、镇远县	黎平县、黄平县、岑巩县、天柱县、锦屏县、台江县、剑河县
黔南布依族苗族自治州		瓮安县、龙里县	惠水县、贵定县	长顺县、独山县、三都水族自治县、荔波县、平塘县、罗甸县
黔西南布依族苗族自治州		兴仁县	安龙县	贞丰县、普安县、册亨县

二、贵州脱贫攻坚的历史进程

（一）1949—1978 年的减贫状况

1952 年，国家完成了土地制度改革，基本上消除了农民无地的现象，为后来政府实施农村扶贫政策奠定了制度基础。又确立人民公社集体经济体制，建立农村财产公有制，在农村生产力发展方面采取了一系列措施。这一时期的扶贫战略主要是小规模的救济式扶贫，即依托自上而下的民政救济系统，对边远落后地区、因灾致贫人口和战争伤残人口实施“输血”式生活救济。这种救济式扶贫战略，虽然保障了贫困人口的临界生存需要，却难以提高贫困人口的发展能力，不能从根本上摆脱贫困，“救急不救穷”。1978 年，根据扶贫标准，全省农村贫困人口 1840 万人，贫困发生率高达 70.6%。

（二）1979—2015 年的扶贫开发成就

1. 农村体制改革推动扶贫阶段（1978—1985 年）

这一阶段推行以家庭承包经营为基础、统分结合的双层经营体制，实施提高农产品价格、发展农村商品经济等配套改革，极大地解放了农村的生产力。农村经济体制的深刻变革，为这一时期我国农村经济的超常规增长和贫困人口的急剧减少提供了强劲动力。这一阶段，贵州省通过体制改革推动扶贫，按1986年人均纯收入206元的绝对贫困标准，贵州省农村贫困人口从占总人口的2/3下降到1/2，贫困人口数为1500万，占全省农村人口的57.5%。

2. 大规模开发式扶贫阶段（1986—1993年）

这一阶段的特点是从零散的民政救济向有组织、有计划、大规模的开发式扶贫方式转变。减贫工作思路主要是改革传统的救济式扶贫，变“输血”为“造血”，成立专门扶贫工作机构，安排专项资金，制定专门的优惠政策，进行开发式扶贫。从1986年起，贵州省改革扶贫方式，对政策性扶贫进行完善，以解决贫困人口温饱为主要目标，以贫困农户为基本对象，开展有组织、有计划、大规模的开发式扶贫工作。1993年底，全省农村贫困人口从1986年的1500万人下降到1000万人，占全省农村总人口的比重从57.5%下降到34.4%。

3. “八七”扶贫攻坚阶段（1994—2000年）

“八七”扶贫的特点是以实施《国家八七扶贫攻坚计划》为契机，以扶贫到户、解决温饱为重点，以48个集中连片的国家级贫困县为主战场，进行扶贫攻坚。减贫工作思路主要是集中力量打歼灭战，加强农村基础设施建设，积极探索符合贵州省情的开发扶贫路子。到2000年“八七”扶贫攻坚计划结束时，贵州省贫困人口按当时贫困标准，由1994年的1000万人减少到313.46万人，占农村总人口的比重从34.4%下降到9.74%，大多数农村贫困人口的温饱问题基本解决，实现了农村粮食基本自给，48个贫困县整体越过“温饱线”，基本完成农村从普遍贫困向巩固扶贫成果与全面消除贫困的历史性转变。

4. 新阶段扶贫开发阶段（2001—2015年）

2000年后新阶段的扶贫特点是，开发式扶贫和社会保障相结合，专项扶贫和行业扶贫、社会扶贫相结合。减贫工作思路主要是跳出扶贫抓扶贫，围绕解决改善基本生产生活条件、拓宽基本增收门路、提高基本素质“三个基本问题”，采取开发式扶贫、搬迁式扶贫、救助式扶贫“三类扶贫措施”，抓好整村推进、劳动力转移和产业化扶贫“三项重点工作”，逐步改变贫困地区经济、社会、文化的落后状况，为稳定脱贫奔小康奠定基础。

2010 年以来，贵州省委省政府强化扶贫开发工作，扶贫开发取得了显著成效。贫困人口显著减少，按照 2010 年制定的新的 2300 元不变价格贫困线标准，贵州省农村贫困人口从 2011 年末的 1149 万人减少到 2015 年末的 493 万人，贫困发生率从 33.4% 下降到 14%，对 65 万人实施了扶贫生态移民。农民收入普遍增加，2015 年，贵州省农村人口人均可支配收入为 7387 元，国家贫困县人均可支配收入 6964 元，贫困县人口人均可支配收入增速高于贵州全省平均水平。基础设施不断完善，实现所有乡镇通油路、建制村通公路，农村饮水安全问题得到基本解决，农村危房改造、电力、通信基础设施工程得到较快推进与普遍提升。农村基本医疗、教育服务得到保障，扶贫协作与对口帮扶工作进一步展开，中央单位帮扶国家贫困县、“千企帮千村”取得了显著成效。

（三）“十三五”期间贵州的脱贫攻坚

2015 年 10 月，党的十八届五中全会将脱贫攻坚定义为“脱贫攻坚工程”，实施精准扶贫、精准脱贫，将中国贫困治理推向了前所未有的政治高度。习近平总书记在 2015 年 11 月召开的中央扶贫开发工作会议上强调，脱贫攻坚任务重的地区党委和政府要把脱贫攻坚作为“十三五”期间头等大事和第一民生工程来抓，坚持以脱贫攻坚统揽经济社会发展全局。贵州的脱贫攻坚工作正是这一脱贫攻坚理念最生动的实践。贵州“十三五”脱贫攻坚期间，在深入贯彻党的十八大、十九大精神和习近平总书记关于扶贫工作重要论述、习近平总书记 2015 年贵州视察讲话与党的十九大期间参加贵州代表团审议讲话精神的基础上，坚持以脱贫攻坚统揽经济社会发展全局，坚持把脱贫攻坚作为头等大事和第一民生工程，脱贫攻坚取得了全国瞩目的成就，跑出了贵州速度，贫困人口持续减少，贫困发生率连续下降，农民收入与可支配收入连年增加，贵州农村基础设施与公共服务提升到历史最高水平，在移民搬迁等各项脱贫关键指标都领先的同时，贵州经济增速连年保持在10%左右，“脱贫攻坚”在贵州成了经济发展的助推器、强力发展引擎和重大战略机遇。这一时期，贵州脱贫攻坚主要表现出以下特点。

第一，省委省政府贯彻中央“省负总责”的要求坚定有力。贵州省委对于“脱贫攻坚”的认识准确、定位清晰，坚持以脱贫攻坚统揽经济社会发展全局。贵州通过省全委会形式贯彻《中共中央 国务院关于打赢脱贫攻坚战三年行动的指导意见》以及以全委会形式专题研究脱贫攻坚，显示出贵州省对脱贫攻坚工作的政治认识和准确把握。贵州省委省政府及扶贫相关部门在认真学习习近平总书记关于扶贫工作重要论述的基础上，构建了脱贫攻坚指挥体系、责任体系、完善措施体系、投入体系、工作监督体系、督查考核奖惩体系和脱贫攻坚激励体系，为贵州脱贫攻坚建立了坚实的制度体系保障。

第二，“精准”贯穿贵州脱贫攻坚全过程。精准扶贫是中央脱贫攻坚战的基本方略，也是新时期中国脱贫攻坚的制度创新。贵州在脱贫攻坚过程中，创新实践了精准脱贫方略。通过“一高一低一没有”精准识别，连续32年从各级机关抽调干部组成扶贫工作队，驻村精准选派、管理，强化精准退出，通过大数据与大扶贫的深度融合，实现精准管理、动态管理与科学管理。

第三，专项措施、行动成果显著。贵州通过农村基础设施建设、易地扶贫搬迁、产业就业扶贫、教育医疗住房三保障四场硬仗的专项会战，使得脱贫攻坚取得重大成效。通过对扶贫效果检验的“五个专项治理”，优化巩固扶贫成果。

第四，开拓中国扶贫的贵州经验。在取得了脱贫攻坚重大成就的同时，贵州干部群众涌现出了很多“贵州创造”，在中国贫困治理的历史进程中留下了浓墨重彩的一笔。首先是贵州六盘水的“三变”改革，在经过实践、优化后成为中央1号文件推广的典范。其次是党建引领的

“塘约经验”，解决贫困村组织软弱、生产生活环境差、农民收入水平低的问题，形成了“党建引领、到村到户、合作生产、全员参与”的格局。再次是创新了“以岗定搬、以产定搬”的易地扶贫搬迁模式，为深度贫困地区移民搬迁积累了经验，创造了示范。最后是率先创办了“新时代农民讲习所”，解决脱贫攻坚政策落实过程中的“最后一公里”问题。

三、贵州脱贫攻坚的巨大成就

贵州省委省政府在习近平新时代中国特色社会主义思想的指引下，落实党中央、国务院的部署，把脱贫攻坚作为头等大事和第一民生工程来抓，深入开展“春风行动”“夏秋攻势”“秋后喜算丰收账”和“冬季充电”等一系列行动，以脱贫攻坚统揽经济社会发展全局，教育、文化、交通等社会事业快速发展，城乡居民收入稳定增长，人民生活水平逐渐改善。截至2019年底，贵州省累计减贫1118万人，贫困发生率从1978年的59.1%下降到2019年的0.85%。农村居民人均可支配收入从2012年的4753元提高到2019年的10756元。完成188万人易地扶贫搬迁。2019年共有24个县退出国家级贫困县，累计实现57个贫困县顺利摘帽。

（一）经济实力不断增强

贵州省借助精准扶贫和精准脱贫，坚持把发展作为第一要务，加快打造有地方特色的发展模式，利用基础设施建设，大力改善贵州交通、水利、住房等条件，连续多年保持经济持续快速发展。随着2012年《国务院关于进一步促进贵州经济社会又好又快发展的若干意见》等政策文件的颁布，贵州省经济增长迅速。从经济总量看，2016—2019年，贵州省区域生产总值总体呈上升趋势，2016年为11776.73亿元，2019年达到16769.34亿元，是2016年的1.42倍。经济增速始终保持在10%左右，2016年为10.5%，2019年相对较低，为8.3%（图2-2）。

经济的快速发展为贵州省的脱贫攻坚工作提供了强有力的经济基础和保障。

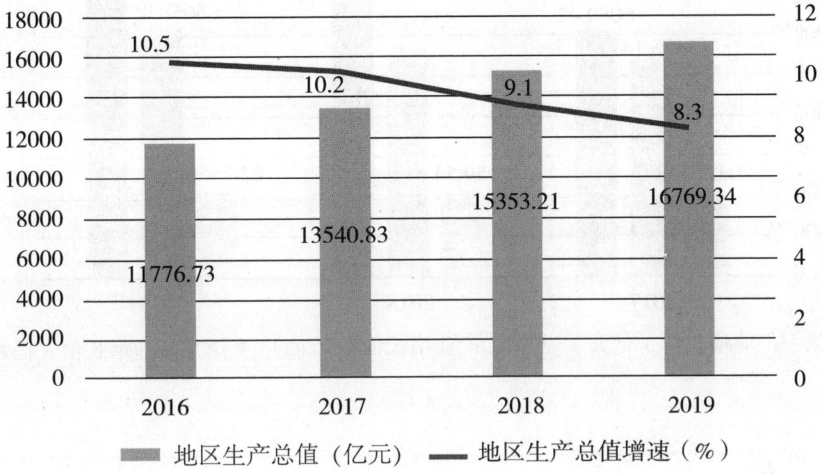

图 2－2　贵州省地区生产总值及增长速度（2016—2019 年）

贵州积极实施工业强省和城镇化带动战略，着力提升工业经济、城镇化率、民营经济、县域经济“四个比重”，坚持提升传统产业和培育壮大战略性新兴产业，以“5 个 100 工程”“千企改造工程”“千企引进工程”等为抓手，加快培育现代产业体系，传统产业转型步伐加快，新兴产业快速发展，经济发展的协调性、支撑性、匹配性明显增强，经济结构不断调整优化，呈现“三二一”格局。2017 年，第一产业增长值 2032. 27 亿元，同比增长6. 3%；第二产业增长值 5428. 14 亿元，同比增长 10. 1%；第三产业增长值 6080. 42 亿元，同比增长 11. 5%。2018 年，第一产业增加值 2159. 54 亿元，同比增长 6. 9%；第二产业增长值 5755. 54 亿元，同比增长 9. 5%；第三产业增加值 6891. 37 亿元，同比增长 9. 5%。2019 年，第一产业增加值 2280. 56 亿元，同比增长 5. 7%；第二产业增加值 6058. 45 亿元，同比增长 9. 8%；第三产业增加值 8430. 33 亿元，同比增长 7. 8%。总的来说，传统产业占比下降，新兴产业贡献率提升（图 2－3）。

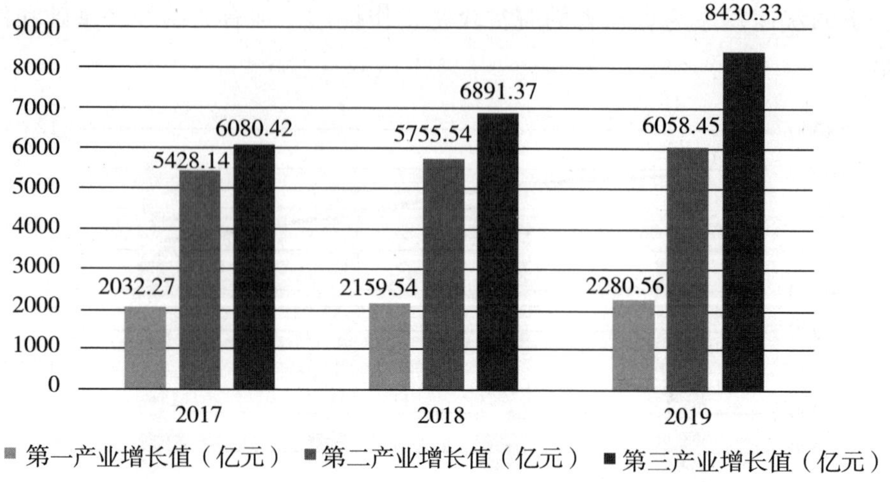

（a）

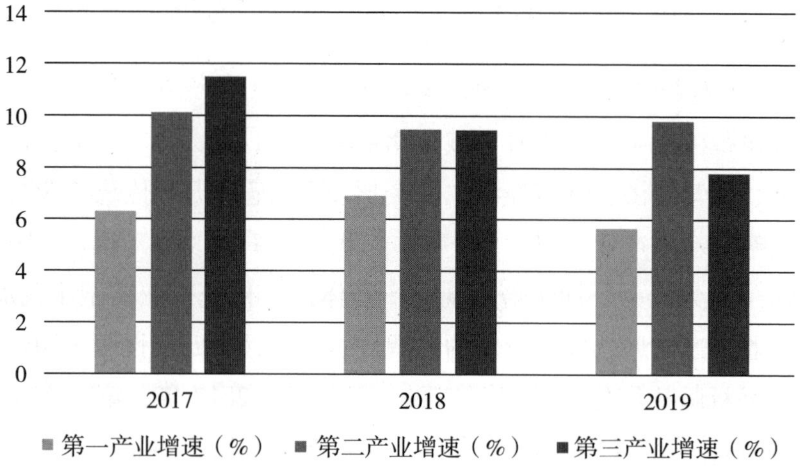

（b）

图 2－3　贵州省三大产业增长值及增速（2017—2019 年）

（二）人民生活水平不断提升

贵州省始终坚持把保障和改善民生作为一切工作的落脚点，着力构建“三位一体”大扶贫格局，大力推进脱贫攻坚等重大民生工程，城乡居民收入稳定增长，人民获得感明显增强。据初步统计，2019 年贵州省全体居民人均可支配收入 20397 元，比上年增长 10.7%。按常住地分，城镇常住居民人均可支配收入 34404 元，比上年增长 8.9%；农村常住居民人均可支配收入 10756 元，比上年增长 10.7%。由城乡常住居民人均可支配收入及增速对比图（图 2－4）可以看出，2016 年至 2019 年，贵州省城镇居民可支配收入由 26743 元增长至 34404 元，农村居民可支配收入由 8090 元增长至 10756 元。农村人均可支配收入增速

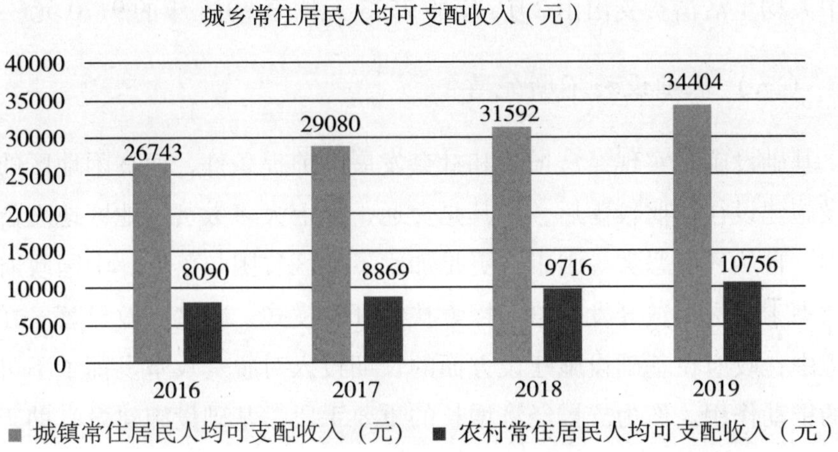

（a）

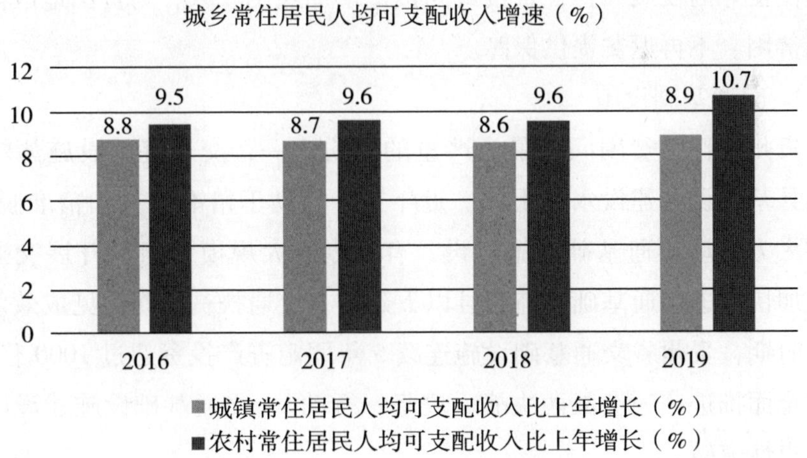

（b）

图 2－4　贵州省城乡常住居民人均可支配收入及增速对比（2016—2019 年）

2016 年至 2019 年均明显快于城镇居民可支配收入增速。结合图 2－2，居民收入与地区生产总值增速基本同步，反映分配制度的改革措施有效，有利于全省国民经济发展的良性循环和人民生活水平的逐步提高。

随着脱贫攻坚的推进和扶贫开发工作的深入展开，贵州省农村居民生活水平不断提高。人均年收入由 2016 年的 11776 元涨至 2018 年的 13314 元。人均年支出由 2016 年的 14193 元增至 2018 年的 16818 元，其中人均生活消费支出由 2016 年的 7533 元增至 2018 年的 9170 元。

（三）基础设施不断完善

基础设施是实现经济增长和社会发展的前提条件，而贫困地区的基础设施建设往往比较落后，尤其是交通，加上大多数贫困地区地理位置偏僻、自然环境恶劣等因素，更是加剧了地区贫困与落后。中国政府长期致力于推进扶贫开发战略、探索扶贫开发模式，减贫成效显著。在此过程中，政府在基础设施建设方面的长期投入对脱贫攻坚发挥了不可忽视的推动作用。作为支撑经济增长的重要手段，基础设施建设有助于推动社会经济发展，加强农村与城市资源合理流动，为农业和非农产业发展提供良好的发展条件，直接或间接地增加农民收入，为贫困地区彻底摆脱贫困、不再返贫提供保障。

1. 交通基础设施

贵州省作为贫困问题最为严重的省份之一，交通基础设施薄弱，[①] 不同县基础设施建设水平不同。近年来，借助于精准扶贫和精准脱贫，全省大力推动交通基础设施建设，有计划、大规模地组织开展交通扶贫，加快推进交通基础设施向县以下延伸，交通扶贫工作初见成效。近一个时期，贵州省交通基础设施连续 5 年固定资产投资超过 1000 亿元。全省全面推进“三会战两决战一攻坚一行动”，交通基础设施建设实现了历史性突破。

① 王润清：《贵州省交通扶贫促进农民增收的效果研究》，《财会学习》2017 年第 12 期。

从贵州省2014年至2019年各个县高速公路网络图（图2－5）可以看出，2015年以前，贵州省大量县级行政单元高速公路不可达。随着贵州省深入贯彻落实习近平新时代中国特色社会主义思想，不断推进交通基础设施建设，这一情况逐年改善。截至2015年底，贵州省成为西部12个省（区、市）中第一个县县通高速公路的省份。同时，各县积极改善县域内道路基础设施，兴建乡镇道路与入村道路，道路网络逐年改善。截至2019年底，全省高速公路里程达到7004.47公里，公路通车里程达到20.47万公里，内河航道里程达3755.09公里。交通基础设施的改善极大提高了贵州省各地区对外交通能力，改变了原有闭塞的状况，同时，加快了人流、物流、信息流以及资金流涌动，使得贵州连续多年经济高速发展。贵州交通条件改善带来经济快速发展的事实，证明西南喀斯特地区贫困的原因之一是薄弱的交通基础设施阻碍了西南喀斯特地区货物流通和人员流动，影响了该地区的商业发展。

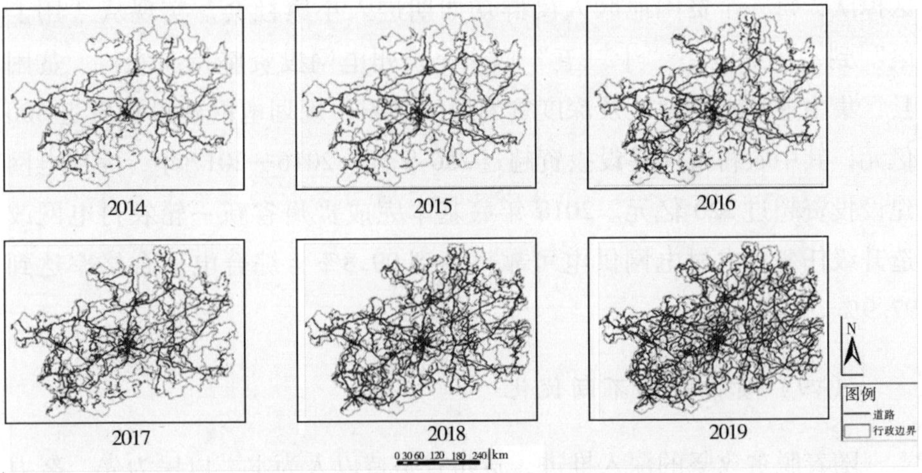

图2－5 贵州省各县高速公路网络（2014—2019年）

2. 水利基础设施

贵州省先后编制了《贵州省水利扶贫行动三年实施方案（2018—2020年）》《贵州省深度贫困县水利扶贫行动三年实施方案（2018—2020年）》，优先支持贫困地区水利项目发展。2016年以来，贵州省共投入贫困地区省级以上水利建设资金416.44亿元，占同期省级水利投资的80%。累计解决160.09万建档立卡贫困人口饮水安全问题，农田水利工程、骨干水源工程的快速建设为贫困地区农业生产、农村发展打下坚实基础。

3. 电力基础设施

为了充分发挥电力在脱贫攻坚中的基础保障作用，贵州电网结合实际，将电网建设助推脱贫攻坚纳入“十三五”发展规划，制定了《贵州“十三五”新一轮农网改造升级规划》《贵州省贫困地区农网改造升级专项规划》《贵州省14个深度贫困县“十三五”电网规划》等一系列专项规划，通过“1+3”精准扶贫模式，确保不让任何一个贫困地区掉队，每一个贫困地区人民群众如期进入小康社会，实现从“用上电”到“用好电”。“十三五”以来，贵州电网投资坚持向农村、贫困县、集中连片特困地区及深度贫困地区倾斜，规划电网建设投资近500亿元，其中农村电网建设投资超过250亿元。2016—2017年，完成电网建设投资超过220亿元。2018年底基本完成贵州省新一轮农村电网改造升级任务，农村电网供电可靠率达到99.8%，综合电压合格率达到97.9%。

（四）资源配置不断优化

随着脱贫攻坚的深入推进，贵州省坚持以人为本、以民为先，努力打好教育、医疗、住房等“三保障”硬仗，让贫困群众真正实现学有所教、病有所医、住有所居，实现了增进民生福祉的新跨越。

1. 教育资源

作为民生之基、国之根本，教育对贫困有重要影响，是帮助人们摆脱贫困的最重要途径。[①] 扶贫必扶智，脱贫须兴教。教育对于促进贫困人口就业、提高贫困家庭收入水平、从源头上阻断贫困的代际传递具有重大意义。[②]《中共中央 国务院关于打赢脱贫攻坚战的决定》提出，加快实施教育扶贫工程，让贫困家庭子女都能接受公平而有质量的教育，阻断贫困代际传递。

贵州省受地域、经济、历史等因素的影响，教育事业发展整体水平不高，这一状况严重制约了地区经济社会的发展进程。近年来，贵州省越来越重视发展教育事业，先后出台《贵州省教育精准脱贫规划方案(2016—2020 年)》《贵州省教育脱贫攻坚“十三五”规划实施方案》《贵州省教育精准脱贫“1 + N”计划》等规划文件，从省级层面进行了系统规划。在脱盲再教育、劳动力培训、贫困学生资助及营养改善等工作上，加大对深度贫困地区的支持与倾斜，助力脱贫摘帽。截至 2018 年，小学学龄儿童入学率和小学毕业生升学率分别达到了 99. 7% 与 100% 。2018 年，全省下达 16. 99 亿元教育精准扶贫学生资助专项资金，惠及46. 5万名农村建档立卡贫困学生。

贵州省通过不断加大对教育的资金和资源支持，师资队伍、资源配置及办学条件等各方面不断优化。依据《贵州统计年鉴》中师资配置数据（图 2 –6)，贵州省不同类型学校的教育资源配置逐渐合理化，普通高中、初中和小学的生师比不断下降。其中，普通高中生师比由 2016 年的16. 28∶1降至 2018 年的 15. 13∶1，初中生师比由 2016 年的 14. 88∶1 降至 2018 年的 14. 1∶1，小学生师比由 2016 年的 17. 93∶1 降至 2018 年的17. 89∶1。贵州省通过不断加大教育投资力度，逐渐完善教育资源，增加农民知识、能力、技能等脱贫致富的基本条件，实现了与经济、社会等领域的协同发展，积极推动了大扶贫战略的实施。

---

① 杨军昌、周惠群：《贵州民族地区基础教育资源配置的问题与优化分析——以黔东南苗族侗族自治州为例》，《贵州民族研究》2018 年第 9 期。

② 王嘉毅、封清云、张金：《教育在扶贫脱贫中的作用及其机制》，《当代教育与文化》2017 年第 1 期。

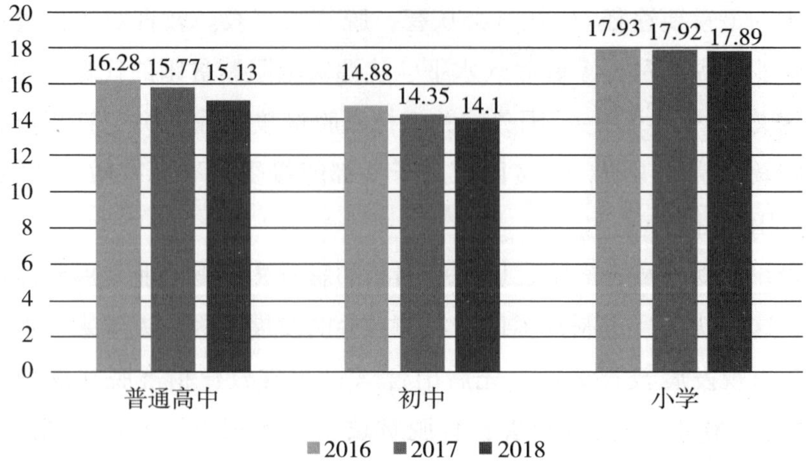

图 2－6　不同类型学校的生师比（2016—2018 年）

2. 医疗资源

健康扶贫与群众利益密切相关，也关系到脱贫攻坚的整体布局，是“两不愁三保障”的基本任务。党的十八大以来，贵州省全面实行深度贫困村卫生室规范建设、易地扶贫搬迁安置区卫生室规范化建设、农村中小学医务室标准化诊疗设备配置、县级以上妇幼保健机构远程医疗体系建设、疫苗数字化监控系统建设全面覆盖。2018 年，全省全面完成基层医疗卫生服务能力“三年提升计划”，着力解决了基层医疗卫生资源总量不足、人才严重匮乏、体制机制不活、服务能力薄弱的突出问题。组织基层卫生技术人员学历提升教育 1.7 万人，开展乡镇卫生院院长和业务骨干培训1.6万人次，村医岗位培训 10.7 万人次，培养全科医生 6108 名。基层服务能力明显提升，与 2015 年相比，基层注册医师增长 29.7%，注册护士增长 44.34%，总诊疗人次增长 23.82%。在全国范围内率先建成覆盖省市县乡四级公立医疗机构的远程医疗服务体系，建成“2＋5”和“2＋3＋N”重点专科 1092 个，新增诊疗项目 1408 项。“黔医人才计划”培训医院管理和学科骨干 230 名，54 名院士、1116 名核心专家加入“医疗卫生援黔专家团”，37 名院士在贵州建立 43 个工作站（室）。通过以上措施，引入了全国优质医疗卫生资源，加快了贵州医疗卫生事业的发展。

3. 住房资源

贵州省先后出台《贵州省人民政府关于深入推进新时期易地扶贫搬迁工作的意见》《中共贵州省委贵州省人民政府关于精准实施易地扶贫搬迁的若干政策建议》等省级纲领性文件，通过易地扶贫搬迁、危房改造等工程，保障了建档立卡贫困人口的住房条件。截至2019年底，贵州省实现搬迁人口总数188万，其中：建档立卡贫困人口150万人，占全国搬迁计划的15%；整体搬迁贫困自然村10090个，同步搬迁人口38万人。贵州省在易地扶贫搬迁工作实践中，创新出“六个坚持”“五个三”“五个体系”的实践经验和政策机制以及“五步工作法”的工作实现机制。截至2019年底，贵州易地扶贫搬迁通过原有教育资源和新建成573所学校已妥善解决33万适龄学生就学。就业保障上，全省有劳动力搬迁家庭共40.89万户97.92万人，已实现就业85.49万人，100%实现一户一人以上就业。社区治理上，836个集中安置区管理单元已批复设置街道59个，并入相关办事处（乡镇）合并管理683个，已成立社区居委会548个、居（村）民小组2545个，社区阵地建设和治理能力不断加强。基层党建上，各集中安置区已成立党（工）委112个，党总支207个，党支部568个，党小组444个，安置区基层党建不断夯实。

四、贵州脱贫攻坚的典型经验

（一）综合扶贫样板：贵州毕节试验区

毕节地区位于贵州省西北部，辖6县3区，土地面积26853平方千米，地处乌蒙山腹地，其中高原山区面积占93.3%，人口836万，农村人口占总人口的93%。1988年6月，为解决贫困岩溶山区经济落后、生态恶化、人口膨胀等发展难题，由时任贵州省委书记的胡锦涛同志倡导，报经国务院批准，建立了毕节“开发扶贫、生态建设、人口控制”

试验区。30多年来，在党中央、国务院及省委、省政府的高度重视和亲切关怀下，在社会各界的关心支持下，在市委、市政府的正确领导下，试验区儿女深化改革，锐意创新，埋头苦干，同心攻坚，经济社会发生了翻天覆地的变化。

1. 开发扶贫成效显著

1988年，试验区创立之初，毕节市是一个极度贫困的区域，贫困人口高达312.2万人，贫困发生率高达57.3%，即全市有一半以上的人口生活在贫困线以下。30多年来，全市积极探索，走开发式扶贫、造血式扶贫之路，贫困状况得以显著改善，开发扶贫战略取得巨大的阶段性成果。2010年，按当时1274元的贫困线标准，贫困人口已减至93.81万人，贫困发生率降至12.14%。2011年，国家将贫困线提高到2300元（2010年不变价），调标后毕节市贫困人口达到250.05万人，贫困发生率为35.54%。2018年实现36.9万贫困人口脱贫，贫困人口降至44.41万人，贫困村542个，贫困发生率下降到5.45%。

2. 生态环境有效改善

试验区创立以来，围绕“生态建设”主题相继实施了长江中上游防护林体系建设工程、“中国3356”项目、生态工程、农田基本建设、退耕还林、天保工程、长治工程、石漠化综合治理试点工程、中央预算内专项资金（国债）水土保持项目等重点生态建设项目，使生态效益、经济效益与社会效益相结合，开展山、水、林、田、路综合治理，有效地改善了生态环境，生态建设取得了卓越的成效。

（1）森林资源持续增长

森林面积由1988年的602亩增长至2018年的2261亩。森林覆盖率由1988年的14.9%提升到2018年的52.8%，比1988年提升了37.9个百分点，年均增加1.3个百分点。森林蓄积量从1988年的872万立方米增加到2018年的5540万立方米。

（2）水土保持工程取得巨大成效

1988年水土流失面积为16830平方千米，2011年减至11669.69平方千米，2015 年降至 10342. 54 平方千米。1989 年至 2018 年，全市水土保持综合防治面积累计达到 9057. 88 平方千米，年均治理 300 余平方千米。

（3）城乡居民生活环境得到有效改善

全市县城以上环境空气质量保持二类，主要河流水质保持Ⅲ类以上，县城以上集中式饮用水源地水质达标率保持 100%，城市区域环境噪声得到有效治理。

3. 人口素质全面提升

以人为本，实现社会公平正义，是科学发展观和社会主义制度的本质要求，也是生态文明的最终目标。人口过多，超过经济发展的承受能力，必然造成人力资本人均投入不足、教育机会不均等、失业增加、收入差距扩大、居住条件恶化、资源危机加剧、经济效率降低等问题，社会公正面临严峻挑战。因此，控制人口数量、提高人口素质、优化人口结构、开发人力资源便成为毕节试验区“人口控制”发展理念的根本出发点和最终目标。

2010 年第六次人口普查显示，毕节市每 10 万人中具有大专以上文化程度的人数达到 2508 人，具有高中（含中专）文化程度的为 4685 人，具有初中文化程度的为 25072 人，具有小学文化程度的为 45746 人，分别是 1990 年的 11. 4 倍、2. 1 倍、2. 4 倍、1. 3 倍；2010 年，15 岁及以上人口文盲率为 10. 99%，比 1990 年的 30. 39% 下降了 19. 4 个百分点，年均下降0. 97个百分点；2010 年，6 岁及以上人口平均受教育年限达到 6. 6 年，比 1990 年的 3. 3 年提高了一倍。2018 年人均受教育年限达到 8. 9 年。

4. 经济社会全面发展

（1）地区经济稳健发展

2018 年，全市生产总值完成 1921. 43 亿元，是 1988 年 23. 40 亿元的 82. 1 倍，年均增长 11. 6%；2018 年，人均 GDP 达到 28794 元，是 1988 年 412 元的 69. 7 倍，年均增加 946 元；三次产业比由 1988 年的

52.8∶21.9∶25.3 优化调整到 2018 年的 21.6∶36.3∶42.1，产业结构不断优化，地区经济呈现出稳健增长的良好态势。

（2）人民生活大幅改善

2018 年，全市城镇居民人均可支配收入达到 29888 元，是 1988 年 795 元的 37.6 倍，翻了 5.2 番，实现了年均 13% 的增长速度；农村居民人均可支配收入达到 9354 元，是 1988 年 376 元的 24.9 倍，翻了 4.6 番，实现了年均 11.3% 的增长速度。全市交通、通信、水利等基础设施建设快速发展。2018 年，公路通车里程达到 32127 公里，是 1988 年 5759 公里的 5.6 倍，翻了 2.5 番；高速公路通车里程达到 979 公里，开通 21 条航线，通达 23 个城市；2018 年，邮电业务收入达到 43.2 亿元，是 1988 年 434 万元的 995 倍，翻了 9.9 番。2018 年全市移动电话用户达 567.4 万户、互联网用户 69.41 万户。

（3）社会事业长足进步

基础教育方面，2018 年全市学龄儿童入学率达到了 99.9%，比 1988 年上升了 20.4 个百分点，年均增加 0.7 个百分点。普通中学在校生数达到 64.2 万人，小学在校生数达到 82.3 万人。普通中小学专任教师数达到了 8.15 万人，是 1988 年 3.36 万人的 2.4 倍。医疗卫生方面，2018 年全市卫生机构床位数达到 3.81 万张，是 1988 年 5429 张的 7 倍，翻了 2.8 番。千人拥有卫生机构床位数达到 5.7 张，是 1988 年 0.9 张的 6.1 倍。2018 年卫生技术人员数达到 32467 人，是 1988 年的 3.2 倍；其中，执业医师（助理执业医师）达到了 10311 人，是 1988 年 3511 人的 2.9 倍。

（二）组织创新典范：贵州党建引领脱贫

党的十八大以来，贵州省委、省政府深入贯彻习近平总书记关于扶贫工作的重要论述和党中央、国务院扶贫开发决策部署，全面实施精准扶贫精准脱贫基本方略，坚持把脱贫攻坚作为头等大事和第一民生工程，以脱贫攻坚统揽经济社会发展全局，将“精准”贯穿脱贫攻坚全过程，不断完善政策措施，脱贫攻坚取得决定性进展。

1. 持续深入学习，确保全省广大干部群众准确领会习近平总书记关于扶贫工作的重要讲话精神和中央扶贫开发决策部署

贵州省始终把学深悟透习近平总书记关于扶贫工作的重要论述和中央扶贫开发工作要求作为开展扶贫开发工作的前提和基础。每年省级部门都会以省委常委会、省政府常务会、省扶贫开发领导小组会、省委中心组学习研讨会、扶贫工作专题会等形式组织学习，并与国务院扶贫办联合主办深入学习贯彻习近平总书记关于扶贫开发重要讲话精神座谈会、东西部扶贫协作和对口帮扶贵州工作联席会议等加强交流学习。每年省委、省政府主要领导带头深入基层宣讲习近平总书记重要讲话精神，将习近平总书记重要讲话精神和中央系列扶贫开发政策列入对地方干部职工教育培训的重要内容，对县级领导、派村第一书记、驻村工作队长、村支书、村主任和农民专业合作社负责人等扶贫工作一线干部分批次进行培训，并在全省范围内组织开展贯彻学习习近平总书记关于扶贫工作的重要论述征文活动。这些多层级、多形式、多频次的学习、宣传和教育，让习近平总书记关于扶贫工作的重要论述和中央的工作要求深入人心，营造浓厚的扶贫开发社会氛围，坚定广大干部职工的扶贫工作意志，提升了各级干部的扶贫开发政策理论水平和实际工作能力，有力有效地指导和推进了全省的扶贫开发工作。

2. 完善顶层设计，建立健全脱贫攻坚政策体系和体制机制

不断完善扶贫开发顶层设计，一是建立完善攻坚指挥体系。逐级成立党委、政府主要负责同志任组长的双组长制扶贫开发领导小组，成立专门的易地扶贫搬迁工程建设指挥部；明确省、市两级扶贫部门和易地扶贫搬迁部门主要负责人同时担任同级党委副秘书长，县级扶贫搬迁主要负责人由县委常委或副县长担任，县级扶贫部门主要负责人担任县委办或县政府办副主任。二是建立脱贫攻坚责任体系。坚持省负总责、市县抓落实工作机制，强化党政一把手负总责的责任制。层层签订脱贫攻坚责任书，立下军令状，层层压实压紧党委主责、政府主抓、干部主

帮、基层主推、社会主扶和省领导包县、市领导包乡、县领导包村、乡镇领导包户和党员干部包人“五主包”责任链条。三是细化完善了政策措施体系，在深入实施贵州省“33668”脱贫攻坚行动计划及6个配套办法的基础上，先后出台了《中共贵州省委贵州省人民政府关于坚决打赢扶贫攻坚战确保同步全面建成小康社会的决定》及10个配套文件，《中共贵州省委贵州省人民政府关于落实大扶贫战略行动坚决打赢脱贫攻坚战的意见》，《贵州省人民政府关于深入推进新时期易地扶贫搬迁工作的意见》及6个配套文件，《贵州省大扶贫条例》，脱贫攻坚精准识别和脱贫退出、督查、考核、问责4个管理办法，《贵州省财政扶贫资金审计条例》等。四是完善了监督机制，设立各级人民政府“扶贫专线”，公开接受社会和群众对扶贫开发工作的监督；在基层全面推行民生特派员工作制度，鼓励支持第三方机构监督，形成预防和惩治“不作为”“乱作为”“假作为”的监督机制。五是建立脱贫攻坚实效激励机制，以脱贫实效考核作为贫困县工作的第一指挥棒，将扶贫工作成效与干部选拔任用、年度考核及奖惩挂钩，引导贫困县党政领导干部集中精力抓扶贫开发工作。这些政策体系和工作体制机制的建立和完善，有效地保障了全省扶贫开发工作开展。

3. 持续真抓实干，确保脱贫攻坚各项工作精准落地见效

一是持续抓“精准”二字落地见效。围绕“扶持谁、谁来扶、如何扶、怎么退”，探索了一套精准识别、精准施策、精准退出、精准管理的有效做法。通过抓好精准识别做到“四个准”、抓好精准施策做到“四个明”、抓好精准退出做到“四个实”、抓好精准管理做到“四个有”、抓好精准评估做到“四个清”等有效做法提高扶贫工作的精准性。二是持续抓“六大攻坚战”落地见效。通过狠抓生产发展、易地搬迁、生态补偿、教育医疗扶助、政策兜底保障、基础设施建设等“六大攻坚战”，确保扶贫工作见实效。三是持续抓党建扶贫落地见效。聚焦党的好政策、聚焦党员组织参与脱贫攻坚、聚焦发展村级集体经济、聚焦后进支部建设，加强党的执政基础、工作基础、群众基础，营

造脱贫攻坚外部环境，强化脱贫攻坚一线中坚力量。实施责任落实、建强堡垒、素质提升、人才聚集、补齐短板、示范引领、督查评估、基础保障、关心关爱、完善机制等“抓党建促脱贫攻坚十项行动计划”，夯实基层堡垒在脱贫攻坚中的带头作用。四是持续抓社会帮扶落地见效。坚持自我发力与向外借力并举，构建专项扶贫、行业扶贫、社会扶贫有机结合、互为支撑的大扶贫格局。通过大力推进单位定点扶贫、城市对口帮扶、引导社会力量参与扶贫等方式，不断拓展社会力量参与扶贫的便捷通道，实现援助人与受助人点对点精准帮扶，构建起人人皆为、人人愿为、人人可为的大扶贫格局。五是持续抓督查监管落地见效。通过抓工作落实监管、资金使用监管、接受群众监督等多种方式，监管扶贫开发工作的有效落实。六是持续抓先进典型。把脱贫攻坚作为“两学一做”学习教育的主战场，通过学习先进典型、开展全省脱贫攻坚项目观摩、承办全国扶贫工作现场会等活动让全省各地互相学习了经验，互相吸取了教训，互相铆足了干劲，互促互进了工作，互促互增了效率。七是持续抓改革创新，塑造贵州典型样板。通过打造扶贫开发法治保障样板、持续深化农村“三变”改革、聚焦深度贫困乡（镇）、创新金融扶贫模式等，不断创新扶贫开发工作机制。

（三）精准识别创新：贵州“四看法”

习近平总书记指出，脱贫攻坚必须坚持问题导向，以改革为动力，以构建科学的体制机制为突破口，充分调动各方面积极因素，用心、用情、用力开展工作。贵州省在脱贫攻坚实践中，坚持改革创新，着力解决突出问题，不断提高脱贫实效，形成了一批新经验新做法。其中，贵州省威宁县在精准扶贫的进程中，成功创造了“四看法”，成为各地精准识别贫困人口的样板，作为精准扶贫典型经验得到了全国范围的推广。

“一看房，二看粮，三看劳动力强不强，四看家中有没有读书郎”。“四看法”是贵州省威宁县在精准扶贫中精准识别扶贫对象和是否成功脱贫所采用的一套行之有效的工作方法。同时制定了详细的评分标准，对农户的居住条件、土地状况与生产条件、劳动力状况和技能掌握以及发展潜力和教育支出状况进行评价。

“四看法”完善了贫困识别机制，彻底改变了过去扶贫“撒胡椒面儿”的状况。看贫困对象的住房面积、房屋结构、建房时间，通过住房条件估算贫困对象的年收入来进行帮扶；通过看贫困对象现实的耕地拥有及收成情况和生产生活条件估算贫困程度；通过看贫困对象劳动力的文化程度、年龄结构、身体状况、打工状况、打工时间，估算贫困对象的年收入进行“精准扶贫”，解决“扶谁的贫”的问题。真正做到了精准扶贫，帮扶真贫。

（四）产业发展革新：贵州“三变”改革

党的十八大以来，贵州省各级党委、政府认真贯彻落实习近平总书记关于扶贫工作的重要论述，立足当地实际，坚持问题导向，不断创新扶贫开发实践，探索出了卓有成效的贵州模式。2014 年，贵州省六盘水市委市政府创造性地在农村推进了“三变”改革，从根本上解决了资源、资金、农民分散这一阻碍农村发展的顽症，以股份合作为纽带，推动了农村经济规模化、组织化、市场化发展，促进了农户与经营主体联产联业、联股联心，激活了农村发展内生动力，探索出了一条切实可行的科学脱贫之路。

“三变”改革的主要思路就是：通过资源变资产，村集体将土地、林地、水域等自然资源要素，通过入股等方式盘活，变“死资源”为“活资产”，让绿水青山变金山银山；通过资金变股金，在不改变资金使用性质及用途的前提下，将各级财政投入到农村的发展类、扶持类资金等量化为村集体或农民持有的股金，投入各类经营主体，享有股份权利；通过农民变股东，农民自愿将个人的资源、资产、资金、技术等，入股到经营主体，参与分红成为股东。

具体操作中，首先找准“三变”主体目标，聚焦贫困群众，实行优先产业覆盖、优先财政注资、优先提供贷款、优先企业带动、优先易地搬迁、优先确权颁证等，帮助贫困人口以土地经营权、自有技术、扶贫开发类资金量化等入股方式，从中获取租金、薪金、股金。再通过选择优势产业和培育龙头企业，大力培育“三变”承接龙头，从政策、项目、资金等方面给予倾斜，支持企业采取兼并、联合、重组等方式做大做强，同时高度重视风险防控和农民利益保护问题，把知情权、参与权、选择权、决定权交给群众，在是否入股、入股方式、产业选择、股份比例等方面，充分听取农民群众意见，群众不答应、不拥护、不认同的事坚决不做，积极探索开展农业特色产业保险，确保扶贫资金的安全收益和贫困人口的“持续性”增收。

通过农村“三变”改革，六盘水市各级政府以资源变资产、资金变股金、农民变股东为抓手，不断发展壮大集体经济，有力促进了农业增效、农民增收和农村繁荣。通过股权收益，盘活农村资源资产，仅2016年全市就新增村集体经济收入1.08亿元，村集体经济累计达到2.7亿元，形成了乡乡有产业、村村有实体、户户有门路的格局。农民人均可支配收入年均增长11.8%，带动22万贫困群众脱贫。同时，村级组织在发展集体经济过程中引领群众增收致富，解决了群众最关切的问题，更加坚定了群众听党话、跟党走的决心。村级党组织的凝聚力得到进一步加强，有效提升了农村基层治理能力和治理水平。

（五）脱贫引领发展：以脱贫攻坚统揽经济社会发展全局

在全面建成小康社会的背景下，打赢脱贫攻坚战，保证贫困地区、贫困人口和全国人民一道步入小康社会，是补齐全面建成小康社会突出短板的关键之举。这需要把握脱贫攻坚与地区经济社会发展之间的辩证关系。一方面，打赢脱贫攻坚，是全面建成小康社会一个都不能少、实现“两个一百年”奋斗目标的底线任务，是现阶段工作的重中之重；另一方面，地区经济发展是实施贫困治理、贫困人口长效稳定脱贫的有效途径。以脱贫攻坚统领经济社会发展全局无疑是现阶段最好的选择，这不仅体现了现阶段打赢脱贫攻坚战的决心，也体现了现阶段对经济社会发展各项工作的有效部署。

党的十八大以来，贵州省始终将扶贫开发作为第一民生工程，坚持以用脱贫攻坚统揽经济社会发展全局，把贫困治理纳入全省发展全局来谋划和推进，坚持精准扶贫精准脱贫方略，始终围绕促进贫困人口参与和分享改革与发展红利的目标，补齐扶贫开发与城乡协调发展的各类短板，通过大扶贫推动基础设施、产业发展、城镇化水平、生态环境质量、公共服务均等化跃上新台阶。贵州省以脱贫攻坚统领经济社会发展全局主要体现在以下几个方面。

第一，从脱贫理念上，省委省政府高度重视，将脱贫攻坚当作贵州经济社会发展追赶、超越的重大历史机遇，在此共识的基础上，贵州经济实现了连续多年增速领跑全国各省份。贵州认真落实党中央、国务院关于脱贫攻坚的战略部署，坚持了以脱贫攻坚统揽经济社会发展全局，将脱贫攻坚作为头等大事和第一民生工程，以“贫困不除愧对历史、群众不富寝食难安、小康不达誓不罢休”的坚定信念，在贵州脱贫攻坚进程中取得了决定性的历史成就，农民收入及可支配收入连年增加，贫困乡村发生了巨大变化，群众的满意度、干部群众的关系达到了前所未有的高度。

第二，从政策规划制定与推进层面，贵州各个行业部门的工作围绕脱贫攻坚着重发力。贵州省发改委、交通厅、水利厅、住房和城乡建设厅、生态移民局、教育厅、人社厅、文化旅游厅以及金融、邮政、通信等各个行业和社会团体围绕脱贫攻坚选优派强，出台政策，加大人力、财力、物力投入，在各自行业做出了决定性成绩。贵州省发改委以高度重视、高度负责的工作态度，落实脱贫攻坚规划、脱贫攻坚项目建设支撑、脱贫攻坚资金保障、脱贫攻坚政策供给。省交通厅秉承了“贵州要脱贫、交通要先行”的理念，着力加强加快交通基础设施建设，强力推进高速公路、水运和农村公路建设三大会战，即建设高速公路10000公里、农村组组通三年决战以及普通国省干线建设两年攻坚计划。贵州省成为中国为数不多的县县通高速的省份，有的地市甚至基本实现乡乡通高速。在农村组组通、创新投融资政策、建养一体化模式、“通村村”农村服务系统建设以及定点帮扶工作方面取得巨大成效。贵州省教育厅围绕脱贫攻坚统揽全省教育事业发展全局，推行“发展教育脱贫一批”的任务，把握规划引领和关注深度贫困地区的关键，坚持推行脱盲再教育、精准资助学生、坚持“补短板与促发展”相结合。实现“校农结合”、教育精准资助兜底、强化教育资金项目保障、突出职业教育在脱贫攻坚中的重要作用。水利厅坚持以脱贫攻坚统揽水利改革发展全局，助力推进农村饮水安全工程、农田水利工程、骨干水源工程、小河流及病险水库治理和水生态保持修复工作。人社厅以就业扶贫作为全系统首要政治任务，在就业扶贫、劳务协作、技能培训等方面做了大量卓有成效的工作。住建厅围绕住房保障的脱贫底线任务，将农村危房改造作为住建脱贫攻坚的重要抓手和统领。生态移民局将移民搬迁作为脱贫攻坚的重中之重，努力搬迁188万人，使贵州成为国内扶贫搬迁工作的先进省份。通过围绕“六个坚持”做好“怎么搬的工作”，通过“五个三”和“五个体系”保障贫困群众能够安居乐业、脱贫致富。其余各个部门均以脱贫攻坚为统领调整工作安排，取得了突出成效。多部门协同合力共同推进脱贫攻坚工作统领贵州经济社会发展各层面、各方面，这是从理念到政策的重要衔接和体制机制保障。

第三，从具体实施层面，贵州各级各部门干部有效地落实了脱贫攻坚统揽经济社会发展全局的理念构想与政策设计。首先，责任体系的建立。各级各部门均设立了脱贫攻坚工作专班、工作小组，将“精准脱贫”理念贯彻落实到日常工作，精准落实到人。其次，不断加强本系统领域的基层干部、骨干群众培训。通过开展专题讲座、专业技能培训、管理水平与技术能力培训、农业技术培训、致富带头人现身说法等做法，极大地提升了基层干部的脱贫政策落实能力。最后，打通贫困人口扶智的“最后一公里”。开办农民讲习所等重要的基层农村文化课堂，让农民有机会、有渠道学习，了解到最新的脱贫政策、产业技能与文化服务。

第三章

贵州扶贫脱贫的体制机制探索与创新

摘 要

贵州省扶贫脱贫的体制机制探索与创新的关键就是不断探索创新扶贫管理体制，推进组织体制、精准识别机制、考核和退出机制和大数据智慧平台建设等管理机制完善，包括多样高效化帮扶机制与创新多元化社会化扶贫模式探索与创新、投资平台与机制的创新再造等“大扶贫”外源拉动机制构建，以及转换生计能力的产业就业扶贫、阻隔代际传递的教育扶贫、强化主体力量的党建扶贫、激发内生动力的扶志扶智等内源推动机制，最具创新意义的是已脱贫县的防止返贫监测预警机制的构建。贵州“大扶贫”体制机制的基本经验与启示：(1) 自觉主动并积极探索外源拉动和内源推动相融合新方式；(2) 锐意改革与率先创新的新时代担当精神；(3) “大扶贫”理念和强执行力的有效融合；(4) 实事求是制定符合自身条件的扶贫脱贫机制。

改革创新扶贫脱贫体制机制是脱贫攻坚取得决定性胜利的重要保

障，同时也是2020年后破解相对贫困的根本路径。贵州省是全国扶贫的主战场，脱贫攻坚以来，贵州农村贫困人口数和贫困发生率不断下降，群众幸福感和获得感大幅提升。取得这一系列成就的关键在于贵州省勇于探索和创新扶贫脱贫体制机制。

一、贵州扶贫脱贫体制机制探索与创新的背景

贵州省是全国贫困人口最多、贫困面积最大、贫困程度最深的省份，受区域整体贫困与民族地区发展滞后并存、经济建设落后与生态环境脆弱并存、人口素质偏低与公共服务滞后并存“三重矛盾”的制约，贵州一直是全国扶贫开发任务最重、难度最大的省份。自然环境的复杂性和脆弱性以及历史上落后的社会经济条件倒逼扶贫脱贫机制创新，同时良好的政策与制度背景为扶贫脱贫机制的创新奠定了良好的政治基础。

（一）贵州扶贫脱贫体制机制创新的自然经济与社会环境背景

复杂的自然环境决定了创新扶贫脱贫体制机制是唯一路径。贵州省地处中国西南腹地，境内地势西高东低，地形地貌复杂多变，多高原山地、丘陵，素有“八山一水一分田”之称，以其为中心的西南喀斯特地区是世界上面积最大的喀斯特生态脆弱区，石漠化严重。全国14个集中连片特困地区中，贵州省就有65个县分布在乌蒙山区、武陵山区和滇桂黔石漠化区这三个集中连片特困地区。其中，山地面积占比达61.7%，丘陵面积占比达31.1%，山间平坝区面积占比7.5%，人均耕地面积不足0.75亩，属典型的农业土地资源贫乏区。限于地理环境的独特性和复杂性，公共基础设施建设、基本公共服务完善一直难以破解“最后一公里”问题。复杂的自然环境增加了脱贫攻坚的难度，唯有创新扶贫脱贫体制机制才能彻底改变贫困人口的处境，实现脱贫攻坚与生态文明建设的“双赢”。相对落后的经济和社会条件迫切要求创新扶贫脱贫体制机制。贵州省是我国西部多民族聚居的省份，也是贫困问题最

突出的欠发达省份，贫困和落后是贵州省经济社会发展中的主要问题。由于经济、历史、自然等方面原因，经济总量小、人均水平低、发展速度慢既是贵州省的基本省情，又是贵州省贫困地区面临的主要症结。从纵向来看，贵州省经济水平较为落后。改革开放以来，贵州省在党中央、国务院领导下，经过全省各族人民的艰苦奋斗努力，扶贫开发取得了显著成绩：农村贫困面貌明显改变，农村贫困人口生活水平显著提高，基本建立了农村低保季节性缺粮户粮食救助制度，实现了农村新型养老保险试点在国家扶贫开发工作重点县的全覆盖，农村贫困人口饮水安全水平大幅提升，基础设施加快向县以下延伸，农村贫困人口的温饱问题基本解决。但是，贵州“欠发达”特征仍然突出，区域贫困与深度贫困并存，贫困问题与民族地区发展问题并存，经济发展落后与公共服务欠缺并存。从横向来看，2011 年末，贵州省有贫困人口 1149 万人，占全国贫困人口的 11.6%。全国每 7 个贫困人口中，贵州就占 1 个；在贵州省，每 3 个人就有 1 个是贫困人口。贵州省 88 个县（区、市）中有 50 个国家扶贫开发工作重点县 934 个贫困乡 13973 个贫困村。贵州省人均地区产值只相当于全国水平的 40% 左右，差距很大。少数民族地区和民族地区贫困问题更为突出，民族地区贫困人口占全省贫困总人口的 60% 以上。薄弱的经济和社会基础决定了贵州的扶贫脱贫必须采取非常规手段，推进体制机制创新，加快脱贫攻坚的步伐，提升脱贫攻坚的质量，确保 2020 年全面消除绝对贫困。

（二）贵州扶贫脱贫体制与机制创新的政策与制度背景

从 1986 年的扶贫开发到致力于解决温饱问题的《国家八七扶贫攻坚计划》，再到全面建设小康社会的制度体系，在国家的关注和支持下，贵州省集中政治优势，按照顶层设计要求，不断进行二次设计，为扶贫脱贫体制机制创新奠定了良好的政策和制度基础。党中央、国务院历来重视贵州扶贫攻坚工作。早在 2008 年、2009 年，时任中共中央总书记胡锦涛在反映贵州省长顺县竹子坨村和威宁县有关贫困情况的新华社国内动态清样上，分别作出重要批示："要因地制宜，探索扶贫开发的新路子。""希望你们认真研究部署，采取有力措施，经过几年艰苦努力，帮助贫困群众切实脱贫致富。"2011 年，贵州省明确把扶贫开发作为"第一民生工程"。此后，栗战书、赵克志、陈敏尔、孙志刚四任省委书记带领的贵州省各级党委政府、广大干部群众，始终围绕"第一民生工程"，以扶贫开发为后发赶超的关键战略，实施了一系列改革新举措新机制，通过各类"组合拳"发力，推进扶贫开发。"第一民生工程"实施以来，贵州省农村贫困人口大幅度减少，贫困家庭的收入快速增长，基础设施建设不断完善，民生事业和社会保障全面发展，人民群众获得感、幸福感和安全感明显增强。同时，通过培育山地产业、优化可持续脱贫机制、壮大区域经济等措施，可持续发展能力不断增强。贵州省具有良好的扶贫开发政治环境，有助于扶贫工作的有序开展、高效推进、不断创新。

二、"大扶贫"机制与防贫监测预警机制的重构与创新

在脱贫攻坚统领经济社会发展全局的过程中，贵州省不断探索创新扶贫管理体制，推进组织管理体制、精准识别机制、考核和退出机制的变革和完善以及大数据智慧平台的建设，大扶贫的体制机制逐渐形成，并不断成熟。与此同时，积极探索脱贫县脱贫村和脱贫人口减少和防止脱贫后返贫的监测预警机制，形成了全省范围内的未脱贫县外源拉动和内源推动的大扶贫机制、已脱贫县的防止返贫监测预警机制的贵州扶贫新机制。

（一）"大扶贫"管理机制创新和探索

贵州省在构建大扶贫管理体制与机制方面的突出表现就是组织管理体制与机制的创新和变革，精准识别与精准施策及退出机制的创新探索两个大方面。

1. 组织管理体制新变革。贵州省不断创新扶贫组织体系，跳出单

一集中制的领导体制，健全“四梁八柱”。第一是建立完善攻坚指挥体系，统筹部门关系。逐级成立由党政主要负责人任组长的“双组长制”扶贫领导小组，全面加强不同部门之间扶贫工作的协同。第二是建立脱贫攻坚责任体系，强调脱贫实效。强化党政一把手负总责的责任制，层层签订责任书，形成“党委主责、政府主抓、干部主帮、基层主推、社会主扶”，“省领导包县、市领导包乡、县领导包村、乡镇领导包户、党员干部包人”的“五主五包”责任链、任务链，实现了大扶贫体系的网络化与扁平化。第三是基层组织中，设立多主体参与机制，吸纳农村青年、大学生村官，不断激活组织活力，完善乡村社会新生代治理结构，形成带头人效应。第四是责任、权力、资金、任务“四到县”制度，增加了县级部门扶贫资源配置权，调动县级政府扶贫工作的积极性和提高工作效率，有利于促进扶贫资源与扶贫对象需求衔接。在新的管理组织体制下，贵州省坚持以脱贫攻坚统揽经济社会发展全局，实行驻村帮扶扶贫、党建扶贫、社会扶贫、东西部协作扶贫多元主体嵌入，产业扶贫、金融扶贫、社会保障兜底扶贫、教育扶贫、生态扶贫、扶贫扶志扶智等多样化生计扶贫方式相结合，根据地方政府发展规划、扶贫对象的可行能力不同、扶贫区域的自然资源禀赋与经济社会氛围差异因地因人制宜。同时注重解决贫困户精神贫困与返贫问题、边缘户认定与帮扶问题、非贫困户公平感知问题，实现从识别、帮扶、考核评估到退出的精准化、动态化、程序化和制度化，建立了“大扶贫”的组织管理体制（图3－1）。

2. 精准识别与精准施策创新探索。贵州是较早部署和探索实施建立精准工作机制的省份之一。第一，多维贫困视角下的贫困人口精准识别与精准施策。根据精准瞄准的实际情况，贵州省早期提出了简单而又实用的“四看法”，即一看房、二看粮、三看劳动力强不强、四看有没有读书郎。精准识别扶贫对象除了考虑最为直接的收入指标外还要在机制创新中将其他维度指标融入进来。贵州省“四看法”扶贫对象识别模式从多维贫困的角度测量出省域内的贫困人口，既在操作上比较可

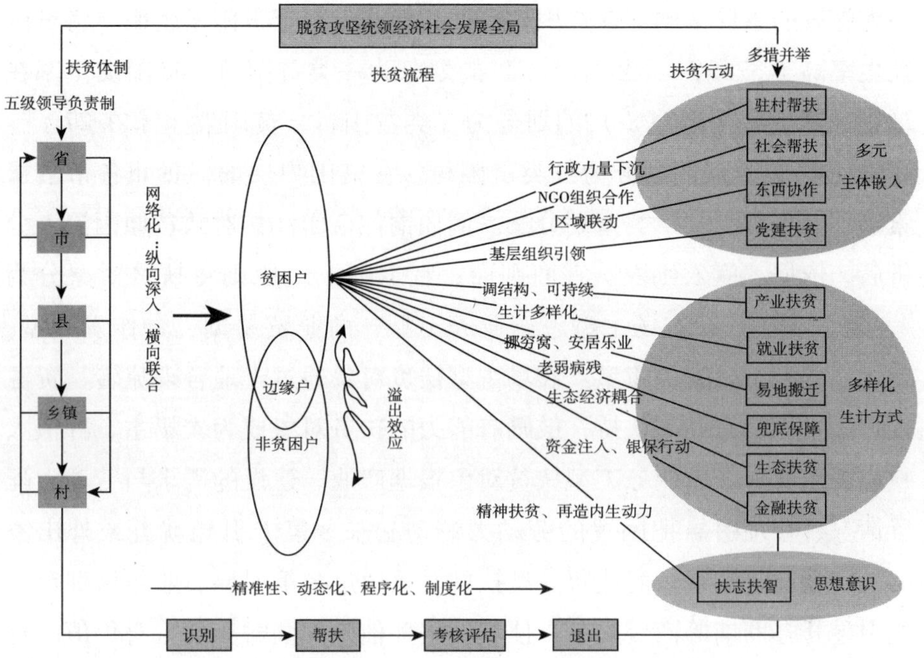

图 3－1　“大扶贫”组织管理体制总体框架

行，也获得了较好的精准度，具有较大的借鉴价值。由于农户家庭收入来源多元化，无法正确估算出其家庭收入，且单纯通过家庭收入来识别贫困户的标准也并非完全正确，贵州省扎实开展大走访、大排查、大纠错、大整改等行动，抽调业务骨干集中开展建档立卡数据大清洗，确保实现“客观有的、系统录的、袋里装的、墙上挂的、嘴上说的”“五个统一”，从而保证了帮扶对象的精准。其中，六盘水市在“四看法”的基础上探索了“凉都六法”（入户调查法、实地踏勘法、比对排除法、民意问卷法、联合审核法、公示公告法）和“五定五看”（定人头、看责任；定地头、看产业；定龙头、看就业；定户头、看保障；定年头、看成效）的精准识别方法，解决了农户收入难以估算和脱贫后再返贫的问题。

第二，以划分扶贫对象类型为基础的精准施策。精准识别出扶贫对象后，根据贫困特征和发展需求对扶贫对象进行类型划分，是实施因地因人施策的重要基础。在贫困村层面，贵州省根据贫困发生率，将贫困发生率高于37.5%（含37.5%）的划分为一类贫困村，贫困发生率在31%—37.5%（含31%）的划分为二类贫困村，贫困发生率在27%—31%（含27%）的划分为三类贫困村。在贫困户层面，贵州各市县探索出了一些贫困农户类型划分法。例如铜仁市印江县对致贫原因深入分析后，依据“宜农则农、宜商则商、宜工则工”原则将扶贫对象分为“六型”农民，即农场主型、产业务工型、商业贸易型、合作发展型、专业技能型、政策保障型。农场主型扶贫对象通过土地合理流转、资源优化配置和政策倾向扶持，鼓励有能力的扶贫对象成为农场主、种植大户或养殖大户。产业务工型扶贫对象根据产业、建设的需求与劳动力配置情况，合理引导把闲置的劳动力调动起来，集中引导就近或外出务工，实现增收致富。商业贸易型扶贫对象通过政策引导、业务培训等方式引导开办商铺等商贸服务，使其在服务他人的同时实现自身价值。合作发展型扶贫对象通过引导贫困农户抱团成立合作社、协会等方式，整合资源、协同发展，抱团脱贫，相互促进实现增收致富。专业技能型扶贫对象通过开展多层次、全方位的技能培训，分类引导扶贫对象进企业、进车间、进工地，做专业技能人才。针对智力存在一定缺陷、劳动力缺失的扶贫对象，采取政策兜底，保障这一特殊群体的生活水平，确保贫困户在政策扶持下摆脱贫困。

第三，精准扶贫的“六个到村到户”。贵州省《以改革创新精神扎实推进扶贫开发工作的实施意见》（以下简称《意见》）从改进贫困县考核机制、建立精准扶贫工作机制、改革财政专项扶贫资金管理机制、改革专项扶贫项目管理机制、创新金融扶贫机制、健全同步小康驻村工作帮扶机制六个方面落实国家扶贫开发工作创新精神，并着重强调要抓好产业扶贫、基础设施建设六项行动、扶贫对象素质提升教育、社会事业发展、社会扶贫等重点工作内容。在精准扶贫工作机制方面，《意见》提出要着力建立扶贫对象识别机制、帮扶机制、精准管理和进退机制，重点抓好贫困人口准确识别、建档立卡、“六个到村到户”[①] 和动态管理等工作，按照国家建立精准扶贫机制要求，对贫困户进行建档立卡，分类制定发展规划，建立扶贫对象帮扶机制，实现精准扶持和扶贫对象年度进退动态管理和精细化管理。

3. 考核和退出机制再完善。精准考核指标和激励措施的创新与完善。精准考核是扶贫脱贫的指挥棒和试金石。根据坚持立足实际、突出重点、客观公正、群众认可、结果导向、奖罚分明的要求，贵州省建立重点县扶贫开发工作考核评价体系，把提高贫困人口生活水平和减少贫困人口数量作为主要指标，更加突出组织领导、减贫增收、基础设施、产业发展和民生事业等，让重点县集中力量抓扶贫开发。同时，制定了严格的奖惩措施。对年度考核排名前三的市（州），给予财政扶贫资金绩效奖励，用于扶贫项目；对年度考核评价为“好”的扶贫开发工作重点县和片区县，给予财政扶贫资金绩效奖励，列入因素法分配，用于扶贫项目。对连续考核评价为“好”，且符合干部选拔任用资格条件的党政部门正职，其考核结果作为选拔使用的重要依据，对其班子由省委、省政府予以嘉奖。同时，对参与排序的市（州）最后一名进行约谈、在国家扶贫开发重点县和片区县考核中被评为“较差”档次的县（市、区），对其党政主要领导进行约谈。通过约谈指出其中的问题，提出整改的要求和时限，并对整改情况进行跟踪督查复核。对约谈后整改不力，考核档次没有提升，从 2017 年起连续两年考核评价为“较差”档次的，对主要负责人进行调整。贫困退出机制的创新和完善。“退出”实则是从已经建立的关系中抽身、离开，有自愿与强制两种形式。践行贫困退出行动，不仅是对脱贫攻坚历史成就的总结与反思，更保证了脱贫人口的自然脱贫与贫困人口的后续认定，推动政策扶持资源

① “六个到村到户”，即结对帮扶到村到户、产业扶持到村到户、教育培训到村到户、危房改造到村到户、生态移民到村到户、基础设施到村到户。“六个到村到户”是贵州落实扶贫资源精准使用的重要机制创新。

的再分配调整。

贵州省已经全面迈入脱贫攻坚稳固期，建立有效的贫困退出考核机制决定着反贫困的未来方向与具体做法。贵州全省范围内定期组织“春季攻势”“夏季大比武”“秋季攻势”行动，组织五级干部认真开展“回头看”，赤水市、六盘水市提出“十访十看”“五定五看”的考核评估办法。同时为了确保脱贫质量，采取严格的签字确认制度。以省领导包县、市（自治州）领导包乡、县领导包村、乡镇领导包户、党员干部包人的“五包”责任制为核心，以贫困县、贫困乡镇、贫困村、贫困户识别和脱贫认定为主要内容，坚持谁调查谁跟进、谁审核谁负责的原则，建立“五级联动、层级认定”的分级签字确认制度，签字人对脱贫退出程序的结果负直接责任，本级党政主要负责人为第一责任人。由省扶贫办牵头组织对各地开展扶贫对象事后抽查，省委督查室、省政府督查室、省扶贫办根据脱贫攻坚工作督查办法要求开展督查和抽查，将调度、检查、督查和抽查的结果作为各地过程管理的评价、评分依据，纳入考核的总成绩。对在脱贫退出过程中出现问题的，由省扶贫办领导开发小组对县级党委、政府主要负责人约谈，提出限期整改要求；情节严重、造成不良影响的，进行责任追究。

近年来，贵州省通过建立精准扶贫大数据支撑平台，构建大数据扶贫机制，数据动态更新、自动比对，确保贫困户识别精准、退出精准；数据互通共享，动态分析致贫原因，帮扶措施能够“精确滴灌”、进村入户；自流程化快速准确查询、掌握有关数据，基层干部文案工作量减少。借助互联网这一新技术，突破传统纸质化的建档立卡模式，实现了补助信息公开，能够有效避免政策补贴的层层分利。仅需一个公众号平台，农户便可实现家庭基本信息的查询，一定程度上实现组织管理的扁平化与网络化。同时，扶贫云系统较好解决了扶贫资源配置权下到县甚至乡镇之后出现的监管、评估难的问题。通过扶贫云的各类展示平台，上级部门能实时全面掌握各基层政府精准扶贫全面情况，为有效监督与评估提供了技术支持。

（二）“大扶贫”外源拉动机制构建与创新

1. 多样高效化帮扶机制。向贫困村、村级组织涣散村派遣驻村帮扶工作队、驻村第一书记，改善农村社会治理结构，既是对基层党组织建设的力量补给，也是我国扶贫开发工作的制度经验。当下贫困村青壮年劳力外流严重，人力资本匮乏，新生代治理体系难以形成，村级建设带头人难以自我培育，不得不依靠外界援助，以人才之力补乡村之空。鉴于贵州省贫困村的村集体经济羸弱、村级治理散乱的事实，驻村帮扶机制成为其脱贫攻坚过程中的重要抓手。“按照党群干部进弱村、政法干部进乱村、经济干部进穷村、农业干部进产业村、科技干部进专业村”原则选派驻村干部。西秀区在精准选派第一书记的基础上，从第一书记派出部门（单位）再派出县级领导、科级领导担任帮村书记，实现“双书记”帮促，特别是贫困村，帮村书记都是部门县级领导或部门一把手。各派出单位充分发挥作为第一书记的“主心骨”和“后援军”作用，在思路上参谋、在资金上兜底、在项目上援助，帮助第一书记放心大胆、有的放矢地开展工作。

2. 多元化社会化扶贫模式探索与创新。广泛动员全社会力量参与是中国特色扶贫开发事业的重要组成部分，集中体现了社会主义制度的优越性和中华民族扶贫济困的传统美德。贵州社会扶贫坚持营造良好氛围，搭建广阔平台，培育社会扶贫的多元主体，创新社会扶贫的参与方式。第一，营造良好的社会扶贫氛围。创新扶贫开发社会参与机制离不开良好的社会氛围，需要有效开展扶贫宣传活动，创新扶贫宣传形式，倡导社会扶贫理念，弘扬中华民族扶贫济困、助人为乐、崇德敬善、乐善好施的传统美德，宣传报道社会扶贫先进事迹与先进人物，营造浓厚的扶贫济困氛围。

第二，搭建社会扶贫的广阔平台。按照“扶贫济困、信息公开、供需互动、精准帮扶”的原则，贵州省扶贫基金会和贵州省农民专业合作社联合会共同打造了贵州省社会扶贫信息服务平台。该平台由一个信息总站和1700多个社区服务终端组成，覆盖全省1700多个社区（办事处），辐射上海、大连、杭州等多个对口帮扶城市，有效推进了社会扶贫援助方和求助方信息发布与互动，推动了社会扶贫资源供给与扶贫需求的有效对接，使社会扶贫与精准扶贫有效结合。

第三，培育了社会扶贫的多元主体。贵州省积极培育多元参与主体，不断深化定点扶贫、对口帮扶、民营企业扶贫、社会组织扶贫和个人扶贫，切实加强与各类扶贫主体的沟通联系与密切合作。大力推进定点扶贫，建立定点扶贫定期沟通和联络机制，加强与中央单位（企业）的联系与合作。逐步强化对口帮扶，完善帮扶双方高层互访、恳谈会议、联席会议、区县结对等工作联络机制，鼓励帮扶城市社会各界针对对口帮扶地区开展多种形式社会帮扶活动。积极推进民营企业扶贫，鼓励民营企业到贫困地区投资兴业、培训技能、吸纳就业、捐资助贫，促进产业带村、项目兴村、招工帮村、资金扶村，增强贫困村和贫困人口的自我发展能力。全面鼓励社会组织承接政府扶贫开发项目，创新扶贫方式，打造优秀扶贫公益品牌。广泛动员个人扶贫，建立爱心平台，鼓励和引导社会各界爱心人士捐助款物，开展助教、助医、助学、助残等扶贫活动。积极引导各民主党派、工商联参与扶贫开发，开展国有企业“百企帮百村”活动，推动驻地部队参与扶贫开发。

第四，创新社会扶贫的参与方式。贵州省创新扶贫开发社会参与机制，持续创新社会参与方式。大力拓展社会力量参与扶贫开发的便捷通道，加快推进政府向社会购买服务，按照公开竞争、择优确定的原则，将适合采取市场化方式提供且社会组织有能力承担的扶贫项目交由社会扶贫主体实施。引导和鼓励青年学生、专业技术人才、退休人员和社会各界人士参与扶贫志愿行动，向贫困地区派遣志愿者并定期轮换，为贫困地区提供志愿服务。充分发挥“光彩事业”“希望工程”“贫困地区儿童营养改善计划”“春蕾计划”“爱心包裹”“母亲水窖”“扶贫志愿者行动计划”等扶贫公益品牌效应。建立省内区域性结对帮扶工作制度，安排省内经济强县对口帮扶发展困难县。

3. 投资平台与机制的创新再造。金融作为助力精准扶贫的重要力量，决定着扶贫资金来源，影响扶贫工作推进。贵州省在坚持发挥政府投入的主导作用的同时，增加金融对脱贫攻坚的支持，形成多形式投融资体系，真正构建起银行支持、保险跟进、担保介入、资本市场参与的金融助推脱贫攻坚服务体系。

第一，创新财政扶贫专项资金与项目分配机制。从2014年起，中央补助和省级安排的财政专项扶贫资金，按照“乡镇申报、县级审批、乡村实施、乡镇初检、县级验收、乡级报账”的原则，除重大扶贫专项和以奖代补项目资金外，其余资金由省级主要按因素法分配切块到县，实行目标、任务、资金和权责“四到县”制度。与此同时，除国家、省级扶贫龙头企业贷款贴息项目外，其余所有扶贫项目审批权全部下放到县，县级扶贫部门严格按照县级审批、省市级备案、乡镇实施和初检、县级验收，加快推进乡级财政报账全覆盖，严格按照“谁审批、谁负责”的权责匹配制度的要求和“六个必须”的原则审批和管理项目。贫困县、贫困村、贫困人口因素分配到县资金，由县级围绕年度贫困退出目标任务，按照意见规定的投向分配到乡（镇）、村；绩效考核因素分配到县资金，由县级统筹安排到乡（镇）、村；项目管理费的50%以上按乡（镇）、村的扶贫资金数额分配到乡（镇）、村。

第二，创新财政扶贫专项资金与项目使用机制。因素法分配到县资金，原则上按照“33112”的比例投向五个方面：30%用于扶贫产业，主要发展区域性规模化特色优势产业，其中30%以上用于探索资源变股权、资金变股金、农民变股民的“三变”改革，70%采取县级竞争入围方式分配到乡（镇）、村，与其他资金融合使用，发展地方特色优势产业；30%用于扶持农民专业合作社、村集体经济组织，带动贫困户发展到村到户生产经营性项目和公益性民生项目，要落实到贫困村、贫困户；10%用于小额扶贫“特惠贷”贴息，主要用于支持“5万元以下、3年期以内、免除担保抵押、扶贫贴息支持、县级风险补偿”的专项小额扶贫到户贷款贴息，要落实到贫困村、贫困户；10%用于扶贫培训，主要支持“雨露计划”和扶贫干部培训，其中扶贫干部培训资金不能超过10%；20%用于改善生产生活条件，支持贫困村（不含村级）以下小型公益基础设施建设，重点支持产业基础设施建设。以上比例，前两项不得调整，后三项如需调整，需由县级扶贫开发领导小组报市（州）扶贫开发领导小组同意后报省扶贫办备案。当项目审批权下放到县后，严格规范扶贫项目使用流程。全省实行统一的项目审批流程：省下达资金计划→县制定项目申报指南→乡镇申报项目→县扶贫办初选项目→县扶贫开发领导小组研究确定项目立项→项目申报单位编制项目实施方案→县下达项目资金并批复项目实施方案，通过“贵州省扶贫系统电子政务平台”逐级报省备案→乡镇组织实施项目→乡镇初验→县级验收→省市抽验。

第三，创新财政专项扶贫资金与项目管理机制。首先是明确各级职责。省级主要负责规划编制、政策制定、项目备案、监管和检查，扶贫对象受益情况监测，项目绩效评估等。级主要负责辖区内扶贫项目的综合协调、监管和绩效考评，协调指导项目实施，扶贫对象受益情况监测等。县级主要负责项目审批、监管和验收，项目绩效自评，以及扶贫对象受益情况监测等。乡级主要负责项目申报、实施和竣工后初检，项目实施情况报送，将项目落实到村到户，完善项目相关档案和乡级报账等。监察部门加大对违纪行为的查处力度，发挥震慑作用。充分发挥人大、政协、新闻媒体、群众的监督作用，构建全方位的监督体系。

第四，创新金融扶贫机制。积极探索推进投资收益扶贫试点。用于农村专业合作社、村集体经济组织、农业龙头产业等农业经营主体的生产性资金要折股量化到户，引导农户将土地资源、资金等入股合作，鼓励吸收安排贫困户就业，建立健全“风险共担、利益共享”机制，实现资金使用与精准扶贫结合、与人口脱贫挂钩。例如六盘水的“三变”改革中的推进资金变股金，让分散的资金聚起来。创新金融扶贫模式。国开行贵州分行充分发挥开发性金融作用和优势，利用机制建设、产品创新，探索以“一县一特、四台一会[①]、统借统还”为体系支撑的“小农贷投融资新模式”，寻求财政扶贫资金与政策性银行扶贫性开发资金的乘数效应，实现金融机构、地方政府、扶贫农户三位一体的扶贫架构。建立扶贫金融合作体系。具体来说，为破解扶贫资金瓶颈问题，有以下几项措施：贵州通过建立精准扶贫信贷机制，以诚信农民建设为载体，深入开展信用村组、信用乡镇、农村金融信用县创建活动。与开发银行联合实施新型扶贫金融合作项目。开启扶贫融资租赁合作业务。激发基层扶贫部门创新信贷扶贫的活力。例如，安龙县将产业扶贫资金作为风险补偿金存入金融机构放大10倍，向项目农户发放贷款。花溪农村商业银行创建了“小产品”“小队伍”“小客户”“金额可高可低、期限可长可短、抵押可有可无、利率可上可下”的“三小四可”模式。

（三）“大扶贫”内源机制的培育与创新

内源式扶贫是实现高质量脱贫的必由之路。一味靠外部帮扶，很容易陷入“脱贫—返贫—再扶贫”的恶性循环。精准扶贫以来，贵州省不断践行和拓展内源扶贫的工作理念和方法，逐步建立了包括区域、社区、个体等多层次的综合性内源式扶贫机制体系，包括转换生计能力的产业就业扶贫、阻隔贫困代际传递的教育扶贫、强化主体力量的党建扶贫、激发内生动力的扶志扶智以及可持续发展的生态扶贫。

1. 转换生计能力的产业就业扶贫。产业扶贫是精准扶贫的根本之策，是增强贫困地区、贫困人口自我发展能力的基本政策模式，也是“从短期效益到长期效益”“从输血到造血”的主要抓手和平台。新时期贵州省立足省情，结合产业发展内外部环境的变化和精准扶贫、精准脱贫的总体要求，着力探索新型的产业扶贫体系，指导和推动新时期产

① “四台一会”，即管理平台、统贷平台、担保平台、公示平台和信用协会。在这种模式中，国开行向有借款资格和承贷能力的借款主体提供授信，该主体就是统贷平台，形式包括政府投融资公司、金融租赁公司等，然后再以委托贷款等方式，向信用协会的小企业客户提供资金支持。

业扶贫就业工作的开展。贵州的产业扶贫突出特点就是，重点围绕产业选择、培训农民、技术服务、资金筹措、组织方式、产销对接、利益联结、基层党建“八要素”，深入推进农村产业发展观念革命、发展方式革命和工作作风革命。大力推动就业扶贫。重点之一：聚焦聚力深度贫困地区和易地扶贫搬迁安置点，全力推进就业扶贫工作。重点之二：实施“雁归兴贵”行动计划，加强创业孵化基地和农民工创业园（点）建设，加大创业扶持政策、创业服务支持力度，引导创业带动就业。重点之三：畅通贫困劳动力就业渠道。通过产业、工业园区等挖掘就业岗位，围绕当地特色种植养殖、农产品深加工、休闲农业等产业发展，开发挖掘就业岗位。鼓励引导农民专业合作社、种养大户、家庭农场等各类生产经营主体，吸纳贫困劳动力就业。重点之四：就业援助。制定出台就业扶贫援助补贴相关政策，在全省开发就业援助补贴岗位 5 万个，对建档立卡贫困人口中的就业困难人员通过各类服务扶贫相关岗位、各类农民专业合作社、就业扶贫车间等形式实现就业的，给予就业扶贫援助补贴。重点之五：积极增加公益岗位就业。

2. 强化主体力量的党建扶贫。基层党组织作为农村社会治理的动力来源，在乡村建设中发挥战斗堡垒作用。随着精准扶贫的实施，贵州省的党建扶贫也进入了新的历史时期。在扶贫实践中，贵州积极构建党建扶贫的路径、方法、平台与抓手，产生了许多新的经验和新的做法。凸显党建在扶贫中的作用定位，以驻村帮扶为主建立党建扶贫机制，夯实基层组织。如玉屏县，通过三年多的推进式探索，党建扶贫初步形成体系性的工作平台，其体系框架主要有以下支撑子系统：“细胞工程”，“民心党建”工程，五位一体的组织、人才保障体系，民情信息系统，“民心党建基金”与发展集体经济相结合的多维治理方式，较为完整的党建扶贫驻村工作与县级、乡镇后台支持系统的无缝对接机制。事实证明，党建扶贫不仅动员了更多的人力和物力资源投入到扶贫事业中，而且完善了反贫困的治理结构，是打通精准扶贫“最后一公里”的有效措施。通过加强基层党组织建设，采取联村联户的帮扶措施，强化各级党政机关的扶贫责任，不仅加快了贵州省的扶贫事业发展，也密切了党与群众的关系。“塘约经验”就是个典型。

3. 激发内生动力的扶志扶智。扶贫资源不断下放、资源分配精准到村到户的同时，“扶贫扶懒汉”问题也随之而生。针对“干部干，群众看”“靠着墙根晒太阳，等着别人送小康”的“等靠要”思想，贵州省出台了《关于注重扶贫同扶志、扶智相结合 大力开展精神扶贫的实施意见》，破解扶贫开发深层次矛盾和问题，做好贫困群众思想发动、宣传教育和情感沟通工作，进一步激发贫困群众摆脱贫困的内生动力。一是全力打好“四场硬仗”，为消除精神贫困创造充分的物质条件；二是强化典型示范，激发贫困群众改变自身贫困现状的强烈愿望和信心；三是加强精神文明建设，带来乡村文明和谐新风尚新气象新画卷；四是促进基本公共文化服务均等化，打破文化贫困困境，从而明确了从创造物质条件、激发内生活力、加强村规民约建设、注重典型引导和促进基本公共文化服务均等化等方面大力推进精神扶贫工作。如赤水市探索了“地毯式”排查、感恩励志教育、“促膝式”调解、“院坝式”普法、“公益式”服务的扶智扶志帮扶机制。

（四）“大扶贫”防贫监测预警机制的积极创新和探索

贵州省在“大扶贫”机制构建和创新探索中的另一个重要特点，就是积极探索并构建了减贫和脱贫后防止返贫的监测预警机制。该监测预警机制总体思路就是，按照“摘帽不摘责任、摘帽不摘政策、摘帽不摘帮扶、摘帽不摘监管”的要求，坚持“脱贫”与“防贫”相结合，把防止返贫放在重要位置，探索建立了集监测、预警、扶持、保障为一体的防贫监测预警机制，目的就是通过认真分析监测对象致贫、返贫风险，因户制定帮扶措施，巩固脱贫攻坚成果。针对已经脱贫县乡村和贫困户，把家庭年人均纯收入低于4000元，因病因学刚性支出远大于收入，因灾、突发大病、突发事故等导致基本生活陷入困境，民政特困供养对象、长期保障户、重残者等四类人群作为监测对象。核心就是构建落实防贫监测、预警、保障三大机制。

在这方面，贵州省江口县的经验值得推广。具体做法就是：第一，立体监测清底数。按照“统一管理、动态调整”的原则，对录入系统的重点监测对象，根据家庭收支、生产生活、因病、因学、因灾等方面情况，通过“群众申请、入户调查、部门比对、村民小组评议、村民代表审议、村级公示、乡镇复核、县级备案”进行识别；简易识别程序采取“群众申请、入户调查、村三委评议、部门比对、村级公示、乡镇复核、县级备案”进行识别。第二，精准预警强管理。采取多重预警，包括先锋网格员监测预警、部门筛查预警和帮扶责任人联系预警。第三，标识管理和多种保障防返贫。即对录入系统的重点监测对象中的“返贫致贫临界户”“返贫致贫边缘户”“返贫致贫监测户”，实行红、橙、黄“三类标识”管理，逐户制定防贫方案、提出保障评估报告，形成“一户一报告”，将每户评估报告录入管理台账，实现标识清、底数明、措施实，常态化监管。

2019 年，江口县共识别出重点监测对象 1800 户 4518 人。其中，脱贫户 872 户 2003 人，分别占比 48.4%、44.3%；未脱贫户 783 户 2014 人，分别占比 43.5%、44.6%；非建档立卡贫困户 145 户 501 人，分别占比 8.1%、11.1%；按照“四类”重点划分，家庭年人均纯收入低于 4000 元的 414 户 1211 人，分别占比 23%、26.8%；因病、因学导致家庭刚性支出远大于收入的 638 户 2129 人，分别占比 35.4%、47.2%；因灾、突发大病、突发事故等导致基本生活陷入困境的 22 户 72 人，分别占比 1.2%、1.5%；因各种原因需要民政兜底保障的 726 户 1106 人，分别占比 40.4%、24.5%。针对以上情况，采取不同保障措施，采取相应的帮扶措施，防止和减少返贫现象。例如对于家庭年人均纯收入低于 4000 元的 414 户1211 人中有劳动能力的对象，采取东西部协作劳务输出、开发公益岗位就业、产业扶贫、集体经济分红 4 项措施；因病、因学导致家庭刚性支出远大于收入的 638 户 2129 人，采取纳入民政重点保障对象、落实医疗救助、教育资助和社会扶助 4 项措施，减少刚性支出；因灾、突发大病、突发事故等导致基本生活陷入困境的22户72人，采取筹集民政、医疗、住建、扶贫、社会公益等资金的办法予以救助；对因各种原因需要民政兜底保障的726户1106人，采取民政兜底、爱心捐助等措施予以保障。同时整合农村闲置学校、村委会等资源，建成敬老院10所、规范化农村互助幸福院34所，对其中的252名残疾、智障等农村特殊困难群体集中供养，确保全部达到“两不愁三保障”标准等。可以说，“大扶贫”防贫监测预警机制的积极创新和探索，是贵州的“大扶贫”机制中又一创新经验，在全国具有示范性作用。

三、贵州“大扶贫”体制机制的基本经验与启示

深入调研分析和了解贵州扶贫的实践创新探索的过程，不难看出，贵州“大扶贫”体制机制的创新是习近平新时代中国特色社会主义思想在贵州扶贫脱贫实践中的具体应用。贵州扶贫脱贫取得成效的关键就是，自觉遵循习近平总书记关于扶贫工作的重要论述并将其很好地运用于实践中。

（一）积极探索外源拉动和内源推动相融合新方式

实现贫困地区、贫困人口的减贫与发展，既要外界加大帮扶力度，更要激发内生动力，既要坚持政府主导，又要尊重贫困群体主体地位。贵州省较好地处理外界帮扶与内生动力之间的关系，将外部支持与内生的减贫愿望、内在的组织能力、资源优势有机结合起来，促进贫困地区和贫困农户实现自我发展能力的提升。

从改进贫困县考核机制、建立精准扶贫工作机制、改革财政专项扶贫资金管理机制、改革专项扶贫项目管理机制、创新金融扶贫机制、健全同步小康驻村工作帮扶机制，到结对帮扶到村到户、产业扶持到村到户、教育培训到村到户、农村危房改造到村到户、生态移民到村到户、基础设施建设到村到户，再到全力打好农村基础设施建设、易地扶贫搬迁、产业扶贫、教育医疗住房“三保障”四场硬仗，都显示了贵州外

源拉动与内源推动相融合的扶贫方式的探索过程。其中，产业扶贫、教育扶贫、生态扶贫，决定着贫困户生计方式的内生转换，能够一定程度阻断贫困“代际传递”，实现脱贫长久性。产业扶贫是帮助贫困群众甩“穷帽”、去“穷根”的根本路径，也是从“输血”式扶贫转向“造血”式扶贫的重要途径。教育扶贫，决定着家庭未来走向，是阻断贫困代际传递的有效手段。生态扶贫，将经济、生态效益耦合起来，是可持续发展内涵的生动体现。贵州省提出，“将振兴农村经济的产业革命进行到底”“生态产业化、产业生态化”“精准资助、应助尽助”。实践中，以贫困村为基点，促进外源拉动和内源推动不断融合。根据贫困村特点，安排配备满足贫困村发展需要的人员驻村帮扶，形成以外生资源激发内部活力的外源推动机制。在外力支持下，扶志扶智、产业扶贫、教育扶贫工作不断推进，形成优化贫困家庭生计能力、激发贫困家庭发展动力的内源动力机制。由此，贵州构建了大扶贫外源推拉与内源作用的长效机制（图3－2）。

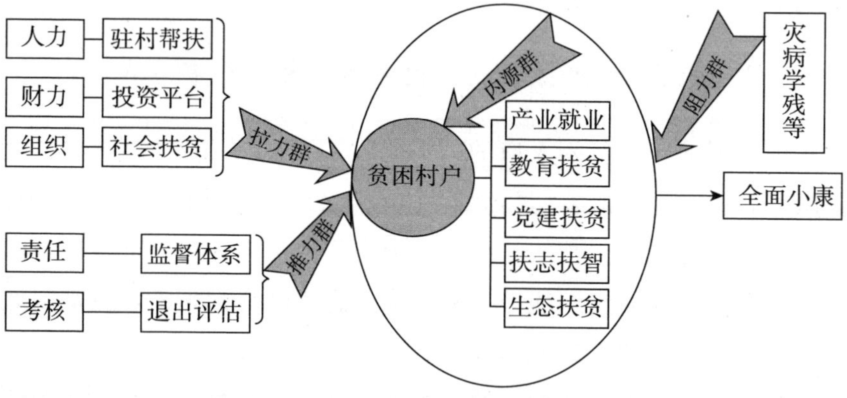

图3－2　贵州省大扶贫外源推拉与内源作用机制

（二）锐意改革与率先创新的新时代担当精神

贵州一系列扶贫成果的取得主要是由于不断深化改革，积极开动脑筋，勇于创新，尤其在扶贫脱贫治理机制重点领域率先创新。脱贫攻坚面临的大多是贫中之贫、困中之困，都是难啃的“硬骨头”，需要以超常规、改革创新的精神，采取更准、更实、更硬的政策举措。贵州省把扶贫开发作为“第一民生工程”，坚持以脱贫攻坚统揽经济社会发展全局，坚持把脱贫攻坚作为头等大事，勇于创新体制机制和方式方法，做到了“10 个率先”。包括率先改进贫困县考核机制，引导党政主要领导主要精力转向扶贫开发；率先探索退出机制，实现“减贫摘帽政策”；率先探索扶贫资金的县级整合，改革扶贫项目资金使用管理机制；率先围绕中央有关扶贫攻坚文件出台“1 + N”配套文件，不断完善脱贫攻坚政策体系；率先探索农村低保和扶贫制度的衔接，通过“减量提标”等手段探索“两线合一”；率先探索了“四看法”的精准识别技术创新；率先开发了“扶贫云”系统和“民情管理系统”等脱贫治理技术；率先探索重大企业的集团帮扶模式；率先在全国开展产业扶贫“八要素”，易地扶贫搬迁“六个坚持”和“五个体系”建设的创新以及脱贫后的防返贫监测预警管理机制的创新探索等。这些锐意改革、率先突破的超常规举措，是脱贫攻坚成功的重要支撑，体现了贵州省勇于担当、敢于创新的精神。

（三）“大扶贫”理念和强执行力的有效融合

中国扶贫工作的成功之处就是中国特色社会主义的政治优势和制度优势。社会主义国家的优势在于可以集中力量办大事，可以把扶贫作为当前最重要的事情来抓，把人民群众的贫困问题作为首先要解决的问题。贵州省高度重视扶贫开发工作，充分发挥党的坚强领导作用和社会主义制度优势，以政治基础为扶贫脱贫体制机制的重要保障，层层落实责任，将扶贫脱贫作为统领经济社会发展全局的头等大事，深入贯彻“大扶贫”理念。从省级领导组织变革到基层扶贫模式探索，贵州省以“六个精准”“五个一批”精准扶贫脱贫基本方略为行动指南，不断创新扶贫脱贫体制机制。工作方法上，为促进政策高质量落实，有效提升干部执政能力，贵州省根据政策落实流程，设计出能够运用于实践的

“五步工作法”。顶层设计上，加大领导体制改革力度，成立由党政主要负责人任组长的“双组长制”扶贫领导小组，强化扶贫政策执行力度，一把手亲自抓扶贫，形成“五主五包”责任体系。牢牢把握产业发展“八要素”，4.3万干部下基层，尽锐出战坚持问题整改的“五个专项治理”，建立生态扶贫、利益联结机制（村村建合作社），抓好易地扶贫搬迁“655”体系（易地搬迁总人数188万，在全国排第一，2019年底全部完成搬迁）。积极探索外源拉动和内源推动相融合新方式，促进反贫困行动的有效开展。总之，伴随“第一民生工程”“脱贫攻坚统领经济社会发展全局”扶贫理念的持续深化，实现了“大扶贫”理念与政策执行力的有效融合。

（四）实事求是制定符合自身条件的扶贫脱贫机制

实事求是、因地制宜、因户施策、因人制宜、对症下药是实现扶贫脱贫的前提条件。精准扶贫的核心在于将政策资源准确投放，实现对贫困地区、贫困人口多元化、差异化需求的有效回应。贵州省努力探索有别于其他省份的脱贫攻坚道路，结合自身省情不断制定符合实际条件的扶贫脱贫机制，促进顶层设计的有效落地。

一是着眼小康建设短板，全力推进“四场硬仗”。从贫困群众最关心问题入手，集中资源作用于农村基础设施建设、易地扶贫搬迁、产业扶贫、教育医疗住房“三保障”四场硬仗。贵州省地形地貌复杂多变，深度贫困区、极贫乡镇多是基础设施严重滞后、公共服务缺口较大地区。一方面通过完善基础设施建设，填补历史欠账，为贫困村户自身发展创造条件，减少贫困存量，增强扶贫行动溢出效应。在基础设施完善基础上，乡村产业、资源被不断激活，惠及村域全体农户，特别是贵州农旅结合模式的形成，无不得益于近些年的扶贫建设。另一方面通过完善教育医疗卫生等基本公共服务体系，实现公共品享用机会均等化，降低新增贫困与返贫风险，阻断贫困代际传递与贫困文化滋生。

二是立足资源禀赋，确定区域性扶贫产业规划。把产业扶贫作为集中连片特困区群众脱贫致富的主要路径和长久之策，大力推进产业结构调整，围绕特色优势产业进行资源整合，提出来一场振兴农村经济的深刻的产业革命。各地党政负责人亲自谋划实施产业结构调整的具体项目和细化措施，确保每个县有1—3个主导产业，推动贫困地区农产品进入上海、广州等东部城市，以“电商+”“合作社+”“企业+”等具体形式，构筑产业销售链条。三是把握发展与生态底线，推行大扶贫、大生态、大数据战略行动。作为全国深度贫困省份，贵州省提出，以“大扶贫”补短板，以“大数据”抢先机，以“大生态”迎未来的发展规划。建设生态文明，推动绿色发展，是贵州建设国家生态文明综合试验区的重要举措。数字经济时代，将“数据+”“绿色+”融入扶贫开发的各方面、全过程，打破传统扶贫路径，能够有效凸显贵州生态经济优势，实现互通有无的信息连接与经济繁荣。

四、贵州大扶贫体制机制面临的新挑战

贵州扶贫开发工作已然取得了显著成效，并积累了一系列成功经验。但是，随着脱贫攻坚迎来决胜阶段，新的挑战也随之而来。

（一）巩固脱贫成果与构建稳定脱贫长效机制的挑战

扶贫脱贫作为一项长久事业，如何统筹后期跟进工作、巩固脱贫成果、构建扶贫脱贫长效机制，是贵州脱贫攻坚需要思考的重要问题。在政府大量投入与多主体合力支持下，已脱贫区域公共基础设施完善、产业扶持、生态建设已经形成良好发展态势，脱贫攻坚取得决定性进展。但同时也面临不少问题：在财政方面，部分地方政府为了完成脱贫攻坚的政治任务，财政压力较大甚至有严重的负债情况，无法有力地保证脱贫攻坚后期的保障和稳定。在人才方面，第一书记、驻村工作队、帮扶干部、农技人员为脱贫攻坚提供了人才保障，脱贫攻坚任务完成后，农村经济发展和社会治理均面临着人才短缺的困境。在政策方面，按照“力度不减、政策不变、责任不松”的原则保证贫困户、贫困村、贫困

乡镇、贫困县有序退出，但是脱贫攻坚政策变动性大、稳定性弱，不利于贫困地区脱贫攻坚的持续发展。此外，贫困问题作为人类社会的产物，其存在具有长期性、反复性特征。尤其是贵州置身于脱贫攻坚深水区，如何巩固已有成果，是当下的难题。

（二）提升脱贫质量、防止和减少返贫风险的挑战

实现脱贫数量向脱贫质量转变、脱贫攻坚“打赢”向“打好”的转变、防止和减少返贫，是贵州面临的新挑战，也是未来扶贫脱贫的主攻方向。跨越绝对贫困线的脱贫户仍旧处于一种脆弱状态，稍有风险冲击，便会重新回归贫困之境，难以实现真脱贫、稳脱贫。一是贫困户“造血”功能有待加强。虽然贫困户达到了脱贫标准，但脱贫基础并不牢固。受区域条件制约，一些民族地区、艰苦山区存在较大面积的脱贫质量不高，需要有效的就业脱贫手段提升脱贫质量。二是因病、因残、因灾的贫困户占比还比较大。这类贫困群体既缺乏劳动能力也缺乏脱贫动力，只能通过兜底保障的方式进行帮扶，但是兜底保障并不是扶贫脱贫的主要途径，大大降低了脱贫质量。三是风险的不确定性与贫困动态变化带来变化和影响还难以规避。贵州生态环境脆弱，囿于石漠化、水土流失严重的现实条件，自然灾害的侵袭与困扰始终存在，而相应的扶贫产业风险基金和返贫保险基金尚未建立，这也使得单一收入的贫困户容易遭遇产业破产、市场困境等方面带来的返贫风险，稳定脱贫、防止返贫工作依然是其未来扶贫攻坚的重点。根据国务院扶贫办提供的数据看，贵州 2016 年返贫人数为 40751 人，2017 年返贫人数为 15139 人。虽然返贫规模相对不大，然而，返贫现象一旦出现，便会极大削弱脱贫效果。因此，在脱贫攻坚已经取得一定成效的基础上，如何保持脱贫稳定性、巩固脱贫成效、保证贫困户生计可持续是一个重要问题。贵州率先开展的防贫监测预警机制如何进一步贵推广到全国、起到一个示范带动作用，还需要积极进行研究和谋划。

（三）脱贫攻坚与乡村振兴战略衔接的挑战

党的十九大以来，中共中央、国务院相继提出“做好实施乡村振兴战略与打好精准脱贫攻坚战有机衔接”“统筹衔接脱贫攻坚与乡村振兴”“推动脱贫攻坚与乡村振兴有机结合相互促进”等一系列要求。2020年作为脱贫攻坚决胜关键期，同时也是乡村振兴战略实施的初级阶段。乡村振兴以农业强、农村美、农民富为追求，脱贫攻坚以全面小康社会建设为目标，二者具有一致性。实践表明，乡村振兴可以脱贫攻坚为基础稳健推进，而脱贫攻坚亦能借助乡村振兴机遇纵向深入，进一步形成有效耦合效应。然而，扶贫脱贫与乡村振兴具体对接中依然存在困难。一是目标对象不同。扶贫脱贫针对贫困村、贫困户，主体具有特定性，且在相应的贫困线标准下。而乡村振兴战略针对落后村开展，目标单元实为村庄而非家户。二者在目标对象与作用范围上明显不同。二是实现目标有别。深度贫困作为全面小康社会建设的短板，是国家经济社会发展的障碍所在。新时代背景下，脱贫攻坚的目标致力于实现全面小康，注重人的发展权利。而乡村振兴战略的提出基于社会发展不均衡，而非短板。其旨在解决城乡区域发展不平衡问题，实现城乡有效对接。因此，二者在实现目标上有差异。三是时间接力冲突。乡村振兴战略具有一定的阶段性与历史性，着力于解决国家发展不平衡问题。而贫困与社会相伴相生，具有社会性、全球性和长期性特征。未来一段时期内，即使乡村振兴工作已经完成，依然会存在贫困，特别是人类自由发展权利贫困问题。四是推进思路差异。脱贫攻坚以贫困群体为对象，形成了精准识别、精准帮扶、精准考核评估、精准退出的完整体系。而乡村振兴战略按照20字方针，以乡村为起点，开展乡村建设，正在形成一系列针对村庄层面的土地、组织改革。二者在具体行动上存在差异。虽然贵州省制定了“1+2”“1+6”“1+10”的扶贫脱贫配套政策，也出台了乡村振兴规划方面的政策，但是并没有出台关于脱贫攻坚与相关政策衔接的政策文件，这是未来贵州省农村工作的重点挑战。

（四）边缘贫困对象问题带来的挑战

贵州省很多地方处于国家14个集中连片特困区中的武陵山区、乌蒙山区、滇桂黔石漠化区三大片区，贫困发生率高、贫困面广、深度贫困村户较多，绝对贫困率与相对贫困率都处于较高水平。当前贵州扶贫政策都要求将加大政策倾斜力度支持深度贫困地区集中攻关，这也使得贫困县与非贫困县、贫困村与非贫困村、贫困户与非贫困户之间在享受国家扶持政策上存在一定的差距。扶贫过程中，随着国家扶贫资源的大量注入，贫困户的收入渠道不断扩宽，收入水平不断提高，致富能力不断增强，甚至在有些方面已经超过了边缘户，但是在“摘帽不摘责任、摘帽不摘政策、摘帽不摘帮扶、摘帽不摘监管”的要求下，继续享受国家政策的扶持，进一步拉大了与边缘户的差距，这容易造成新的不公平现象，部分群众满意度不高。截至2019年，大多数边缘户都是劳动能力偏弱、劳动技能偏低的农户，达到了“一达标两不愁三保障”的脱贫标准，但是一旦遭遇自然灾害、疾病等问题，就容易降至贫困线以下，沦为新的贫困人口。加之，贫困标准认定与乡土社会生活模糊性传统的矛盾一直普遍存在，扶贫资源配置中贫困户与非贫困户利益诉求明显。很多贫困“边缘”状态的相对贫困群体，无法享受精准扶贫政策红利，进而引发心理不平衡与相对剥夺感。由于易地扶贫搬迁、社会保障兜底等牵涉到个体农户生活水平，辐射范围不似产业扶贫、基础设施完善广泛，容易引发“悬崖效应”与乡村治理风险，一定程度上影响扶贫政策的执行力与公平度。因此，户户之间的效率与公平机制尚不完善，如何从机制设计角度完善边缘户认定标准，实现扶贫效应辐射广度、深度加大有待探索，必须加以重视。

（五）脱贫成效评估和社会认可度的挑战

“群众满意度和认可度”既是脱贫攻坚的历史责任导向，又是脱贫施策的实践原则。贵州脱贫攻坚工作的推进有赖于强有力的政府支持，然而，扶贫政策也会造成有些贫困户长期依赖政府，而且可能会消磨掉部分扶贫成果，使得外界质疑脱贫成效以及脱贫质量的可持续性。扶真贫、真扶贫、真脱贫、不返贫是扶贫脱贫机制成效评价的基本标准。在“两不愁三保障”的基础上，由于贫困地区基础设施历史欠账较多，义务教育、医疗卫生、公共文化等方面的公共服务资源不均等，涉农服务体系还不够健全精细，相应的机构设置、编制资源配备不合理、不到位等问题还不同程度地存在。在对贫困户的动态管理方面，通过“四看法”来确定贫困户依然存在不少的问题，漏评、错评现象时有发生，“数字脱贫”“形式脱贫”“被脱贫”等现象严重弱化了扶贫考核成效。在脱贫标准方面，贫困发生率是贫困村、贫困乡镇和贫困县退出的主要衡量标准，但是贫困发生率反映的是主要贫困人口所占比例，而建档立卡贫困户的脱贫实效并未真正计算在内，这容易导致“虚假脱贫”。全面小康社会的建成，无疑是中国社会发展中浓墨重彩的一笔，势必接受整个国家、社会、历史发展的检验。那么如何确保脱贫攻坚战的完成经得起历史检验，提升脱贫攻坚质量，增强扶贫脱贫成效的社会认可度，是一个重要挑战。

第四章

贵州构建大扶贫格局的经验

摘 要

脱贫攻坚是一个系统工程，需要全党全社会力量广泛参与，构建专项扶贫、行业扶贫与社会扶贫“三位一体”的大扶贫格局，形成政府、市场与社会等多方力量互动协作的局面。构建大扶贫格局可以弥补市场与政府扶贫的缺陷，凸显社会主义制度的优越性。贵州省重视构建大扶贫格局，并出台相关政策制度。贵州省通过强化以政府为主导的专项扶贫，整合各行业各部门参与的行业扶贫，加强东西部扶贫协作、定点扶贫、企业扶贫以及社会组织扶贫的社会扶贫。培育多元化扶贫主体参与大扶贫格局的构建，搭建大扶贫工作平台，创新扶贫方式，营造全社会共同参与的良好氛围。同时，在大扶贫格局的构建与完善过程中，也存在一些需要继续深化的地方，如统筹处理好政府和社会两方面力量、深化扶贫主体与扶贫客体间的关系、推动外力与内力共同作用、平衡“输血”式扶贫与“造血”式扶贫之间的关系等，以实现大扶贫格局的构建与完善。

扶贫开发是全党全社会的共同责任，要动员和凝聚全社会力量广泛参与。坚持专项扶贫、行业扶贫、社会扶贫等多方力量、多种举措有机结合和互为支撑的“三位一体”大扶贫格局，健全东西部协作、党政机关定点扶贫机制，广泛调动社会各界参与扶贫开发的积极性。贵州省在扶贫开发工作中积极做好专项扶贫、行业扶贫以及社会扶贫，始终把坚持社会扶贫作为扶贫开发中的一项重要任务，着力抓好定点扶贫、对口扶贫、集团帮扶、社会帮扶等工作，努力构建专项扶贫、行业扶贫和社会扶贫“三位一体”的大扶贫格局。

一、构建大扶贫格局的理论基础与实践意义

脱贫攻坚是一个系统工程，涉及诸多方面，需要调动一切可以利用的资源，进一步强化专项扶贫、行业扶贫、社会扶贫“三位一体”的大扶贫格局。社会治理理论以及大扶贫思想是构建大扶贫格局的理论基础，为构建大扶贫格局提供理论指导。大扶贫格局的构建有助于弥补市场与政府扶贫的局限性，凸显社会主义制度的优越性，同时对于贵州省来说，也是契合其地方扶贫特点，调动社会全部力量打赢脱贫攻坚战。

（一）构建大扶贫格局的理论基础

1. 社会治理理论

在“国家—社会”二分视角下，社会治理指的是社会系统内部的治理，并形成国家与社会、政府与非政府组织等多元主体协调互动的发展状态，强调各行为主体在遵循规章制度的原则下参与社会事务的过程。社会治理理论强调多元主体协商合作而非政府包揽一切，保持公民社会自主性的同时也保证公民社会对公众负责，提高社会管理效率的同时也保证社会管理的公平公正。社会治理强调国家、市场和社会三者协

调发展，而非政府主导的高度集中的组织管理方式。[①] 社会治理理论应用于贫困治理实践中，则更加强调突出社会力量的扶贫效果，而不是仅仅依靠政府力量参与扶贫。贫困治理的过程也是多元主体协商合作的过程，更加强调多元主体合作关系网络的构建。贫困治理强调的是多元减贫行动主体间的紧密联系与深度合作，而不单单是政府单一扶贫主体资源输入。大扶贫格局的构建强调凝聚全社会力量共同参与扶贫，尤其是发挥社会扶贫的潜能。在扶贫中，政府主体占据扶贫的主导地位，但同时其他多元扶贫行动主体也应积极参与扶贫，弥补政府扶贫的局限性。这与社会治理理论在贫困治理领域的实践相契合，强调多元行动主体参与减贫而非单一政府主体参与的减贫秩序的建构。[②]

2. 大扶贫思想

“大扶贫”是继精准扶贫理念之后，以习近平同志为核心的党中央又一大理论创新。“大扶贫”主要体现在三个方面：一是精准扶贫的“大”流程管理。精准识别、精准帮扶、精准管理和精准考核是开展扶贫工作的一个系统性工作过程。二是精准扶贫的“大”部门合作。扶贫工作通过众多职能部门共同参与、有效联动推进各项扶贫工作顺利开展。同时，广泛动员社会各方力量，构建坚实的社会扶贫网。三是精准扶贫的“大”区域协作。脱贫攻坚不仅涉及贫困地区，更需要富裕地区协助贫困地区，开展多层次扶贫协作，建立东部资源与西部地区贫困村、贫困户需求的精准对接机制，实现在产业合作、劳务协作、人才援助以及资金支持等方面的精确对接，通过东部资源的输入有效推动贫困地区的发展。构建大扶贫格局则是大扶贫思想的集中体现，强调全社会力量的参与，实现跨区域、跨行业、跨领域的合作，带动贫困地区脱贫致富。

---

① 向德平、苏海：《“社会治理”的理论内涵和实践路径》，《新疆师范大学学报》2014 年第 6 期。

② 苏海、向德平：《社会扶贫的行动特点与路径创新》，《中南民族大学学报（人文社会科学版）》2015 年第 3 期。

（二）构建大扶贫格局的实践意义

1. 弥补市场与政府扶贫的局限性

随着社会的发展，原来由政府主导的社会资源配置地位逐渐发生变化，市场也开始掌控和分配社会资源。单单依靠市场资源配置，容易导致贫困地区基础性公共设施与公共服务发展落后，贫困群众难以共享社会发展成果。仅仅依靠政府干预容易加剧资源配置不当的问题。基于这些状况，需要引入社会力量来参与资源配置。只有形成政府、市场与社会协同合作与有效分工的扶贫体系，才能有效缓解市场与政府扶贫的局限性。大扶贫格局的构建正是有效整合政府、市场与社会力量的重要举措，有利于凝聚全社会各方力量共同参与扶贫行动。

2. 凸显社会主义制度的优越性

社会主义的本质是消灭剥削、消除两极分化，最终达到共同富裕。我国幅员辽阔，地域间发展差异较大，沿海地区与内陆地区、东部地区与西部地区间发展不平衡、不均等。目前仍未脱贫的地区都是扶贫工作中难啃的“硬骨头”，是贫中之贫、困中之困，尤其贫困地区资源缺乏，地区发展差异较大。贵州地区是我国贫困人口最多、贫困面最大、贫困程度最深的省份。构建大扶贫格局有助于缩小东西部发展差距，保障和改善民生，实现区域平衡发展，解决贫困问题，全面建成小康社会。因此，构建大扶贫格局是社会主义制度优越性的重要体现。

3. 契合贵州脱贫工作的特殊性

在贵州省，处于武陵山区、乌蒙山区、滇桂黔石漠化区三个片区的66个贫困县及其下属的极贫乡镇、深度贫困村，都是打赢脱贫攻坚战最难啃的“硬骨头”。这些地区由于自然条件差、基础设施落后、文化教育滞后，缺乏实现脱贫攻坚目标的有力支撑。由于贫困状况的动态变化性比较强，结合贵州省脱贫攻坚工作的特殊性与艰巨性特征，扶贫工作需要整合社会力量，广泛动员社会多元主体参与。构建大扶贫格局则契合了贵州省脱贫攻坚工作的新特点和新要求，有助于贵州实现打赢脱贫攻坚战的目标。

二、贵州大扶贫格局的发展状况以及政策安排

为了不断完善大扶贫格局，贵州省结合本省贫困地区以及贫困人口的实际情况，出台一系列相关扶贫政策，为贵州省扶贫工作的开展提供了政策依据与政策保障，有效规范了扶贫行动，促使扶贫行动取得显著成效。

（一）贵州大扶贫格局的发展状况

扶贫工作需要全社会的共同参与。在当前特定的历史阶段，贫困问题对经济社会发展所产生的阻碍作用是贵州发展面临的主要矛盾，贵州省以脱贫攻坚统揽经济社会发展全局，动员各方力量，从组织保障、资源和人力投入、方式方法创新等各个方面提供保障，构建大扶贫格局，推动脱贫攻坚工作的顺利推进。贵州省强调党政体系动员，党政一把手同时担任脱贫攻坚第一责任人、五级书记抓扶贫、各行业部门主要负责人担任落实行业扶贫政策第一责任人、强化市县两级扶贫绩效考核等。在党政体系动员基础上，贵州省在大扶贫格局下妥善处理专项扶贫、行业扶贫和社会扶贫之间的关系，整合扶贫力量，发动和组织社会各界开展形式多样的扶贫济困活动，建立健全社会扶贫信息服务网络，激发社会力量帮扶活力。在大扶贫格局下，贵州省实际上已经将专项扶贫和行业扶贫融为一体，形成政府扶贫和社会扶贫两大体系，党政干部和机关单位同时肩负政府扶贫与社会扶贫职责，党政机关定点扶贫、东西部扶贫协作、社会参与扶贫均是在扶贫部门的协作下进行的。[①]

自1985年开始，贵州省第一批大学生、省直机关工作人员下乡扶贫，也有一些其他省份帮扶，逐渐开始定点扶贫工作的探索与实践。

① 魏后凯、檀学文、刘建进：《大扶贫：贵州创建扶贫开发攻坚示范区模式研究》，《贵州社会科学》2017年第7期。

1994年，中央统战部、各民主党派、全国工商联与毕节地区各县市建立了定点支边扶贫制度，开始了贵州省社会扶贫的发展历程。1996年，国务院办公厅下发文件，指定大连、青岛、深圳、宁波四个计划单列市对口帮扶贵州省，标志着贵州省社会扶贫的正式开始。到现在，贵州省贯彻落实中央对社会扶贫的要求，构建起中央定点扶贫、东西部扶贫协作、企业帮扶、社会组织帮扶等多种社会扶贫方式相结合的立体式社会扶贫格局，并形成了不少具有特色的扶贫模式，如民营企业“包县”等，推动贵州省贫困区域逐步脱贫，实现可持续发展。①

贵州省社会扶贫形成一定的规模，并取得显著成效。第一，实现中直单位对贵州省扶贫开发重点县的全覆盖。38个中央单位定点扶贫贵州省50个扶贫开发重点县；8个东部发达城市对口帮扶贵州省8个市（州）；36名在职省领导定点联系帮扶37个贫困县和极贫乡镇。第二，推进全省同步小康干部驻村工作。228家省直单位定点扶贫全省84个县，每年选派干部到贫困村驻村帮扶，已实现贫困村全覆盖。贵阳市在原有结对帮扶的基础上进一步加大对外帮扶力度。第三，开展国有企业结对帮扶贫困县整县脱贫行动。第四，引导和动员民营企业参与脱贫攻坚。开展“民营企业对口帮扶整县脱贫行动”，通过引进项目形成扶贫效益。开展民营企业“千企帮千村”行动，实现4091家民营企业结对帮扶4221个贫困村。第五，通过“扶贫日”动员社会力量参与扶贫。贵州省连续牵头组织“扶贫日”贵州省系列活动。在全省范围内开展捐赠与认捐活动，筹集资金及物资。第六，利用网络动员社会组织及个人参与扶贫。从2017年底，贵州省在全省推广和应用“中国社会扶贫网”，利用互联网实现社会各界爱心人士与贫困群众点对点精准帮扶。

（二）贵州大扶贫格局的政策安排

贵州省重视大扶贫格局的构建，着重挖掘社会扶贫的潜力，在国家

① 王春光：《贵州省脱贫攻坚及可持续发展研究》，《贵州民族大学学报（哲学社会科学版）》2018年第3期。

社会扶贫政策顶层设计与制度安排的指导下，结合贵州省的实际情况制定具有贵州特色的社会扶贫政策制度。

2016 年 9 月 30 日，贵州省通过了《贵州省大扶贫条例》。把脱贫攻坚作为头等大事和第一民生工程，统揽经济社会发展全局，构建政府、社会、市场协同推进和专项扶贫、行业扶贫、社会扶贫等多方力量、多种举措有机结合的大扶贫格局，争取国家和其他省（区、市）支持，动员和凝聚全社会力量广泛参与，通过政策、资金、人才、技术等资源，全力、全面帮助本省贫困地区和贫困人口增强发展能力，实现脱贫致富。大扶贫工程遵循政府主导、社会参与、多元投入、群众主体的原则，做到扶贫对象精准、项目安排精准、资金使用精准、措施到户精准、因村派人精准、脱贫成效精准，通过基础设施建设、发展生产、易地扶贫搬迁、生态补偿、发展教育和医疗、社会保障兜底等措施实现贫困人口脱贫。

2017 年 2 月 14 日，贵州省出台的《贵州省“十三五”脱贫攻坚专项规划》指出，积极开展社会帮扶脱贫，以政府为主导，聚集社会各方力量，整合社会各类资源，加强国际减贫合作，构建扶贫新格局。强化东西部扶贫协作，开展多层次扶贫协作、就业扶贫合作以及医疗扶贫合作；开展定点扶贫，完善省、市（州）、县三级脱贫包干责任制，建立定点扶贫考核评价机制，积极争取中央选派金融、科技和营销等方面的优秀干部到贵州省贫困地区帮扶；开展企业帮扶，支持设立贫困地区产业投资基金，引导大型国有企业、民营企业开展贫困县整县帮扶，以村企共建为平台，引导和鼓励全省民营企业参与“一对一”包干脱贫计划；加强国际减贫领域交流合作，深化与国际社会组织的合作，积极分享减贫经验，探索国际民间组织参与贵州扶贫开发模式，吸引外资参与扶贫开发。

2017 年 11 月 27 日，贵州省扶贫开发领导小组通知全省开始执行《贵州省东西部扶贫协作考核办法（试行）》。为了推进贵州省东西部扶贫协作工作，由贵州省扶贫开发领导小组负责组织实施，通过总结自评、交叉考核、综合评议和沟通反馈的考核程序，对贵州省受帮扶的8个市（州）、全省66个东西部扶贫协作携手奔小康县以及省直有关部门等对象进行考核，考核8个市（州）的组织领导、人才交流、资金使用、产业合作、劳务协作以及携手奔小康等内容，省直相关部门的组织领导、工作措施、工作任务以及工作成效等内容，考核结果评为"好、较好、一般、较差"四个等次。

2018年5月7日，贵州省扶贫开发领导小组印发《贵州省省直单位定点扶贫工作考核办法（试行)》。为了通过考核，进一步压实省直单位的帮扶责任，切实帮助定点扶贫县如期完成脱贫攻坚任务，对承担定点扶贫任务的省直机关、企事业单位、人民团体和中央在黔单位，通过考核组织领导、工作成效、选派干部、履职情况、工作创新等五个方面内容考评定点扶贫单位年度工作情况及成效，并按照"单位总结、分类考核、综合评议"的考核程序将考核结果评为"优秀、达标、不达标"三个等次。

2018年9月，贵州省民政厅、省扶贫办联合印发《进一步动员社会组织参与脱贫攻坚实施方案》，进一步广泛动员全省社会组织积极参与脱贫攻坚，助推全省贫困地区和贫困群众2020年同步全面小康，坚决打赢脱贫攻坚战。坚持"自愿参与、精准扶贫、综合帮扶、形式多样"的帮扶原则，明确社会组织参与脱贫攻坚的主要目标，重点开展产业扶贫、智力扶贫、健康扶贫、易地扶贫搬迁、商贸帮扶、捐赠帮扶、志愿帮扶。

三、贵州构建大扶贫格局的做法与成效

贵州省脱贫攻坚工作不断推进和创新，逐步深入与完善，争取社会各界的支持，动员和凝聚了全社会力量广泛参与。贵州省建立省、市（州)、县三级包干帮扶贫困村责任制，省、市、县三级党政机关、事业单位、人民团体、大中专院校分别按"2∶1∶1"的标准包干帮扶贫困村。引导企业开展企业包干贫困村扶贫活动。在原有12家国有企业整

县帮扶 12 个贫困县的基础上，动员 100 家以上国有企业积极参与包干帮扶贫困村活动，每个企业结对包干帮扶两个贫困村。同时积极推动民营企业参与扶贫。以村企共建为平台，选择 1000 家民营企业与 1000 个贫困村进行“一对一”结对包干扶贫。争取中直单位、对口帮扶城市、各民主党派及驻黔部队参与包干帮扶贫困村。如：争取定点扶贫贵州省的 32 个中央单位（企业）分别结对包干 5 个贫困村的扶贫等。包干扶贫的单位可以通过直接的投入来缓解贫困地区生产生活问题，也可以通过发展产业扶贫，培育当地优势特色农业来带动贫困群体脱贫，与贫困群众建立利益联结机制，增加贫困群体收入。同时，注重培养贫困群众的能力素养，开展创业、就业技术培训，实现劳动力转移就业。贵州省积极推动定点扶贫、东西部扶贫协作、企业、社会组织以及个人参与扶贫，推动多元主体参与扶贫，构建政府、社会、市场协同推进和专项扶贫、行业扶贫、社会扶贫等多方力量、多种举措有机结合的大扶贫格局。

（一）贵州构建大扶贫格局的做法与经验

1. 强化以政府为主导的专项扶贫，奠定扶贫开发工作的基础

政府是扶贫开发的组织者和实施者，以政府为主导的专项扶贫在大扶贫格局中起着中流砥柱的作用。贵州省为落实精准扶贫、精准脱贫基本方略，不断加大专项扶贫资金的投入，落实中央财政补助，并加大省级财政专项扶贫资金的投入。2017 年 9 月 25 日，贵州省财政厅、省扶贫办、省发展改革委等部门联合发出《关于印发〈贵州省财政专项扶贫资金管理办法〉的通知》，对财政专项扶贫资金使用管理作出了详细的规定与说明。贵州省将财政专项扶贫资金用于扶贫发展、山地特色农业（扶贫）产业发展、冬修水利、以工代赈、少数民族发展、国有贫困农场扶贫、国有贫困林场扶贫等。在中央财政专项扶贫资金的落实中，贵州省依据自身的脱贫攻坚需要和财力状况，在年度预算中安排财政专项扶贫资金，并要求市、县财政也根据本地脱贫需要和财力状况，

合理安排一定规模的财政专项扶贫资金。由于深度贫困地区是今后脱贫工作中需要解决的问题，贵州省将财政专项扶贫资金主要投向贫困县以及其他有扶贫开发任务的县，并向少数民族贫困地区、革命老区、深度贫困地区倾斜。市、县结合当地扶贫开发工作实绩，围绕培育和壮大贫困地区特色优势产业、改善小型公益性生产生活设施条件、增强贫困人口自我发展能力和抵御风险能力等方面，因地制宜确定扶贫资金使用范围，省级层面不再规定具体的资金投向比例。2019 年，贵州省第一批中央财政专项扶贫资金（扶贫发展资金）为 657128 万元。① 2019 年，中央第二批财政专项扶贫资金（扶贫发展资金）为 345605 万元，其中扶贫发展资金 338877 万元，少数民族资金 3742 万元，以工代赈资金 2600 万元，贫困农场资金 106 万元，贫困林场资金 280 万元。② 贵州省通过规范专项扶贫资金的投入，为贫困地区提供发展资金，解决资金困境，发挥政府在扶贫开发中的主导作用，确保扶贫开发工作的顺利推进。

2. 整合各行业各部门扶贫力量，联动各部门推进行业扶贫

脱贫攻坚不是扶贫部门的单一事务，而是涉及众多的职能部门，需要各部门共同协力推进。贵州省加强行业扶贫工作力度，调动各部门各行业各方面力量，促使行业扶贫工作取得成效。如：十三五”以来，贵州省农业农村厅重视产业扶贫的发展，聚焦蔬菜、茶叶、生态家禽、食用菌、中药材等特色优势产业，制定三年行动方案，紧扣产业发展“八要素”，帮助指导各地选准产业，提高产业规模化标准化水平，加强技术指导，为农民提供技术培训打造新型产业工人，培育农业合作社，加强利益联结机制，整合各类资金，推动贫困地区产业发展。据贵州省农业产业脱贫攻坚统计监测系统数据，全省主导农业产业发展迅

① 数据来源：贵州省财政厅 贵州省扶贫开发办公室《关于提前下达 2019 年第一批中央财政专项扶贫资金（扶贫发展资金）的通知》（黔财农〔2018〕233 号），2018 年 12 月 6 日。

② 数据来源：贵州省扶贫开发领导小组《关于下达贵州省 2019 年中央第二批财政专项扶贫资金（扶贫发展资金）的通知》（黔扶领〔2019〕9 号），2019 年 6 月 12 日。

速，蔬菜累计种植面积2040万亩次，同比增长19.8%；投产茶园561.2万亩，同比增加8.88%；生态家禽出栏21000万羽，禽蛋产量27.2万吨，同比分别增长97.7%、11.2%；食用菌累计种植面积20万亩，同比增长209%；中药材种植683万亩，产量132.3万吨。[①] 贵州省民政厅承担“兜底一批”的职责，健全农村低保制度和扶贫开发政策的有效衔接机制，完善低保相关政策，强化低保兜底脱贫功能，聚焦深度贫困地区和特殊困难群体，关注特困人员托底供养以及留守儿童困境儿童关爱救助保护，强化急难救助，有效保障生活陷入困境、生存面临危机贫困群体的基本生活。贵州省生态移民局着力推进易地扶贫搬迁工作，2016—2018年已全部完成搬迁入住任务，到2019年3月，全省累计搬迁入住132万人。其中建档立卡贫困人口116.67万人，占国家核定下达建档立卡贫困人口任务的78.1%。做好搬迁对象精准识别工作，明确全省“十三五”易地扶贫搬迁总规模为188万人，其中建档立卡贫困人口150万人，同步搬迁人口38万人；整体搬迁自然村寨10090个。推进工地建设管理，落实资金供给保障，中央预算投资补助119.52亿元、群众自筹资金68.48亿元、省级筹集统筹资金940亿元。截至2019年1月底，省扶贫开发投资有限公司共承接承贷省级统筹资金805.29亿元。落实城镇就业和脱贫举措，实施旧房拆除复垦。贵州省出台易地扶贫搬迁“六个坚持”“五个三”“五个体系”政策，系统解决搬迁谁、搬到哪、怎么搬、搬后怎么办等全环节、各方面问题。[②]

3. 增强与定点扶贫单位的沟通联络，加大定点扶贫工作力度

自1986年开始有计划地大规模扶贫以来，贵州省先后获得多家中央单位以定点扶贫的形式对贵州经济社会发展所提供的定向支持和帮助。据不完全统计，1996年至2017年，中央定点帮扶单位直接投入帮扶资金12.86亿元，并通过各中央单位的桥梁作用，帮助受帮扶县引进

① 贵州省农业农村厅：《贵州省“十三五”以来产业脱贫工作情况》，2019年3月8日。
② 贵州省生态移民局：《贵州省“十三五”易地扶贫搬迁工作介绍》，2019年3月7日。

各类资金 324.88 亿元。到 2018 年，共有 38 个中央单位定点扶助贵州省 50 个扶贫开发工作重点县。

贵州省转变定点扶贫工作思路，创新定点扶贫工作机制，不断完善定点扶贫定期沟通和联络机制。加强受帮扶的重点县与中央定点扶贫单位之间的对接沟通与联络，推动受帮扶各县与中央单位之间建立定点扶贫的定期会晤、定点扶贫报告、帮扶项目现场观摩、挂职干部职务任命等制度，针对定点扶贫工作状况以及面临的问题及时沟通联系，强化合作关系，有效整合各方资源。受帮扶的各县根据自身的脱贫需求以及定点帮扶单位的特点与优势，通过制定相关的发展规划或者年度工作计划等，利用定点扶贫的契机，引导定点扶贫单位资源向受帮扶地区的需求方向倾斜，同时转变“输血”式扶贫的观念，通过引入信息、技术、智力、人才等资源要素向“造血”式扶贫转变。将定点扶贫工作与项目开发相结合，通过中央定点扶贫单位的优势，为受帮扶的重点县引入项目、进行产业规划、宣传推广等，帮助引进大企业、大产业，做好人才交流培训，抓好产业转移。借助产业、项目的开发，挖掘受帮扶重点县的资源和优势，增加贫困群众的劳务收入，帮助贫困群体脱贫致富。

4. 建立多方合作共赢机制，深化东西部扶贫协作工作

2013 年，国务院办公厅印发《关于开展对口帮扶贵州工作的指导意见》，明确上海、大连、苏州、杭州、宁波、青岛、广州、深圳等 8 个经济发达城市对口帮扶贵州除贵阳以外的 8 个市（州）。2019 年，东部 7 个帮扶城市向贵州省投入 32.8 亿元财政援助资金，干部选派力度、社会帮扶投入等大幅增长。共 314 家东部企业到贵州省投资发展，实际投资额为 178.31 亿元，直接或间接惠及贫困人口 9.93 万人，共建绿色农产品供应基地 290 个，建立扶贫车间 330 个，惠及建档立卡贫困人口 11663 人。

贵州省强化组织领导高位推动工作落实。成立贵州省推进东西部扶贫协作工作领导小组；省级和 8 个市（州）组建东西部扶贫协作工作专班，省级专班分综合协调组、产业合作组、人才交流组、劳务输出协

作组、民生帮扶组、社会动员组6个小组，制定详细工作方案，形成上下协调联动、部门紧密配合的工作网络；帮扶城市与贵州省高层互访交流频繁，推进有关项目、事项的落实；继续完善联席推进、结对帮扶、社会参与等扶贫协作机制。

围绕经济协作、脱贫攻坚、园区共建、职业教育、人才交流、引企入黔、文化旅游等重点领域，加强受帮扶地区与对口帮扶城市的交流合作。突出主题主业推进干部交流，紧扣脱贫攻坚主题，帮扶城市选派干部到贵州省贫困地区挂职，并接受贵州省干部进行交流。突出组团配套推进专干交流，结合贵州省医疗、教育方面人才的需求，探索推进“组团式帮扶”“高校结对”“职教帮扶‘四个一’工程”“名师专家贵州行”和“跨省全面托管式”精准医疗扶贫等，选派教师、医生、农业技术等专业技术人员到贵州省开展帮扶工作。通过援建、股份合作、产业招商等模式，贵州省与对口帮扶城市联手推进园区合作共建，如铜仁·苏州产业园通过创新合作机制建设园区、创新服务机制激活园区、创新分享机制获利园区，获批国家产城融合示范区。依托双方共建园区等平台招商引企，引导企业投资，带动贫困人口就业、脱贫。如遵义市引进绿地集团、上海医药集团等上海企业与投资项目，吸纳贫困人口就业，通过利益联结机制带动建档立卡贫困户脱贫。加强劳务协作，推进就业扶贫。通过广开技能培训，开展“企业＋职教＋就业”的职业教育和“企业＋培训＋就业”的职业技能培训，促进贫困家庭劳动力劳务输出。如六盘水与大连市开展职业教育“2＋1”联合招生模式，资助六盘水建档立卡贫困家庭学生在大连职校“拎包入学”，毕业后共同推荐就业。携手在东部帮扶城市建立劳务协作工作站，开通劳务协作“直通车”，联合举办“春风行动”劳务协作大型招聘会等，畅通就业渠道，提高劳务输出的组织化程度。①

① 《贵州省扶贫开发领导小组关于2018年度东西部扶贫协作工作自评情况的报告》。

5. 发挥企业社会扶贫主力军作用，推进企业参与扶贫工作

动员企业力量参与扶贫，发挥企业在脱贫攻坚中的重要作用。2015年，贵州省委办公厅、省政府办公厅印发了《关于动员国有企业结对帮扶贫困县推进整县脱贫的指导意见》，向全省国有企业发出结对帮扶贫困县倡议，并动员安排贵州省12家国有企业结对帮扶12个贫困县，借助中央企业结对帮扶平台，发挥国有企业的优势作用。如南方电网贵州公司结对帮扶紫云自治县，坚持“县企同心、立足行业、点面结合、双轮驱动”的思路和帮扶模式，共同开展脱贫攻坚工作。建立高层沟通协调机制，成立专门工作机构，落实专人负责，主动做好沟通联络工作，组织相关部门召开专题会议研究、收集与梳理全县需要帮扶的项目、发展的产业、建设的重大基础设施，并结合公司自身行业优势，编制结对帮扶工作计划，制定年度实施方案及工作计划。南方电网贵州分公司在电力建设、产业扶持、产业园区共建、重点帮扶“一镇三村”等方面共建共商，完善基础设施，实施产业带动扶贫，扩大园区项目经济带动面，切实有效地帮助贫困村老百姓致富。

“千企帮千村”精准扶贫行动是贵州省统一战线聚焦脱贫攻坚的重要品牌。自2015年底启动，到2019年3月19日，贵州全省已经有5392家企业结对帮扶5478个村，惠及贫困群众113.91万人，项目帮扶金额达157.06亿元。综合运用产业扶贫、智力扶贫、就业扶贫等多种扶贫方式，将民营企业资本、技术以及人才等资源与贫困地区的土地、劳动力以及特色优势资源相结合，增加贫困群众的经济收入，促进企业发展，实现扶贫主体与扶贫对象之间的合作双赢。

6. 激发社会组织扶贫活力，推动社会组织参与扶贫工作

社会组织参与扶贫是对政府扶贫工作的有力补充，是我国脱贫攻坚工作中的“第三力量”。贵州省脱贫攻坚工作面临着深度贫困地区面广、程度深，深度贫困人口多等问题，打赢脱贫攻坚战，需要凝聚各方资源，形成社会合力，引导社会组织参与，为脱贫攻坚增添活力。贵州省重视社会组织参与扶贫，并积极推动社会组织与政府形成脱贫攻坚合

力。发挥社会组织联系广泛、包容各界、资源聚集的优势，促进社会帮扶资源进一步向贫困地区、贫困人口汇聚。创新社会组织扶贫方式，实施精准化的扶贫措施，主动对接贫困地区扶贫计划和扶贫需求，发挥其在扶老、助残、救孤、济困等方面的作用。深化社会组织扶贫领域，发展产业扶贫、就业扶贫以及创业扶贫，促使贫困地区特色产业发展。激发贫困群众内生动力，运用多种方式引导、带动贫困群体，实现物质帮扶与精神支持相结合，增强贫困群体自我脱贫意识。同时，建立健全公益性项目的运作规范管理制度，促使组织规范运行，接受社会监督。2016 年 5 月，贵州省民政厅与省扶贫办联合下发了《社会组织帮百村精准扶贫行动实施方案》，启动引导和动员社会组织助力脱贫攻坚活动工作。2016 年 9 月，贵州省民政厅与省扶贫办联合下发《关于进一步动员社会组织参与脱贫攻坚的实施方案》，对社会组织参与扶贫的帮扶原则、主体、对象、措施以及工作进度要求等作出了明确指示，进一步广泛动员贵州省全省社会组织参与脱贫攻坚。自 2016 年以来，贵州省全省社会组织积极参与扶贫，进村入户了解社情民意、制定帮扶计划与协议，在基础设施建设、易地扶贫搬迁、产业扶贫、教育医疗卫生等方面积极开展帮扶，将社会组织自身的优势转化为贫困群众脱贫的资本与财富。2016 年以来，行业协会商会实施了一批产业脱贫攻坚项目，公益慈善组织广泛实施助医助学、赈灾助残等脱贫攻坚项目，社会工作实施“三区”计划、“社工黔行”等系列项目，充分发挥社会组织推动扶贫的重要作用。据不完全统计，贵州省社会组织已募集资金逾 30 亿元，有效推动了贵州脱贫攻坚工作。

（二）贵州构建大扶贫格局的成效

贵州省在构建大扶贫格局中不断探索与实践，构建起完善的大扶贫格局政策体系，培育多元化扶贫主体参与大扶贫格局的构建，推动纵深结合、点面拓展的立体化大扶贫工作平台，不断创新扶贫方式，营造良好的大扶贫社会氛围，促使大扶贫格局逐步形成与完善。大扶贫格局的构建在推动脱贫攻坚工作中发挥着越来越重要的作用。

1. 构建完善的大扶贫政策体系

在国家相关政策的基础上，贵州省结合自身的实际情况，出台完善大扶贫格局的政策制度。在专项扶贫、行业扶贫以及社会扶贫方面做好相关的政策安排。尤其在社会扶贫方面，对定点扶贫、东西部扶贫协作、企业与社会组织参与扶贫等方面均出台相应的政策制度，逐渐形成完善的大扶贫格局政策体系。在政策体系中对各种扶贫方式的基本原则、参与主体、扶贫举措、效果监督以及考核评估等方面都进行了较为详细的规定与说明，对于完善参与大扶贫格局构建的各主体的扶贫行动具有重要的指导作用。从政策的层面所提供的保障措施，对于实现行业扶贫、专项扶贫和社会扶贫“三位一体”的大扶贫格局具有重要意义。

2. 培育多元化大扶贫扶贫主体

贵州省加强培育多元化扶贫主体参与大扶贫格局的构建，积极引导从中央到地方、从组织到个人的多元扶贫主体参与贵州的脱贫攻坚工作。采取一系列举措，推动定点扶贫、东西部扶贫协作深入发展，引导中央机关单位、东部发达省市对贵州省的支持与帮扶，引导企业、社会组织的力量参与贵州省扶贫工作，激发社会活力，广泛动员个人力量参与脱贫攻坚，并加强各类扶贫主体间的合作与交流，形成多元化扶贫主体参与大扶贫格局构建的局面。贵州省不断完善定点扶贫定期沟通与联络机制，促使定点扶贫单位与受帮扶地区的密切交流与联络，借助定点扶贫的契机，梳理本地区发展需求，发挥定点扶贫单位优势，引导帮扶资源流向最需要的项目及群体。深化东西部扶贫协作，加强双方高层互访，完善联系推进、结对帮扶、社会参与等扶贫协作机制，以合作共赢的方式，在推动受帮扶地区脱贫发展的同时，也促使帮扶效果长效可持续。鼓励引导民营企业参与扶贫，结对帮扶贫困村，运用产业扶贫、智力扶贫、就业扶贫等多种方式，扶助贫困地区脱贫发展。推进社会组织以及个人参与扶贫，发挥社会组织的活力，借助“扶贫日”“中国社会扶贫网”等形式，引导社会公众参与扶贫，凝聚参与扶贫的广泛力量。

3. 搭建立体化大扶贫工作平台

贵州省积极搭建立体化的大扶贫工作平台，为推动多元扶贫主体参与扶贫、创新扶贫方式提供了平台支撑。依托“中国社会扶贫网”为社会扶贫主体与贫困对象的需求对接提供平台，在对口帮扶城市大力推广“中国社会扶贫网”，动员和组织社会各界爱心人士注册，与贫困群体的需求对接，实现“点对点”精准帮扶。贵州省工商联与中国联合金融控股集团发起设立贵州省精准扶贫社会服务平台，坚持“大数据＋精准扶贫”的理念，以此销售平台推动“黔货出山”，减少环节，降低成本，推进贵州民营企业“千企帮千村”行动。同时，该平台一方面可以降低生产成本，支持扶贫产业的发展；另一方面，为企业提供融资、股权投资、兼并收购、扶持上市等服务，帮助企业建立完善的运营治理结构，同时发挥企业的社会责任意识，为当地提供就业机会，解决脱贫问题。[①] 在东西部扶贫协作中，借助东部发达地区的技术与市场优势，挖掘自身的资源优势，实现合作共赢。借助电商和展销会、批发专铺、旗舰店等平台，推动贵州绿色产品走进帮扶城市的批发市场、商贸中心、大型超市、机关、社区、学校、医院、企业等，利用“线上线下”平台，实现同步发力，建立产销对接机制。黔东南州借助杭州“中国电商之都”优势，引入阿里巴巴、苏宁易购、京东等知名电商企业和杭州电商公共服务中心力量，推动共建黔东南电商公共服务平台的电商协作模式。贵州省的大扶贫扶贫工作平台的建设，为多元主体参与脱贫攻坚提供交流与协作的机会，实现构建大扶贫格局的目标。

4. 创新多样化大扶贫工作方式

贵州省在扶贫实践中不断创新大扶贫工作方式，推动大扶贫格局的构建与完善。建立省、市（州）、县三级包干帮扶贫困村责任制，推动党政机关、事业单位、人民团体、大中专院校参与扶贫，同时也引导企

① 《贵州省精准扶贫社会服务平台上线——降低企业成本　推动黔货出山》，http：//www.huaxia. com/gz－tw/gzkx/2017/03/5243224. html，2017 年 3 月 22 日。

业、中直单位、各民主党派以及驻黔部队等参与包干帮扶贫困村，争取社会各界的支持，凝聚全社会力量参与扶贫。转变“输血”式扶贫方式，增强“造血”式扶贫。在定点扶贫、东西部扶贫协作、企业以及社会组织参与扶贫中，积极探索创新扶贫方式，增大资源、技术、人才、市场等资本要素的投入，借助产业以及项目的带动作用，提升贫困群体的就业能力以及自我发展能力，实现贫困群体脱贫致富和经济的可持续发展。在东西部协作扶贫中，创新“组团式”帮扶，改变过去选派单人、个人作用发挥有限的方式，探索开展“组团式”帮扶，提升帮扶成效，为贵州培养一支带不走的队伍。推动社会工作专业力量参与扶贫，利用专业力量创新扶贫方式，助力脱贫攻坚。借助“互联网+社会扶贫”的方式，利用大数据、大平台，拓展多元扶贫主体参与脱贫攻坚的路径与方式。

5. 营造和谐的大扶贫社会氛围

中华民族历来就具有扶贫济困、助人为乐、乐善好施的传统美德，全社会共同参与扶贫也是弘扬中华民族传统美德的重要体现。利用“扶贫日”活动，开展形式多样、内容丰富的扶贫行动，拓宽社会公众参与扶贫的渠道，激发与引导全社会力量参与扶贫行动。通过相关的扶贫激励政策与措施，落实税收优惠政策以及相关发展支持。创新宣传方式，通过对扶贫工作中的典型事迹与案例的宣传，加强经验交流和典型树立，正确引导社会舆论，发挥榜样示范、典型引领作用，同时也使参与主体获得政治上的荣誉感，营造全社会力量共同参与扶贫工作的良好氛围和社会风尚，在全社会形成“人人皆能为、人人皆愿为、人人皆可为”的良好扶贫氛围。

第五章

贵州产业扶贫的经验

摘 要

通过对产业扶贫相关文献的梳理，发现应当深入调研、分析不同区域的贫困治理实践，总结经验，构建并提升中国特色的产业扶贫理论。贵州省为打赢脱贫攻坚战，重点围绕产业选择、培训农民、技术服务、资金筹措、组织方式、产销对接、利益联结、基层党建“八要素”深入推进农村产业发展观念革命、发展方式革命和工作作风革命。同时，因地制宜，大力发展乡村旅游，把绿水青山变成金山银山；大力发展农村电子商务，通过电商平台把农产品卖到全国及全世界。通过近年来对贵州省产业扶贫的分析，我们认识到产业精准扶贫要尊重扶贫对象的主体地位，积极调动新型经营主体参与扶贫开发的积极性，优化新型经营主体与贫困群众的利益联结机制，充分发挥财政扶贫资金的引导作用。

一、产业扶贫相关文献梳理

产业扶贫是我国新时期扶贫尤其是精准扶贫的重点任务与路径。这种扶贫方式立足当地资源禀赋，以产业发展为基础，以经济效益为中心，以市场为导向，通过增强贫困人口和地区的自我发展和自我积累能力，不断提升贫困地区与人口自身的“造血”技能，最终实现产业发展与贫困人口脱贫。它强调依托当地的资源优势与产业基础，通过优化主导产业和支柱产业在产业价值链条中所处的位置，发挥优势产业的巨大带动作用，同时提高部分贫困人口的就业能力，解决部分贫困人口的就业问题，从根本上改善贫困人口的生存发展问题，从而实现地区经济发展与贫困人口能力提升的双赢。

（一）产业扶贫的理论基础研究

在现有的关于产业扶贫文献中，一些学者主要借鉴和吸收了国外经济学经典反贫困理论，如舒尔茨的“人力资本”理论、冈纳·缪尔达尔的“循环累计因果论”、阿马蒂亚·森的“可行能力”理论以及保罗·罗丹的“平衡增长理论”，尤其是后三种理论对中国产业扶贫实践的指导意义较大。还有一些学者从西方政治学视角的参与式治理理论以及社会学的社会互构论视角出发，提出在中国情境下产业扶贫需要实现龙头企业、政府、农村经济合作组织、贫困农户等主体之间的多元良性互动。[①] 此外，一些学者对党的扶贫开发思想，尤其是党的十八大以来习近平总书记关于扶贫工作的重要论述进行了评述和解读，[②] 为产业扶贫的相关课题研究指明了方向。

（二）产业扶贫的模式与机制研究

国内学者们基于理论和实践研究提出了产业扶贫的诸多模式，概括起来有“龙头企业 + 贫困户”“龙头企业 + 基地 + 贫困户”“龙头企

---

① 胡振光、向德平：《参与式治理视角下产业扶贫的发展瓶颈及完善路径》，《学习与实践》2014 年第 4 期。

② 黄承伟：《党的十八大以来脱贫攻坚理论创新和实践创新总结》，《中国农业大学学报（社会科学版）》2017 年第 5 期。

业+合作社+贫困户”“专业合作社+贫困户”“产业大户+贫困户”“合作社/农场+基地+贫困户”几种常见形式。[①] 此外，还有资源产业扶贫模式、特色旅游产业扶贫模式、跨区域联合体发展模式、电商扶贫方式等。

对于产业扶贫机制的研究，一部分学者是将其与产业扶贫模式结合起来进行探讨，而另一些学者则是单独从扶贫机制视角展开较为深入的分析和论证。比如，黄承伟和覃志敏对重庆涪陵区园区产业扶贫案例进行个案研究，发现新时期的城乡统筹发展系列制度安排，促进了生产要素资源向农村和农业的回流与聚集，是实现产业扶贫走出困境的重要路径，而涪陵区园区农业产业化扶贫机制一方面实现了要素资源的优化整合，另一方面也促进了扶贫对象自我发展能力的提升。[②] 刘建生等人认为产业精准扶贫作用机制是通过利益相关方共同对土地、资本和劳动力等生产要素进行匹配的过程，它凸显了贫困户的主体性作用，着重强调贫困户自身拥有的土地、劳动力要素的参与，真正建构了多主体、多要素参与的长效机制。[③]

（三）产业扶贫的现实困境与对策研究

产业扶贫的现实困境与对策也是当前国内学界研究的热点内容，归纳现有研究中关于产业扶贫存在的问题，主要集中在以下方面：1. 扶贫模式存在问题。比如，有学者指出传统扶贫模式在解决部分区域贫困问题上存在较大困难，当前大部分贫困区域农业生产、经济收入、基础设施水平仍然较落后。2. 扶贫对象存在问题，具体表现在扶贫对象认识不清晰、部分举措针对性不强。3. 扶贫项目存在问题。现有研究表

① 孙久文、唐泽地：《中国产业扶贫模式演变及其对“一带一路”国家的借鉴意义》，《西北师大学报（社会科学版）》2017 年第 6 期。

② 黄承伟、覃志敏：《统筹城乡发展：农业产业扶贫机制创新的契机——基于重庆市涪陵区产业扶贫实践分析》，《农村经济》2013 年第 2 期。

③ 刘建生、陈鑫、曹佳慧：《产业精准扶贫作用机制研究》，《中国人口资源与环境》2017 年第 6 期。

明，部分产业开发项目运作效果不佳、成功率低，项目收益与扶贫目标相背离，扶贫开发工作忽视政府以外的其他主体的参与和合作共享。4. 扶贫实施过程存在问题。具体体现在扶贫规划缺乏全局意识，过分注重资金投入而忽视资金运作管理，过分注重“政绩”“面子”工程而对贫困对象现实需求关注不够。5. 扶贫工具、手段存在问题。比如产业发展方面的市场信息滞后、技术基础设施相对落后、高素质扶贫劳动力缺乏、扶贫智力支撑条件跟不上、扶贫启动资金难以满足现实需求等。①

针对产业扶贫存在的现实问题，国内学者也提出了相应的解决对策：1. 产业扶贫观念转变——明确产业扶贫的宗旨和目标，转变政府职能，更好地服务贫困地区人口，解决贫困群体的切身利益问题。2. 产业扶贫战略优化——强化顶层设计，实施部署全面、系统、协调发展的扶贫战略，提高贫困区域人口的发展能力和思想素质，因地制宜推出多项扶贫模式的组合方案，强化扶贫主体与对象之间的合作交流。3. 产业扶贫技术和手段优化——开发区域特色的产业扶贫项目，加强信息技术设施建设，改善智力支撑条件，以满足现实需求为导向提供扶贫资金支持，拓展产业发展方面的市场信息渠道等。4. 创新产业扶贫运行管理体制——强化开发扶贫全过程的社会治理体制，创新参与式治理机制，实现政府出资、企业出力、合作社参与、农户配合，同时建立专家决策和区域监督机制，保证产业扶贫的实施过程和效果，建立多种渠道的产业扶贫保障体系等。②

从以上的文献梳理不难看出，现有学者对产业扶贫展开了较为深入和全面的探讨，对于总结提炼产业扶贫经验、深化产业扶贫研究具有重要意义。但是我们还应看到现有研究仍存在着一些值得进一步探讨之

---

① 周伟、黄祥芳：《武陵山片区经济贫困调查与扶贫研究》，《贵州社会科学》2013 年第 3 期。

② 韩斌：《我国农村扶贫开发的模式总结和反思》，《技术经济与管理研究》2014 年第 6 期。

处，应该结合中国产业扶贫实践提出一套符合中国国情的产业扶贫理论，并应用于现实实践；同时，深入调研不同区域贫困成因及其治理机制，通过不断深入分析，提炼出可资借鉴的扶贫模式、扶贫经验，丰富和发展中国特色的扶贫理论。

故而，本章拟通过对贵州产业扶贫经验的梳理和总结，来弥补现有研究的不足。

二、贵州产业扶贫的做法与成效

（一）围绕产业发展“八要素”，开展农业产业革命

为了打赢脱贫攻坚战，贵州省委、省政府着眼全局，将农业产业革命作为推进产业扶贫的有效手段，重点围绕产业选择、培训农民、技术服务、资金筹措、组织方式、产销对接、利益联结、基层党建“八要素”，深入推进农村产业发展观念革命、发展方式革命和工作作风革命。

1. 加强产业选择，夯实产业规模化标准化基础

省农业农村厅为帮助指导各地选准产业，提高产业规模化标准化水平，做了以下重要工作：一是代理起草了《贵州省人民政府办公厅关于打赢种植业结构战略性调整攻坚战的通知》，及时印发《关于大力发展蔬菜、中药材、水果等产业推动种植业结构调整的指导意见》，明确结构调整的目标和措施，提出高效经济作物的生产指导意见。二是扎实开展500亩以上坝区结构调整工作，印发了《关于500亩以上坝区农业产业结构调整的指导意见》，明确了500亩以上坝区农业产业结构调整工作总体思路和要求。三是及时发布主要农产品价格信息和种植品种布局信息，为各地科学选择产业、合理安排种植提供科学的参考依据。

此后，贵州省茶叶、蔬菜、食用菌、中药材、精品水果等产业规模不断扩大，产量整体增长较快，在全国的知名度和影响力逐步提高。截至2019年，茶叶年产量40万吨以上；辣椒年种植面积512万亩，产量

680 万吨；食用菌培植裂变式发展，年产量 113.8 万吨，迈入全国食用菌生产第一梯队省份。茶叶、蓝莓、李子种植面积全国第一；辣椒产加销全国第一；猕猴桃、火龙果、刺梨等产业名列全国前茅；百香果从无到有，产业规模挤进全国前三；太子参产量占全国需求量 40%，初具全国定价权。

2. 提升农民培训效果，打造新型产业工人

开展省市县乡村五级联动，14 个产业技术体系、6 家涉农院校、12 个科研院所、"万名农业专家服务'三农'行动"及社会组织共同助力培训工作，建立了"专门机构 + 多方资源 + 市场主体"的组织服务方式，确定国家级示范基地 3 个、省级培育基地 5 个、县级培育机构 124 个、实训基地 195 个、农民田间学校 81 个，遴选新型职业农民培育入库师资 2064 人。围绕优势特色产业发展和新型农业经营主体培育，对种植养殖大户、农民专业合作社骨干等相关人员开展轮训，同时以深度贫困县、极贫乡镇为主，重点抓好建档立卡贫困户专业技能培训。累计培训新型农民1.5057万人，其中建档立卡贫困户 5769 人。

3. 抓好技术队伍建设，实现技术服务全覆盖

基层干部和农技人员深入贫困乡村，上门为群众提供种养技术、疫病防治技术等服务，实现了扶贫产业技术服务全覆盖。一是完成新一轮"万名农业专家服务'三农'行动"专家选派，共选派专家 9014 名，其中科技副职 429 名、科技特派员 1221 名、农业辅导员 7364 名，分赴全省 1194 个乡（镇）开展技术服务，确保每个深度贫困县都有 1 支专家团队，每个极贫乡（镇）有 1 名以上的科技副职或科技特派员，每个深度贫困村都有 1 名以上的农业辅导员。二是组织专家团队到基层开展服务工作，开展产业结构调整调研 4018 次，技术指导 7371 次，提出意见建议 3609 个；举办讲座 1313 次，现场培训 5903 次，培训群众 23 万人次；专家团队实地走访调研贫困乡镇、贫困村 9993 次，提供决策咨询 7593 次，解决农业技术难题 1873 个。三是创新技术服务方式，通过贵州农业信息网发布蔬菜、水果、食用菌等生产指导意见，借助

“中国农技推广”APP、“云上智农”APP和12316“三农”服务热线等科技平台，提供技术服务710次。四是开展标准化技术制定推广，贵州生态鸡、鸭、鹅等规模养殖、屠宰加工、粪污处理等11个规程和标准报贵州省质监局立项，严控生态家禽产品品质，为产品推介和品牌打造工作打下坚实基础。

4. 抓好各类资金整合，助力贫困地区产业发展

安排产业发展资金向贫困地区、贫困县倾斜，80%以上分配下达贫困县，并将财政专项扶贫资金、农业生产发展资金纳入贫困县涉农资金统筹整合范围，支持贫困县根据脱贫攻坚需要统筹整合使用。全省各地共整合各类资金39.29亿元支持家禽产业发展，其中财政资金4.01亿元，金融信贷10.68亿元，企业自筹22.64亿元，其他资金1.96亿元；同时，省级财政继续加大对家禽产业的投入力度，共投入财政资金4700万元，启动改扩建种繁场项目26个、屠宰加工项目6个、“三品一标”及品牌创建等其他项目50余个，为全省生态家禽产业加速发展提供了有力支撑。

5. 抓好主体培育壮大，农民合作社数量取得新突破

各地坚持强龙头、创品牌、带农户思路，推广“公司+合作社+农户”模式，把大市场与小农户紧密联系起来。以“双千工程”为抓手，引进培育龙头企业，扩大龙头企业数量，全省省级以上龙头企业稳定在952家。开展合作社示范评定，推荐165家合作社申报国家级示范社。开展利益联结模式调研，探索建立稳定有效的利益分配机制。新增农民专业合作社500余家，总数达7500余家。通过农业产业结构调整，共引进企业166家，创建合作社716家。

6. 抓好内外市场开拓，确保产销对接上下畅通

一是做好市场信息发布。截至2019年，累计采集省内外各9个重点集散中心市场20余种蔬菜批发价格发布价格数据近10万条，发布《贵州省蔬菜批发市场价格信息周报》20期。二是积极组织办展。组织举办了“2019中国·贵阳国际特色农产品交易会”，现场销售金额超过

2.39 亿元，签约合同 49 个，签约总金额 32.59 亿元，招商推介会达成合作项目 11 个，合同金额 7.63 亿元。三是组织宣传推介。以贫困地区为重点，共计组织贵州 186 家农产品生产加工企业（合作社）参加了北京 2018 年首场贫困地区农产品产销对接活动、第十七届中国西部（重庆）国际农产品交易会、第六届成都国际都市现代农业博览会等，共与 50 余家专业采购商、电商达成合作意向，签订合作协议涉及金额近 6 亿元。成功举办全省首届“中国农民丰收节”，参与农民突破 200 万人。

7. 完善利益联结机制，促进农户增加收益

贵州省“三变”改革办公室积极发挥牵头作用，先后印发年度“三变”改革工作方案、试点村名单及统计报表，加强日常调度、工作调研督导和经验宣传推广，推动“三变”改革扩面增效，要求贫困人口收益要高于非贫困户群众，带动更多贫困人口增收脱贫。全省 1361 个乡镇 7241 个村开展“三变”改革试点，占行政村总数的 43%，其中贫困村 3358 个，占贫困村总数的 63.6%。组织村集体各类资源入股 127.96 万亩，作价入股 61.83 亿元。整合各级财政资金投入试点村 63.4 亿元，其中形成股金 49.2 亿元。农民以承包地等资源入股 339.28 万亩，以资金等入股 80.79 亿元，实现496.75万农民变股东，其中贫困人口 125.16 万人。农民股东参与“三变”改革人均增收 481 元，其中贫困人口人均增收 828 元。

8. 探索“村社合一”，发挥党组织引领发展作用

大力推广“塘约经验”，把基层党组织建在扶贫产业链上、合作社上、生产小组上，探索开展“村社合一”，基层党组织带动产业发展的能力进一步加强。据不完全统计，全省村级基层党组织 25792 个，开展“村社合一”11608 个，5164 个基层党组织建在农民专业合作社上，1651 个基层党组织建在农业企业上。

（二）创新旅游扶贫

贵州 80% 以上的贫困人口聚居在深山区、石山区、高寒山区和少

数民族聚居区，“八山一水一分田”，脱贫攻坚任务十分繁重艰巨。但正是由于贵州的气候多样性、地理多样性、生物多样性和民族文化多样性，贵州拥有发展山地旅游、乡村旅游的独特环境。近年来，贵州大力发展乡村旅游，把绿水青山变成金山银山，全省连续三年游客人数、旅游总收入年增长30%以上，实现“井喷式”增长，乡村旅游已成为贵州贫困群众脱贫致富的重要渠道。其主要做法有：

1. 搞好顶层设计和战略布局

贵州省委省政府出台《贵州省发展旅游业助推脱贫攻坚三年行动方案（2017—2019年）》《贵州省标准化推进乡村旅游高质量发展工作方案》等政策文件，指导旅游扶贫发展。

2. 实施旅游扶贫九项工程

以旅游项目建设扶贫工程、景区带动旅游扶贫工程、旅游资源开发扶贫工程、乡村旅游扶贫工程、旅游商品扶贫工程、“旅游+”多产业融合发展扶贫工程、旅游结对帮扶工程、乡村旅游标准化建设工程、旅游教育培训扶贫工程等旅游扶贫九项工程作为精准扶贫的重要途径，助推全省脱贫攻坚的战略部署。三年累计带动贫困人口80万人以上受益脱贫，其中乡村旅游带动40万人。

3. 加强典型示范总结

总结、推介了贵州六盘水娘娘山旅游的“三变”改革（资源变资产、资金变股金、农民变股东）、梵净山景区带村的“三带”（景区带村、能人带户、项目带人）、大数据助推“好花红”的“三加”（合作社+农户、公司+农户、大数据+农户）等利益联结机制；推广了“美丽乡村”建设的“花茂路径”、民族文化创新的“西江模式”等多个旅游扶贫路径。

4. 开发贵州旅游精准扶贫云

利用大数据，开发贵州旅游精准扶贫云，对6308个村57.46万个贫困户192.19万贫困人口中旅游带动受益情况进行动态跟踪、精准调度。

5. 加大资金支持力度

全省实施“百区千村万户”乡村旅游扶贫工程，安排脱贫攻坚投资基金旅游扶贫子基金项目40个、基金支持42.03亿元，并兑现落实每使用50万元基金投资带动3.6名建档立卡贫困人口受益增收的要求。2017年脱贫摘帽的14个贫困县（区）中，旅游扶贫和旅游产业发展带动功不可没。2018年，全省乡村旅游完成投资120亿元，接待游客3亿人次，实现总收入1500亿元，通过旅游发展带动28万贫困人口就业，旅游助力脱贫攻坚成效明显。

截至2019年，全省开展乡村旅游的自然村寨突破3000个，农家乐近万家，有2422个贫困村纳入全国《乡村旅游扶贫工程行动方案》，覆盖建档立卡贫困户32.4万余户、贫困人口107.65万余人。

（三）创新电商扶贫

发展农村电子商务是贵州农村产业革命的一大特色。贵州通过互联网给农民提供市场需求信息，通过电商平台把农产品卖到全国、全世界，2019年网络零售额增长30%。其主要做法有：

1. 大力实施“黔货”品牌塑造，推动“黔货出山”

一是将网络零售额列入各地经济经济发展综合测评及排位考核体系中，提升各地政府对电商扶贫的重视程度；二是加强与阿里巴巴、苏宁易购、京东等大型平台和贵州电商云等本土重点电商对接，整合各方平台资源，推动贵州省农产品上行；三是出台政策引导社区电商和农产品流通企业，提供现场体验、线上下单、便捷支付、网订柜取等服务，培育一批具有引领作用的社区电商龙头企业和示范社区。

2. 大力推进电商主体培育和电商人才培养

实施政府管理干部、传统企业、创业人员的三类培训。其中创业人员重点针对建档立卡贫困户进行培训，同时建立了电商研究院和百名讲师团队伍，开展选拔政府培训类、技能培训类两类讲师，为贵州省电子商务培养储备师资。电商示范县累计电商培训13万余人，其中建档立卡贫困户培训4万余人，电商带动就业3万余人。

3. 完善农村电商服务体系，推动供给侧改革

完善电商统计数据体系，通过大数据手段建立农商互联大数据平台系统，加强农产品产销数据统计分析和信息发布，解决产销信息不对称问题，使“农商数据”上联生产、下联销售，达到订单化生产目标。

完善服务体系，出台示范县支持政策，完善服务中心（站点）的运营设计、包装策划、人才培训等基本功能，搭建县、乡、村三级服务网络，将电商终端延伸到农村。

强化基础设施建设，为了增强农产品远程输送能力、延长保鲜期、降低损耗率，构建以贵阳和遵义为中心，市州所在地为枢纽，县（市、区）为节点，乡镇大型农产品生产基地为末梢的省内全覆盖冷链网络；各地积极整合邮政、供销及其他第三方物流企业等配送资源，全力推动物流到县、快递到乡、配送到村的物流体系建设，贫困地区快递网络覆盖60%以上。

4. 强化党建，走好农村电商扶贫群众路线

一是充分发挥各级党组织战斗堡垒作用。基层党员干部深入贫困地区调研，蹲下身子摸清电商扶贫症结。二是充分发挥各级党组织先锋作用。电商服务中心与基层党组织深度融合，组建党小组、党支部，派党员干部到电商服务中心挂职锻炼，搭建服务群众新平台。三是充分发挥各级党组织领导作用。充分发挥党员及党组织的先锋模范带头作用，形成大家撸起袖子加油干的良好氛围。把村“两委”干部、党员能人、贫困户作为电商培训重点，提升基层党员电商应用水平。将驻村第一书记和同步小康驻村干部，作为贫困群众与电商服务中心联系的桥梁，带领贫困群众会用电商、用好电商。

三、贵州产业扶贫的启示

产业扶贫是脱贫攻坚的重要组成部分，既是短期内促进增收减贫脱贫的现实基础，也是巩固长期脱贫效果、抑制返贫的根本路径。通过对

近年来贵州产业扶贫的分析，在后续的产业精准扶贫过程中需要高度重视以下几个方面的问题：

（一）尊重扶贫对象的主体地位

要依据贫困对象的致贫原因和现状，坚持从群众的内心愿望和发展实际出发，充分征求贫困群众发展特色产业的意见，因人而异制定帮扶措施。因为贫困在现实中是以个体贫困为表现形式的，即使是在同一个地区，贫困发生的原因和形式也不尽相同，因而贫困对象应该是扶贫开发的主体。发挥贫困户的主体作用、对症施策，有利于提高贫困农户参与扶贫开发工作的积极性和主动性，激发其内生发展动力，优化精准扶贫项目的实施效果。

（二）调动新型经营主体参与扶贫开发的积极性

产业扶贫过程中，农业龙头企业、农村专业合作社等新兴市场主体是参与开发式扶贫的主要市场主体。通过这部分市场主体的发展壮大，可以充分发挥市场在配置扶贫资源中的作用，实现扶贫资金、技术、土地和劳动力等生产要素的整合和高效流通，实现农户小生产与大市场的对接。在发展区域特色产业的过程中，实现资本、生产要素的保值增值。充分发挥新型经营主体的市场配置功能，通过土地流转、土地入股、签订购销合同、园区就业等方式带动贫困户脱贫，鼓励这部分新型经营主体延伸产业链，进入农业产前、产后环节，提供全产业链服务，切实提高地区特色产业发展增值能力和吸纳劳动力就业、提高专业技能的能力。

（三）优化新型经营主体与贫困群众的利益联结机制

要充分发挥龙头企业、专业合作社等新兴经营主体在扶贫开发过程中的带动作用，高效的利益联结机制是必要的前提。找准产业项目与贫困户增收的契合点，政府引导与监督经济组织与贫困农户通过责权利契约化，建立盈亏与共的统一体，落实市场主体的精准扶贫增收机制，鼓励贫困户以土地承包经营权、折股量化的扶贫资金、农业设施和劳动力等生产要素入股龙头企业和专业合作社，真正建立起以贫困户分享产业发展红利、长期稳定受益为中心的扶贫模式，最大限度释放贫困户的资产潜能，增加贫困户的资产收益，提高贫困群众自我积累和自我发展的能力，不断增强“造血”功能，以适应社会的转型，在人力资本开发方面创造新的经济增长点。

（四）充分发挥财政扶贫资金的引导作用

以往的扶贫资金往往是以发放到户的方式下发，对于贫困户而言，扶贫款改善生活的效果有限，且属于短期行为，贫困户自我发展和自我脱贫的意愿不强。而扶贫资金不落实到户直接投资到当地农业龙头企业的做法，不能很好地实现扶贫资金的持续增值，对资金使用的管理和监督也不够，贫困户对扶贫项目的感受不直观，扶贫效果有限。贵州创造性地将各类财政扶贫资金进行整合，落实到户后作为股权投入到龙头企业和专业合作社等新型经营主体中，获得扶贫资金的持续稳定增值，并对农户的收益和分红有兜底保障。利用财政扶贫资金，将政府、贫困户和企业（合作社）联合起来组成利益共同体，最大限度地发挥财政资金的杠杆作用，引导社会资本等生产要参与扶贫开发，促进人才、技术、资本等要素的流通，激发龙头企业和合作社等社会力量的发展活力和积极性，在推动地区特色产业发展的过程中，带动贫困户提高自我发展的能力，实现减贫脱贫的目标。

第六章

贵州就业扶贫的经验

摘　要

通过对现有就业扶贫的理论基础与作用机制的梳理，发现失业或就业不足容易导致劳动者陷入贫困状态。保障劳动者就业权、提升劳动者就业质量和收入，是各国消减贫困的重要举措。就业扶贫在我国也受到高度重视。贵州省在认真贯彻执行国家各项就业扶贫政策中，不断因地制宜，积极创新，大力开展就业培训，如就业技能、实用人才、民族特色手工艺、技能教育长期培训等，提升培训的精准度；通过构建培训网络、开展形式多样培训，加强监管等创新培训体系，不断培养和提升劳动者的就业技能。同时，通过稳定就业和转移就业的方式，实现了一户一培训、一户一就业，保障了贫困户就业权，提高了贫困劳动者就业质量和收入。在此过程中，贵州省构建了劳动力培训就业信息系统，建立了就业扶贫攻坚体系，畅通拓宽了劳动力就业渠道，促进了易地扶贫搬迁就业创业。总结贵州省的就业扶贫经验，我们认识到：在就业扶贫中，要精准聚焦扶贫对象，发挥政府在就业扶贫中的引领作用，注重技能培训与就业岗位的衔接，注重统筹各类培训资源，注重就业扶贫的绩效评估。

一、就业扶贫的理论基础与作用机制

（一）理论基础

缪尔达尔的循环累积因果理论认为，失业会导致家庭收入水平降低，低收入又使贫困家庭缺乏更多在教育、培训、健康等方面的必要投入，而技能水平不高又会影响劳动者获得更好就业岗位，从而陷入了贫困的“循环累积因果”（cumulative causation）陷阱当中，应通过增加就业岗位、提高穷人的收入水平，形成一个上升的累积因果循环，摆脱低收入累积循环发展困境。而阿马蒂亚·森的就业权利论将就业权纳入人应当享有的基本权利体系当中，认为如果就业权得不到保障，那么人们的生活水平就会下降，因此就业权利缺失是导致贫困的根源之一。

（二）就业扶贫的作用机制

失业或就业不足（就业质量不高）使得劳动者无法获取充足收入来维持生活，容易陷入贫困状态。主要原因在于劳动者主要收入来源仍以获得劳动报酬为主。这种局面不发生改变，一旦劳动者失业或就业不足，就容易导致贫困状态。因而，保障劳动者的就业权利，不断提升劳动者就业质量，提高劳动者收入，从而消减贫困，就成为各国减贫的重要举措。世界银行强调，与给予现金福利相比，使贫困者获得劳动收入才是减贫的最重要因素，而且提供就业是决定全世界各国生活质量的重要因素。[①] 国际劳工组织（ILO）在全球就业公约中提出：就业是人们赖以生存的重要手段，同时也是人们消除贫困、融入社会、获取个人尊

---

① 世界银行：《2013 年世界发展报告：就业》，清华大学出版社 2013 年版。

严和给后代带来希望的主要方式。①

二、贵州就业扶贫的政策

就业扶贫作为扶贫战略的重要措施之一，一直受到国家的高度重视。2016年，国务院出台《“十三五”脱贫攻坚规划》，重点阐述了转移就业脱贫的重大意义和路径措施，并提出了开展就业扶贫专项行动的必要性。2017年，国务院印发《“十三五”促进就业规划》，再次强调就业扶贫工作的重要性，明确指出要促进农村贫困劳动力转移就业，并提出实现精准对接、劳务协作和政策扶持的实施细则。此外，人力资源和社会保障部、国务院扶贫办也出台了一系列文件指导就业扶贫工作，如《人力资源和社会保障部、国务院扶贫办关于做好2018年就业扶贫工作的通知》。

贵州省高度重视就业扶贫事项，出台的政策和措施体现在下列文件中：《中共贵州省委关于深入实施打赢脱贫攻坚战三年行动发起总攻夺取全胜的决定》《省人民政府办公厅关于印发〈贵州省精准推进贫困劳动力全员培训促进就业脱贫工作方案〉的通知》《贵州省2018年东西部扶贫协作工作要点》《贵州省人民政府办公厅关于印发〈贵州省农村青壮年劳动力规范化技能培训实施方案〉的通知》《关于印发〈贵州省精准推进贫困劳动力全员培训促进就业脱贫工作方案〉的通知》《省政府关于做好当前和今后一个时期促进就业工作的实施意见》《省人民政府办公厅关于印发〈贵州省农民全员培训三年行动计划（2019—2021年）〉的通知》《省人力资源和社会保障厅省财政厅关于进一步加大就业扶贫政策支持力度着力提高劳务组织化程度的通知》《省人力资源和社会保障厅关于印发〈打赢人力资源社会保障扶贫攻坚战三年行动方案〉的通知》《关于做好就业扶贫援助补贴发放工作促进贫困劳动力就

① 国际劳工组织：《2009年世界劳工报告：全球就业危机与后危机》，中国财政经济出版社2010年版。

业脱贫的通知》等。

截至2019年，就业扶贫政策体系已基本建立。2016—2018年，全省累计培训农村劳动力152.18万人（其中，培训建档立卡贫困劳动力75.59万人），培训后的初次就业率逐步上升，从41.63%提升至60.35%。

三、贵州创新就业扶贫的做法和经验

深入践行“五步工作法”，以“一户一培训、一户一就业”，动态消除“零就业家庭”，促进合同式稳定就业，不断提升就业质量。

（一）大力开展职业培训，提高培训精准度

1. 就业技能培训。针对省内外企业用工需求和贫困劳动力特点，以制造业、建筑业、服务业、旅游业、电子商务等就业容量大的行业用工需求为重点，规范开展培训。并根据国家职业资格证书（技能等级证书）或岗位实际需要合理确定培训天数（课时数）。

2. 农村实用人才培训。围绕绿色农产品“泉涌”工程和校农结合工作需要，大力推广“龙头企业+合作社+农户”模式，开展食用菌、烟草、中药材、茶叶、果树、反季节蔬菜等种植技术培训，以及林下土鸡和构树养牛、养羊、养猪等特色养殖培训，开展沼气建设技术、农机具操作和维修等农村实用技术培训。

3. 民族特色手工艺培训。重点针对留守妇女开展，围绕刺绣、蜡染、石雕、银饰、民族服装服饰、编织等民族民间手工艺制作开展培训。

4. 技能教育长期培训。针对16—20岁留守农村未继续升学的青年劳动力，在各技工院校、职业院校开设技能扶贫培训专班，挑选一批就业前景好、工资待遇高的专业进行单独招生，按有关规定享受国家助学金、免学费、精准扶贫教育资助、生均财政拨款等政策，通过3—5年规范化技能教育培训，使其熟练掌握一门终身受用的实用技能，从根源上阻断贫困的代际传递。针对14个深度贫困县和20个极贫乡镇，贵州

省教育厅组织13所省属优质职业院校开办精准脱贫班，主要招收贫困学生入学就读。

（二）创新培训体系

第一，构建高效培训网络。探索人力资源产业园、公共实训基地建设，整合各类培训资源。盘活省内现有培训资源，充分发挥贵州省现有60多家技工院校、190多家职业院校、280多家民办培训机构和50多家农村广播电视学校的阵地作用。通过引进一批省外优质培训机构，弥补贵州省培训资源不足，促进培训机构不断提升培训质量，形成良性竞争的态势。按照“条件公开、平等竞争、合理布局、扶优扶强”的原则，公开招标或竞争性遴选一批社会信誉度高、教学质量好、培训后就业率高的培训机构承担培训任务。

第二，形式多样开展培训。培训机构通过在学校集中办班或通过派教师、送设备、送教材在各乡镇的中小学教室、村“两委”会议室、乡镇空闲办公场地办班培训；也可将贫困劳动力输送到企业，通过“校企合作”“师带徒”等方式灵活开展培训。各地根据实际需要规范课程设置，培训内容分为基本素质培训和专业技能培训。基本素质培训以提高思想认识为主要内容，对学员全面进行“扶贫扶志”教育；专业技能培训以学习实用技能为主，强化技能实操培训，切实保证培训的针对性、实用性和有效性。

第三，严格培训监督管理。从2017年开始，按照省政府文件要求，执行全省统一的培训补贴标准，一般培训标准为100元/天，并对紧缺、急需工种给予适当提高。培训期间，从县扶贫资金中对建档立卡贫困劳动力给予每人每天40元的生活补助，进一步调动贫困劳动力参训的积极性。建立培训实名制管理和远程视频监控系统，加强培训过程监管，严格开展技能鉴定或结业考核，将培训补贴与培训后实现就业直接挂钩。

（三）促进稳定就业和转移就业

1. 促进就地就近就业

加强与各类产业、工业园区对接，收集整理适合贫困劳动力的就业岗位；围绕当地特色种植养殖、农产品深加工、休闲农业、农村电商、乡村旅游等产业发展，开发挖掘就业岗位；鼓励引导农民专业合作社、种养大户、家庭农场等各类生产经营主体，吸纳贫困劳动力就业。支持有条件的贫困劳动力自主创业。按照“总量控制、适度开发”原则开发公益性岗位，优先安置符合条件的深度贫困地区贫困劳动力就业。购买岗位吸纳贫困劳动力就业，企业吸纳贫困劳动力签订劳动合同一年以上并缴纳社会保险的，给予企业一次性就业补助。

2. 拓宽劳务输出门路

加强与重点地区的沟通对接，以北京、对口帮扶城市和长三角、珠三角等经济发达地区为重点，开展劳务协作，拓宽劳务输出渠道，促进贫困劳动力实现转移就业。依托公益性劳务输出公司，以中铁、中建等建筑央企为重点，加强政企劳务协作，建立长期稳定大规模的有组织输出渠道，促进贫困劳动力转移和稳定就业。

3. 织密劳务协作网络

在对口帮扶城市和黔籍务工人员较为集中地区建立省、市、县三级劳务协作站（点）。全省建立劳务协作工作站（点）138 个，收集用工岗位 42.09 万个，输出就业 2.34 万人。

4. 不断加强就业服务

充分做好深度贫困地区各项要素的调查论证，针对不同家庭、不同劳动力的需求，制定专项就业帮扶计划，做到“一户一策、一人一策”。开展形式多样的公共就业服务活动，搭建企业与贫困劳动力的用工平台。要多渠道收集岗位信息，确保岗位储备数量大于本地贫困劳动力数量。加强跟踪服务，及时了解贫困劳动力就失业状况。对就业的继续做好跟踪服务，促进稳定就业；对未就业的，每年向每位贫困劳动力至少推荐3个就业岗位。

5. 加强劳务公司建设

在全省县级建立劳务公司，组织贫困劳动力有序输出就业，切实提高贫困劳动力的劳务组织化程度。全省建立劳务公司569个，促进就业15.51万人，其中贫困劳动力7.24万人。有组织输出3.78万人，其中贫困劳动力1.54万人。

四、贵州创新就业扶贫的成效

（一）建立完善信息系统，强化任务目标管理

一是依托贵州省劳动力培训就业信息系统，通过驻村第一书记、村"两委"、劳动保障协理员、驻村干部等人员进村入户开展调查，建立"一卡一库一台账"[①] 信息系统，对全省所有建档立卡贫困劳动力进行实名制动态管理。二是依托人社部贫困劳动力信息平台，建立"信息数据逐级往下分解，情况核实逐级向上汇总，省、市、县（区）三级人社扶贫部门协调配合"的工作机制，不断完善部系统贫困劳动力就业情况信息。三是按照《人力资源和社会保障部、国务院扶贫办关于下达2018—2020年就业扶贫目标任务的通知》要求，制定下发《关于下达贵州省2018—2020年就业扶贫目标任务的通知》，将目标进行细化分解，确保目标任务顺利完成。

（二）出台系列扶贫政策，建立就业扶贫攻坚工作体系

一是完善政策体系。结合贵州省实际，出台《贵州省政府关于做好当前和今后一个时期促进就业工作的实施意见》。制定下发《省人力资源和社会保障厅省财政厅关于进一步加大就业扶贫政策支持力度着力提高劳务组织化程度的通知》《省人力资源和社会保障厅关于印发〈打

① "一卡一库一台账"：贵州省贫困劳动力培训就业创业全程服务卡、岗位信息数据库、贵州省贫困劳动力就业创业信息台账。

赢人力资源社会保障扶贫攻坚战三年行动方案〉的通知》《关于做好就业扶贫援助补贴发放工作促进贫困劳动力就业脱贫的通知》等，实施一系列政策措施，为就业扶贫工作提供政策支撑。就业扶贫政策体系已基本建成。二是完善工作体系。贵州省人社厅选派干部到各市（州）和贫困县人社部门挂职，会同扶贫、移民等部门，建立省市统筹、县为主体、乡镇为重心、村为主战场、户为基本单元的横到边、纵到底的就业扶贫攻坚工作体系。

（三）推广就业扶贫经验，拓宽劳动力就业渠道

一是组织召开就业扶贫工作推进会，对就业扶贫工作进行阶段性总结，总结经验做法在全省进行推广运用。如在毕节市召开全省推进会，总结在县级成立劳务公司、在村级成立劳务合作社、形成“劳务公司+劳务合作社+贫困劳动力”的工作模式。在黔东南州召开全省推进会，总结“三扶三转”（即扶志转勤、扶勤转能、扶能转富）工作模式，激发贫困劳动力内生动力，变“要我脱贫”为“我要脱贫”。二是畅通贫困劳动力就业渠道。深入产业、工业园区等企业挖掘就业岗位定期推送，积极发展就业扶贫车间、就业扶贫示范基地等载体吸纳就业，促进劳动力就地就近就业。围绕当地特色种养业、农产品深加工、休闲农业、农村电商、乡村旅游等产业发展，开发挖掘就业岗位。鼓励引导农民专业合作社、种养大户、家庭农场等各类生产经营主体，吸纳贫困劳动力就业。实施“雁归兴贵”行动计划，加强创业孵化基地和农民工创业园（点）建设，加大创业扶持政策、创业服务支持力度，引导创业带动就业。三是托底安排贫困劳动力中就业困难人员。通过新增或腾退公益性岗位，统筹开发保洁保绿、治安协管等岗位，优先安置贫困劳动力。全省通过各类公益性岗位安排贫困劳动力2.82万人。

（四）夯实就业基础，促进易地扶贫搬迁就业创业

一是完善政策。在对全省易地扶贫搬迁后续扶持工作调研的基础

上，形成了《关于加强和完善易地扶贫搬迁群众培训和就业服务体系的实施意见》，作为易地扶贫搬迁后续扶持“五个体系”之一，写入《中共贵州省委贵州省人民政府关于加强和完善易地扶贫搬迁后续工作的意见》文件中，将过去只能是易地扶贫搬迁中的贫困劳动力才能享受培训生活补贴等政策扩大到随迁非贫困劳动力可同等享受。二是夯实基础。明确目标任务，强化工作措施，确保已搬迁有劳动力的家庭实现“一户一人”以上稳定就业；对正在搬迁和计划搬迁的，确保在搬迁后30天内实现至少一人稳定就业。三是建设就业创业服务中心。在200人及以上的易地扶贫搬迁安置点建设就业创业服务中心，开展标准化、规范化、系统化服务，切实加强易地扶贫搬迁安置点培训就业创业服务。截至2019年，全省各级人社部门在安置点建设就业创业服务中心600余个。四是加强载体建设。在易地扶贫搬迁安置点、有条件的村建立就业扶贫车间吸纳就业。创建有示范带动作用的就业扶贫示范基地，引导带动更多社会力量参与脱贫攻坚，促进更多劳动力就业。截至2019年，全省建立就业扶贫车间499个，就业扶贫示范基地492个，共吸纳就业12.7万人，其中贫困劳动力1.9万人。

第七章

贵州生态扶贫的经验

摘 要

贵州省地处中国西南，不仅是长江、珠江上游的重要生态保障，也是西部生态建设的重要战略区域，具有重要的生态战略地位。在脱贫攻坚战中，贵州作为革命老区、集中连片特困地区和多民族交汇的内陆山区，其区位条件和资源特点决定了脱贫攻坚与生态保护工作必然存在紧密联系，必须将两者有机统一起来，依托生态扶贫开创百姓富、生态美的多彩贵州新未来。生态扶贫是生态保护和扶贫开发的有机统一，其内涵是通过构建有效转换机制将自然资源资产变为资本，再将资本变为财富，最终实现扶贫目的。生态扶贫的理论架构源于可持续减贫与绿色发展、科学发展等生态经济理论，其思想基础中最为重要的是习近平总书记提出的“两山”理念。贵州省在生态扶贫工作中，始终走在全国同类地区前列，在生态产业脱贫、生态协作扶贫、生态建设与生态补偿、生态移民搬迁等方面进行了数年的有益探索。本章基于数据支持，梳理了贵州在生态扶贫工作上取得的成效，并对贵州生态扶贫的做法和经验进行了总结。实践表明，贵州省在生态保护脱贫上取得的卓越成绩充分证明了习近平总书记关于扶贫工作重要论述的有效性，另一方面贵州省的实践经验也丰富了其理论内涵。

一、贵州生态扶贫工作取得的成效

贵州省在生态扶贫工作中，始终走在全国同类地区前列，在生态产业脱贫、生态协作扶贫、生态建设与生态补偿、生态移民搬迁等方面进行了数年的有益探索，取得了令人瞩目的成绩。

（一）生态建设与生态补偿

“十三五”以来，贵州省开展了石漠化综合治理和退耕还林工程。2016 年共实施退耕还林 477.4 万亩，完成营造林 528 万亩，治理石漠化 1000 平方千米，治理水土流失 2000 平方千米，森林覆盖率提高到 52%，落实护林员指标 2.5 万人，直接带动近 10 万人脱贫。2017 年新增退耕还林 350 万亩，落实国家下达省层面 2.95 万名生态护林员配备任务，同时自筹资金增加安排生态护林员 2.05 万名，对每名生态护林员每年发放 1 万元护林报酬，合计使 5 万户建档立卡贫困家庭增收。2018 年实施林业工程项目，使 16 万多人次贫困劳动力人均获得劳务报酬近 2000 元，争取国家新增省层面生态护林员指标 1 万名，累计达到 3.95 万人，带动近 12 万贫困人口实现稳定脱贫。2019 年开展石漠化综合治理“三年攻坚”，完成营造林 520 万亩，退耕还林 350 万亩，治理石漠化 1000 平方千米，治理水土流失 2520 平方千米。

（二）生态产业脱贫

党的十八大以来，贵州省通过大力发展扶贫产业共带动 502 万贫困人口脱贫。尤其是“十三五”时期，贵州省聚焦蔬菜、茶叶、生态家禽、食用菌、中药材等特色优势生态产业，制定三年行动方案迅速扩大产业规模。通过以上五个重点扶贫产业，2018 年带动脱贫人数达 74.7

万，占全年脱贫总人数的 57.42%。2019 年调减玉米种植面积 654.24 万亩，替代种植蔬菜、水果、食用菌等经济作物 667 万亩，带动 45.53 万户 160.84 万贫困人口增收，户均增收 8296 元，人均增收 2348.4 元。就旅游扶贫而言，到 2019 年底，开展乡村旅游扶贫的村寨超过 3000 个，涉及 32.4 万户 107.66 万贫困人口，通过“百区千村万户”乡村旅游扶贫工程带动 30.3 万贫困人口受益增收。

在利益联结机制方面，全省推动“三变”改革扩面增效，共 7241 个村开展改革试点，其中贫困村 3358 个，占贫困村总数的 63.6%；农民以承包地等资源入股 339.28 万亩、以资金等入股 80.79 亿元，实现 496.75 万农民变股东，其中贫困人口 125.16 万人。农民股东参与“三变”改革人均增收 481 元，其中贫困人口人均增收 828 元。

在扶贫协作方面，通过与帮扶城市进行产业合作，实施产业扶贫项目 1300 多个，覆盖 13 个深度贫困县，至 2019 年已建成绿色农产品基地 18.26 万亩。旅游开发合作投入 58.77 亿元，共吸纳就业带动脱贫 5.8 万人。

（三）生态移民搬迁

贵州省是全国易地扶贫搬迁工作部署最早、强度最大、投入最多的省份，也是全国效果最好、搬迁进度较快的省份。全省“十三五”易地扶贫搬迁总规模为 188 万人，2016 年、2017 年项目在 2018 年底已全部完成搬迁入住任务。截至 2019 年 12 月，贵州省累计搬迁 188 万人，其中建档立卡贫困人口 154.33 万人，同步搬迁人口 33.67 万人，全面完成“十三五”时期易地扶贫搬迁任务。

在同步就业安置方面，已实现搬迁家庭劳动力就业创业 52.38 万人（其中 2016 年 18.87 万人、2017 年 28.21 万人、2018 年 2.79 万人、2019 年 2.5 万人），户均就业 1.86 人（其中 2016 年 1.96 人、2017 年 1.85 人、2018 年 0.91 人、2019 年 0.8 人）。

在旧房复垦方面，截至 2019 年 12 月，全省 2018 年项目已拆除旧房7.63万户，拆旧率95.61%，复垦宅基地5.83万户700.96万平方米，复垦率73.06%。2019年项目已拆除旧房5.17万户，拆旧率34.67%，已复垦复绿3.12万户，复垦率20.93%。

在资金保障方面，按人均6万元投资测算，“十三五”时期易地扶贫搬迁工作共需要投资1128亿元。其中中央预算投资补助119.52亿元，群众自筹资金68.48亿元，省级筹集统筹资金940亿元。截至2019年12月底，省扶投公司共承接承贷省级统筹资金805.29亿元。

在群众满意度方面，据随机入户抽查结果显示，政策满意度为99.46%，配套基础设施及公共服务设施满意度为99.03%，住房满意度为98.28%，就业脱贫措施满意度为97.95%。

二、贵州生态扶贫工作的主要做法

经过数年的实践探索，贵州已经逐步形成了一套行之有效的生态扶贫工作措施体系。这一措施体系有两个方面的显著特点。

一方面，贵州省的生态扶贫工作措施体系是基于贵州省脱贫攻坚的总体决策部署形成的，并内化在脱贫攻坚工作的各个维度。在数年的脱贫攻坚实践中，贵州通过深入学习贯彻习近平总书记关于扶贫工作的重要论述和党中央、国务院重大决策部署，逐步形成并深入实施了以“四场硬仗”“五个专项治理”“四个聚焦”和“一场振兴农村经济的深刻的产业革命”（简称“4541”）为主抓手的决策部署，多次发起脱贫攻坚“春风行动”“夏秋攻势”促进扶贫政策落实，并逐步构建巩固了贵州“大扶贫”格局。在这一基础上，贵州坚持生态优先、绿色发展、坚持绿水青山就是金山银山的“两山”理念，将生态扶贫工作内化到了脱贫攻坚工作的各个方面，实施了大生态扶贫战略、生态产业扶贫、生态移民搬迁、生态建设与生态补偿等多项举措，形成了与脱贫攻坚全局部署相互支撑、相互促进、相互印证的生态扶贫工作措施体系。

另一方面，贵州省的生态扶贫工作措施体系包含了多种政策举措、多元工作主体、多方社会力量和多个措施对象，这些要素和主体间存在着持续性的互相影响、互相作用和互相促进，这使得贵州的生态扶贫措施体系实质上成了一套生态扶贫治理体系。而贵州省在生态扶贫工作中取得的瞩目成效证明，这一治理体系有效地推动了贵州生态扶贫工作的持续发展。

具体来说，贵州省在构建生态扶贫治理体系上有以下一些主要的做法及其成效。

（一）贯彻“两山”理念，做好顶层设计

贵州省为了贯彻省级脱贫攻坚行动规划，切实发挥生态扶贫的重要作用，专门制定《贵州省生态扶贫实施方案（2017—2020 年）》（以下简称《方案》）及系列配套方案，完善了生态扶贫的顶层设计，为下级市县区开展生态扶贫工作提供了方案指导。《方案》中指出，要大力实施大生态战略，坚持生态优先、绿色发展、坚持绿水青山就是金山银山的理念，与建设国家生态文明试验区相结合。还提出了举措明确的生态扶贫十大工程，包括实施退耕还林建设扶贫工程、森林生态效益补偿扶贫工程、生态护林员精准扶贫工程、重点生态区位人工商品林赎买改革试点工程、自然保护区生态移民工程、以工代赈资产收益扶贫试点工程、农村小水电建设扶贫工程、光伏发电项目扶贫工程、森林资源利用扶贫工程、碳汇交易试点扶贫工程等，涵盖了生态扶贫的各项工作领域，纳入了发展生态产业、开展生态易地移民搬迁、生态建设与生态补偿等各个维度。

为了确保十大工程的顺利实施，贵州在加强组织领导、加快项目落实、工作机制、资金保障和政策支持等方面做了许多保障性举措。包括以此为契机建立起了发展改革、林业、财政、扶贫、水利、水库和生态移民以及能源部门之间的定期会商工作机制，从而统筹推进生态扶贫各项工作；建立生态扶贫项目的调度督查和奖惩机制，对项目建设进展情况、资金到位情况、资金使用情况以及带动贫困群众增收情况等进行调度督查等。

实践证明，通过实施生态扶贫十大工程及层层落实的保障措施，贵州省在各级政府、各个部门间集合形成了共商共促生态扶贫工作的合力，促进了贫困人口在生态建设保护修复中增收脱贫、稳定致富，在摆脱贫困中不断增强保护生态、爱护环境的自觉性和主动性，有助于开创百姓富、生态美的多彩贵州新未来。

（二）加强生态建设，巩固生态补偿机制

贵州省通过大力实施退耕还林、石漠化综合治理和森林公益林补偿等重点生态工程，挖掘生态建设与保护就业岗位，让有劳动能力的贫困人口就地转成护林员等生态保护人员，同时重点向深度贫困地区倾斜，引导贫困农牧民向生态工人转变，提高贫困户收入水平，走出了一条生态建设与生态扶贫相结合的道路。

一是对符合退耕政策的贫困村、贫困农户实现工程全覆盖，确保69万户贫困户每亩退耕地有1200元的政策性收入。同时以退耕还林工程为平台，支持贫困县加大财政涉农资金整合力度，集中资源调整种植结构，将农业产业结构调整与退耕还林工作整合起来，以退耕还林为契机，下大力调减玉米种植面积，因地制宜大力发展刺梨、核桃、板栗、樱桃、猕猴桃等特色林业产业，建成了一批高标准、高质量的经果林基地。

二是在石漠化综合治理上创新投资体制，积极开展石漠化治理的“政府＋社会资本”合作，规定从2018年至2020年每年需利用1亿元中央预算内投资资金与社会资本开展合作，在石漠化区域积极发展特色生态种养业，并以合同约定的中央投资固定收益补贴贫困农户和村集体，促进石漠化治理与脱贫攻坚有机结合。

三是健全生态补偿资金投入机制，逐步提高纳入森林生态效益补偿的3750万亩地方公益林补偿标准，实现与国家公益林补偿标准并轨，使生态补偿资金落到实处。

同时，加强对生态护林员、保洁员等各类公益岗位的精准管理。贵

州建立了统一规范的公益岗位队伍体系和管理制度，解决了各类公益岗位类型混杂、工作补助标准不统一等问题，并进一步扩大生态护林员医疗保险覆盖范围，防止生态护林员脱贫后出现因病返贫等问题。

（三）发展生态产业，探索生态资源转化机制

贵州省的生态环境脆弱地区与贫困地区在地理分布上存在着程度相当的耦合性，多数贫困地区不仅经济发展水平落后，而且生态环境脆弱，容易被破坏。这些地区往往面临着“生态保护还是发展经济”的两难选择。贵州省提出重点围绕产业发展“八要素”来推进产业扶贫，大力发展生态产业，决心以一种超常规的、带有革命性的举措来促使贫困地区产业的全面变革，从根本上回应了“生态保护还是经济发展”的难题，探索出了一条生态资源转化为经济效益的长效机制。

一是深化农业供给侧结构性改革，促进农业种养结构向生态化方向调整。省级层面出台全省产业区域和产业扶贫专项规划，要求全面加快调减玉米等破坏生态环境且附加值低、市场潜力不足的农产品，大力发展符合生态友好要求的蔬菜、茶叶、食用菌、中药材、生态家禽等特色优势产业；同时要求县级围绕全省产业区域和产业扶贫专项规划，谋划布局县域主导生态产业，尤其对于深度贫困地区，强调一县一业，确保省域、县域内多种生态产业相互协同、有所配合，又各有特色。

二是多维度利用森林资源，转化为经济效益。大力发展林下经济，整合利用省脱贫攻坚投资基金扶贫产业子基金、林业项目贷款贴息等政策，大力发展林菌、林药等林下种植业和林下养鸡、养蜂等林下养殖业，加大林地空间利用力度，发展立体林业。加快森林旅游业与康养服务业发展，完善国家级森林公园基础设施，开展森林康养示范创建活动，争评国家级、省级森林康养示范基地。

三是大力推进乡村旅游、旅游扶贫。在政策设计上出台了《贵州省发展旅游业助推脱贫攻坚三年行动方案（2017—2019 年）》作为顶层设计，并先后出台了《贵州省旅游发展委脱贫攻坚春风行动实施方案》

《旅游业贯彻落实2018年脱贫攻坚夏秋攻势行动令的工作方案》《贵州省标准化推进乡村旅游高质量发展工作方案》等文件，落细落小旅游扶贫任务。在全国率先开展旅游资源大普查，新发现5万多个旅游景点，76个县发现温泉资源，并基于旅游资源的挖掘利用，大力实施旅游项目建设扶贫工程、景区带动扶贫工程、旅游资源开发扶贫工程、“百区千村万户”乡村旅游扶贫工程等9个旅游扶贫工程。在资金支持和保障上，开展脱贫攻坚投资旅游扶贫子基金摸底工作，编制了脱贫攻坚投资旅游扶贫子基金工作指南，建立完善旅游产业扶贫基金项目库。此外，贵州省还分级建设了400多个乡村旅游示范点，加强典型示范作用。充分利用东西部扶贫协作提供的机遇，通过组织人员到各对口帮扶城市推介贵州乡村旅游线路，7个对口帮扶城市主流媒体持续播出贵州乡村旅游宣传片等方式打造出了“多彩贵州”“黔系列”等旅游品牌。

四是积极推动农村资源变资产、资金变股金、农民变股东“三变”改革，落实农户在产业链、利益链、价值链环节的份额，多渠道增加贫困户收入。贵州为了延长生态产业链，提升贫困户在价值链上的收益，开展了农产品产业链招商，充分利用东西部扶贫协作等机制引进较发达地区的农产品生产、加工、销售等优强龙头企业，打造形成农产品生产和流通深度融合的供应链体系。

五是探索全省单株碳汇扶贫试点工作。贵州省以14个深度贫困县、20个极贫乡镇、2760个深度贫困村的森林碳汇资源开发为重点，利用全国碳市场和现有9个碳交易试点体系，引导具有碳交易配额履约任务的企业购买林业碳汇减排量，帮助企业完成履约目标。同时充分利用东西部扶贫协作和定点帮扶机制，鼓励对口帮扶贫困地区的单位、地区购买对口贫困地区的林业碳汇，完成对口帮扶任务，践行降碳社会责任。此外，积极推广大型公共活动、会议购买碳汇减排量、消除碳足迹、实现会议“碳中和”的做法，引领绿色低碳办会。

（四）实施生态搬迁工程，将生态保护与脱贫攻坚相结合

贵州省是全国易地扶贫搬迁工作部署最早、强度最大、投入最多的省份，也是全国搬迁效果较好、进度较快的省份。在开展易地扶贫搬迁的过程中，贵州将省级及以上自然保护区核心区、缓冲区和实验区内自愿搬迁贫困人口优先纳入全省新增易地扶贫搬迁工作计划，从根本上减少了对自然生态的破坏，并按照标准对移民对象进行生态补偿，促进脱贫。关于贫困群众搬出后的管理，进一步针对易地扶贫搬迁后期扶持和社区管理面临的安置点机构设置、社会治安综合治理、教育卫生等基本公共服务保障、稳定就业和持续发展等问题出台了系列主体文件和配套文件，推动易地扶贫搬迁安置区实现自治组织、自治机制、社区便民服务、兜底保障、能力提升“五个全覆盖”。

三、贵州生态扶贫工作的突出经验

（一）强化顶层设计，健全生态扶贫政策体系

1. 建立多部门沟通协调机制，为生态扶贫提供组织保障

生态扶贫是一项综合性的扶贫治理举措，在内涵上，它既重视生态资源的维护，也重视贫困群众的增收，因而至少需要环保部门与扶贫部门合力推动。在工作要点上，其至少包括生态治理建设、生态产业发展、易地扶贫搬迁三个部分，每个部分的工作落实都涉及多部门的协作配合。如退耕还林扶贫工程涉及省发改委与省林业厅等，森林生态效益补偿扶贫工程涉及省林业厅与省财政厅等，生态护林员的精准管理还与省扶贫办相关，而自然保护区生态移民工程还需省水库和生态移民局的配合。

贵州深刻认识到了生态扶贫工作的系统性和复杂性，在双组长制扶贫开发领导小组对脱贫攻坚进行总体布局的基础上，围绕生态扶贫工作重点，加强发展改革、林业、财政、扶贫、水利、水库和生态移民以及能源部门之间的组织沟通，建立健全了多部门的定期会商工作机制，促

进了生态扶贫治理体系中各工作主体的常态化沟通协商，避免了出现政策“打架”或重复的情况，有助于统筹推进生态扶贫工作，形成共商共促生态扶贫工作合力。

2. 通过多份顶层设计文件，为生态扶贫提供一致的政治要求和政策基础

贵州省在经济发展过程中始终重视生态环境，自2004年起就通过《泛珠三角区域环境保护合作协议》开启区域生态环境治理合作。2016年通过的《中共贵州省委贵州省人民政府关于推动绿色发展建设生态文明的意见》则进一步提出要加快省试验区建设，强化省级环境保护协作和自然生态资本转化合作，争取2020年建成生产生活生态更加协调的“多彩贵州公园省”，其中大生态与大扶贫的结合是这一目标的重要支撑。2018年印发的《贵州省生态扶贫实施方案（2017—2020年）》提出了生态扶贫十大工程，在进一步加大生态建设保护和修复力度的同时，促进贫困人口在生态建设保护修复中增收脱贫，切实发挥生态扶贫的作用。

从这些文件可以看出，环境保护与经济建设相统一这一可持续发展思路始终贯穿于贵州省发展历程中。在脱贫攻坚战的背景下，将生态治理与贫困治理有机结合是对可持续发展思路的延续和发扬。一方面，过往可持续发展的政策实践为当下的生态扶贫工作提供了参考和借鉴，相较于传统可持续发展模式，生态扶贫需更加注重贫困群众如何借助自然资产实现自我发展，加强其参与及获得以达到脱贫致富；另一方面，当下的扶贫政策也为生态建设提供了更多资源与途径，能支持更大范围、更大规模生态治理行动的开展，并且有助于探索将这些生态资源有效转换为经济优势的多样途径，真正实现“绿水青山就是金山银山”。

（二）创新激励机制，内化生态资源的正外部性

生态环境资源的一大特点是具有一定的非竞争性和非排他性，加之生态建设、生态减贫的发展成果往往会凝聚成有着环境保护价值的防护

生态产品或有旅游价值的自然风光，其中的观赏价值和环保价值都是全民共享和共有的财富，因此生态扶贫与环境整治都具有较强的正外部性，其社会收益远大于个人收益。这些性质共同决定了生态减贫过程中需要政府发挥作用，更需要创新激励机制，使生态建设扶贫与环境整治内化为个人的自觉行为，贵州省在这方面做了许多有益的探索。

1. 争取整合生态建设资金，深入融合各项生态建设工程与扶贫工作

贵州省在退耕还林工程中，全力争取国家政策支持，将省内 25 度以上坡耕地、严重石漠化耕地、重要水源地、15 度至 25 度坡耕地、陡坡梯田和严重污染耕地纳入新一轮退耕还林范围，并以此为平台调减农业结构，建设经果林基地，带动 164 万贫困群众人均增收 2000 元。在森林管理看护上，新增省级资金，多提供了 5.2 万个生态护林员岗位，同时扩大护林员医保覆盖范围，防止因病返贫，调动安排了更多符合条件的贫困户通过生态护林实现脱贫。在生态保护工程的具体建设中，结合实际情况推行以工代赈，为贫困户创造生态就业岗位。

通过这些举措，贵州省将生态建设、脱贫攻坚与建设国家生态文明试验区有机结合了起来，并以生态建设工程为基础为贫困户提供了大量生态补偿收入和生态就业岗位，把生态资源的正外部性内化到了参与生态保护的贫困户身上，使贫困户真正享受到生态建设和生态保护的好处，提高了其积极性。

2. 引入更多正向激励机制，调动起农村人居环境整治和森林保护的内生动力

传统的环境整治和护林模式大多采用罚款、惩罚等负向激励来约束森林破坏及环境污染行为，贵州省更新防治观念，从正向激励的角度探索创新生态治理的激励机制，通过引入更多正向激励，将正负激励相结合以促进群众生态环保意识的提升、人居环境改善和生态环境保护，取得了显著效果。

例如在人居环境方面，贵州省江口县紧扣乡村卫生治理主体、机制

和陋习三大难点，以太平镇快场村为试点，探索建立了“垃圾兑换银行”，通过“垃圾兑换积分，积分兑换商品”的形式，有效实现垃圾减量化、资源化和无害化目标，提高了村民自觉参与生态治理、生态保护的积极性和主动性，美化了人居环境，为全县乡村振兴战略深入推进增添了动力（详见专栏一：江口县太平镇快场村创建“垃圾兑换银行”，创新卫生治理模式）。又如毕节市黔西县设置了“10 + N 个一批”公益专岗来维护人居环境，围绕“通村通组路清洁，没有粪便土和叶；村级阵地搞干净，公共区域好休歇”的目标，投入了4663.4万元，明确1254名贫困户家庭人员作为县、乡、村道公路管理员（保洁员）定期打扫公路卫生并获取报酬（详见专栏二：毕节市黔西县美丽乡村建设与就业扶贫相结合）。

贵州省基于正向激励构建起来的乡村生态治理机制有效调动起了村民参与生态保护的积极性和自觉性。相较而言，负向激励的约束性更多取决于惩罚强度、监察强度及准确率，传达的信息类型是“不能做什么”，正向激励则是利用人们的积极心理去鼓励他们“应该做什么”，在管理实践中合理地配合运用这两个角度的激励机制能避免仅注重单方向激励造成的负效应，从而更好地引导民众形成保护环境、治理污染的生态意识。同样在自然环境方面，贵州省开启了重点生态区位人工商品林赎买改革试点，通过租赁、赎买和改造提升等多种方式为林农提供护养林场的正向激励，缓解了商品林采伐利用与保护之间的矛盾，促进了重点生态区位生态公益林的质量提升与生态功能增强，实现了社会得绿、林农得利。

（三）优选主导生态产业，延长生态产业价值链

1. 从资源优势与经济性出发，挖掘布局主导生态产业

产业选择在产业扶贫中十分关键，一方面产业发展根本目的是促进群众增收致富，因此所选择的产业必须具有良好的经济效益或发展潜力，另一方面产业要发展好需要具备核心竞争力，竞争力最直接的来源

便是差异化。依照习近平总书记“立足当地资源，宜农则农、宜林则林、宜牧则牧、宜商则商、宜游则游，通过扶持发展特色产业，实现就地脱贫”的指示，贵州省基于比较优势原则，从本地资源出发选择特色产业进行发展。一方面加快调减了玉米等附加值低、生态环境负效应强、市场潜力不足的农产品种植面积，因地制宜发展蔬菜、茶叶、食用菌、中药材等特色优势产业；另一方面，立足本地人文自然优势推进旅游扶贫，加快旅游资源开发与旅游工程建设。

此外，贵州在省级层面强调一县一业，确保省域、县域内多种生态产业相互协同的同时保持一定的差异化，各县再围绕全省产业区域和产业扶贫专项规划，谋划布局县域主导生态产业。如剑河县在发展早期，由于靠近水库，主要通过把农民变渔民的方式发展渔业，但由于过度捕捞，严重破坏了生态环境，遂划定了捕捞红线，并转而挖掘其他生态产业。2017 年，剑河县借助东西部扶贫协作，通过招商引资渠道吸引了剑荣菌业公司、珍源公司等龙头企业入驻领办食用菌产业；同年，逐步整合当地的农业资源，调整农业结构，挖掘了中药材、小香鸡、生态猪三大生态农业产业。截至 2019 年，剑河县基本形成了以食用菌为主，钩藤、小香鸡、生态猪同步发展的“1 + 3”产业布局，有效挖掘了当地的生态农业资源，并转化为经济效益（详见专栏三：剑河县挖掘生态产业，促进生态资源有效转化为经济效益）。贵州省特色经济两头顾的产业选择方式和统筹规划的产业布局方式使产业扶贫“站稳了脚跟”，为此后的产业发展做了良好铺垫。

2. 延长生态产业价值链，加强产业间分工协同，实现生态产业优良发展

促进生态产业发展可以从两个角度入手，一是从内而言，可从多种途径探索生态资源的利用方式，延长资源价值链，增加产业利润空间；二是从外而言，加强一二三产之间的合作，通过构建多层次的产业体系来提升区域生态经济的抗风险能力。综合这两个角度来看，贵州省在发展生态产业过程中依托特定生态资源，因循价值链形成相关产业协同

链，共同合理开发生态资源的全部可用价值。在注重形成完整产业链和构建三产融合格局的同时，贵州省也在不断建设产业品牌，拓展市场多方协作，提升生态产业的效益，降低产业的风险，为产业的市场化和转型做铺垫。

如赤水市本地公司大多从事竹资源加工业，对外销售竹浆纸、原纸、纸巾、包装盒等初级竹加工品。纵向来看，竹加工业向上游延伸是竹种植业，竹加工公司与栽种采伐的村集体合作社或农民个体对接，形成工农业之间的反哺，向下延伸为高级竹加工业如家具制造等。横向来看，竹资源还可利用发展为竹原料及竹食物制品销售、竹生态旅游、竹碳汇资源交易等等（详见专栏四：遵义市赤水市赤天化纸业股份有限公司延长竹资源产业链）。又如江口县按照茶产业全产业链发展要求，突出“全产业链投资、全利益链联结、全要素链组合、全流程链优化、全责任链压实”，形成了以贵茶集团为龙头，全县所有茶叶企业加入联盟的共同体，全县茶产业已实现从无到有、从小到大发展目标，从最开始的只有种植与粗加工到现在完整的产业链和贵茶龙头企业带领下形成的品牌效应（详见专栏五：江口县引进贵茶集团，延长产业链，全力推进生态茶产业发展）。

（四）明确生态搬迁责任主体，建立生态搬迁工作体系

1. 强化生态易地扶贫搬迁的责任主体，加强规划设计，提供组织机构保障

贵州是全国易地搬迁任务最重的省份，易地扶贫搬迁对脱贫攻坚战而言意义重大，而这一工作又涉及多个部门间的协调配合，因此贵州省将这一工作单独提取出来作为独立扶贫工程开展，逐级成立了由政府分管领导任指挥长的易地扶贫搬迁工程建设指挥部，增加省市县三级党委专职副书记作为易地扶贫搬迁指挥部指挥长，为易地扶贫工作的整体规划协调提供了一个稳定责任主体。2018 年还通过机构改革，新组建了生态移民局作为省政府直属机构，专门负责易地扶贫搬迁等生态移民工

程的法规草案及政策制定、搬迁工程的协调指导与审核监察等，进一步强化了责任主体。自 2015 年底启动易地扶贫搬迁实施至今，省级已经出台易地扶贫搬迁各类政策 57 个，其中纲领性文件 4 个，操作性文件 21 个和部门协作支持文件 32 个，形成了完整的易地扶贫搬迁政策支撑体系。

由一个明确主体牵头形成针对性的方案规划和顶层设计，集中人财物资源攻克难关，这样的组织架构和工作机制为易地扶贫搬迁创造了完善工作环境，也助其取得了良好成效。

2. 建立了完善的易地扶贫搬迁政策体系，全方位保障易地扶贫搬迁实施

贵州省制定出台的易地扶贫搬迁“六个坚持”“五个三”“五个体系”政策，各有侧重，又相互统一，构成了贵州易地扶贫搬迁工作的完整体系，系统解决了搬迁谁、搬到哪、怎么搬、搬后怎么办等全环节、各方面问题，精准结合了中央易地扶贫搬迁政策与贵州实际情况。不仅为易地扶贫搬迁工作注入了强大动力，而且对推动乡村全面振兴都具有重大意义。

“六个坚持”是易地扶贫搬迁的根本遵循。包括坚持省级统贷统还，市县集中精力抓搬迁；坚持贫困自然村寨整体搬迁为主，精准落实搬迁对象；坚持城镇化集中安置；坚持以县为单位集中建设，规范工程项目管理；坚持不让贫困户因搬迁负债；坚持以岗定搬、以产定搬，精准落实就业与产业脱贫。“五个三”是易地扶贫搬迁的总体要求。包括盘活承包地、山林地和宅基地三大资源，统筹就业、就学、就医三大民生问题，衔接低保、医保和养老保险三类保障，建设经营性公司、家庭农场、公共服务站三个场所，建立集体经营、社区管理服务、群众动员组织三种机制服务群众。“五个体系”是易地扶贫搬迁的后续扶持政策架构，突出党建引领，紧扣政治融合、经济融合、社会融合和文化心理融合的内在要求，即通过构建基本公共服务、培训和就业服务、文化服务、社区治理和基层党建这五个体系促进群众尽快融入安置地的生产

生活。

在这一政策体系中，贵州省把握住了易地扶贫搬迁过程中的三个关键环节：将迁出地留存资产盘活，选择城镇等易发展环境进行安置，多种方式帮助搬迁群众实现就业。迁出地留存资产如何处置是搬迁群众最关心的问题之一，盘活“三块地”为此提供了典型示范。在合理确权的基础上，政府通过发展种植业等措施盘活承包地，通过发展林下种养业、鼓励林地入股、集体林权制度改革等措施盘活林地，通过宅基地复垦复绿、土地流转、纳入退耕还林等措施盘活宅基地。“三块地”的盘活实现了搬迁群众的发展资源积累，使他们搬迁更加安心。在迁入地的选择上，贵州省坚持城镇化集中安置，从根本上帮助搬迁对象断穷根。在城市化发展背景下，城市环境相较而言具有经济要素集聚功能强、创业就业机会多、人口承载容量大等特点。如赤水市天苑新城将搬迁对象集中安置于县城，有助于其享受与城市居民同等的基本公共服务与发展条件，更快融入城市经济发展，实现就业增收。群众搬迁后的能力积累和就业发展是易地扶贫搬迁最重要的部分，对此，贵州省一方面坚持以岗定搬，搬迁前做好“双向调查”，根据安置地可提供就业岗位和安置容量确定搬迁规模，同步为搬迁群众配套建设相关脱贫产业；另一方面，积极通过就业技能培训、开发岗位、支持和鼓励自主创业等多种措施帮助搬迁对象落实就业，实现搬迁对象由传统的农民向产业工人、新型服务业人员等转变，以精准落实搬迁对象每户 1 人以上的就业目标。

（五）聚集多方帮扶力量，构建生态扶贫治理体系

在贵州省的生态扶贫工作中，生态建设行动、易地扶贫搬迁、生态产业发展并非独自成章而是相互关联的，同时这些生态扶贫举措也与就业扶贫、金融扶贫、社会保障扶贫等举措联动发力，共同助力脱贫攻坚战的顺利开展。如配合退耕还林工程的开展，探索石漠化区域的林下经济产业发展脱贫途径；又如将重点自然生态保护区核心区的贫困群众纳入易地扶贫搬迁计划；或结合森林防护的需要，设立生态护林员等公益

岗位推进就业扶贫。总的来说，生态扶贫工作需以增强贫困群众参与及获得为根本出发点，围绕可持续生态这一核心，综合利用各项扶贫举措，实现生态保护和脱贫攻坚的有机结合。

同时，贵州省在推进生态扶贫工作时注意凝聚多方帮扶力量。内部组织建设、东西部协作、社会力量帮扶等构成了贵州省生态扶贫工作强大的支撑体系。首先，贵州省连续32年从各级机关选派干部，组成党建扶贫工作队赴扶贫开发工作重点县和贫困村驻村开展帮扶。按照党群干部进弱村、政法干部进乱村、经济干部进穷村、农业干部进产业村、科技干部进专业村的原则，精准选派干部驻村帮扶。其次，省市县成立东西部扶贫协作领导小组或工作专班，与帮扶城市签订扶贫协作框架协议，建立完善高层联席会议制度。与帮扶城市加强人才交流，聚焦资金使用，推进产业合作，深化劳务协作等。最后，配合做好中央单位定点帮扶及其他社会力量帮扶。积极配合中组部等39家中央单位做好定点帮扶，落实帮扶单位引进项目；推进民营企业“千企帮千村”精准扶贫行动；发挥军队、武警部队优势，积极投身地方脱贫；开展国际减贫交流合作，实施世界银行贷款扶贫项目。

附件

专栏一：江口县太平镇快场村创建“垃圾兑换银行”，创新卫生治理模式

快场村位于铜仁市江口县太平镇东北部，地处武陵山脉主峰、世界自然遗产及国家5A级旅游景区——梵净山山脚。快场村采取“收垃圾、存积分、兑奖品”的方式创建了“垃圾兑换银行”，引导村民搜集垃圾、分类装袋，再交给“垃圾兑换银行”，然后按种类和重量计算兑换绿色积分以赚取“利息”，即获取书包、跳绳等学习体育用品或是香皂、洗衣粉等日常生活用品。此外，每季度在组与组，每月在户与户、

人与人之间实施“环卫整治大比武”活动，对优胜的户和组分别奖励100—1000元不等，并授予模范村民组、整洁之家或“环保卫士”称号。对年内四个季度被评为“环保卫士”的村民奖励1000元。通过这种方式，快场村改变了原本以罚款、惩罚等方式为主要手段的乡村生态治理模式，转向以“垃圾兑换银行”“环卫整治比武”等形式为主的基于正向激励构建的乡村生态治理模式，有效提高了村民自觉参与生态治理、生态保护的积极性和主动性，同时提升了村民的基本素质，美化了人居环境。

专栏二：毕节市黔西县美丽乡村建设与就业扶贫相结合

黔西县开展了村子、寨子、房子、院子、样子“五子”整治行动以改善农村人居环境，通过处理生活污水、危房修缮、抓好房前屋后保洁等手段提升农村生活环境品质。此外，黔西县利用生态补偿资金设置了包括护林员、护河员等在内的“10＋N个一批”公益专岗来维护生态环境，用其他扶贫资金设置了保洁员来维护人居环境，这不仅能帮助贫困户通过就业实现稳定脱贫，还益于协调推进美丽乡村建设。其中对村子的整治行动中，围绕“通村通组路清洁，没有粪便土和叶，村级阵地搞干净，公共区域好休歇”的目标，重点突出通村通组路、办公场所、公共区域保洁，投入4663.4万元，明确1254名贫困户家庭人员作为县、乡、村道公路管理员（保洁员）定期打扫公路卫生，并依托公安“天网”工程，适时对乡镇集镇区和重点区域进行环境卫生调度，定期发动镇村干部对街道、巷边环境、办公室等进行大扫除，开展路边垃圾、户外广告、占道经营专项整治，“村子”面貌焕然一新。

专栏三：剑河县挖掘生态产业，促进生态资源有效转化为经济效益

剑河县位于黔东南州中部，是国家扶贫开发工作重点县，也是贵州省16个深度贫困县之一。剑河县发展早期，由于靠近水库，主要通过把农民变渔民的方式发展渔业，但由于过度捕捞，对生态环境破坏严重，遂划定了捕捞红线，并转而挖掘其他生态产业。2017年，剑河县借助东西部扶贫协作，通过招商引资渠道吸引了剑荣菌业公司、珍源公司等龙头企业入驻领办食用菌产业；同年，逐步整合当地的农业资源，调整农业结构，挖掘了中药材、小香鸡、生态猪三大生态农业产业。截至2019年，剑河基本形成了以食用菌为主，钩藤、小香鸡、生态猪同步发展的“1+3”产业布局，有效挖掘了当地的生态农业资源，并转化为经济效益。剑河县紧紧围绕“生态脱贫·绿色发展”战略目标，以四大产业为核心，促进一二三产业融合发展，拓展农民增收渠道。至2018年12月，食用菌种植面积达4500余亩，产量1.25万吨，产值达2.1亿元，带动了贫困户2万余人实现增收；以小香鸡为主的家禽养殖存栏80万羽以上，出栏138万羽以上，生态家禽总产值达1.06亿万元以上，带动贫困人口7000人增收；2019年新增8800亩钩藤种植任务，累计钩藤种植面积11.8万亩，钩藤鲜枝条产量2000吨，剑河县按照10元/公斤的保底价进行收购，产值3600万元，带动贫困人口3750余人增收；生猪出栏15万头以上，其中香猪出栏3.3万头，实现生猪产值1.4亿元以上，全县共有254个生猪养殖合作社及33户家庭农场，带动贫困人口1500余人增收。其中食用菌产业在稳步推进贵州剑河珍源生态农业发展有限公司食用菌种植的基础上，通过“政府+公司+基地+合作社+农户”模式引进了贵州剑荣菌业有限公司。两家食用菌公司的进驻，促进了剑河县食用菌产业健康有序发展。珍源公司通过统一规划、统一生产、统一菌种发放、统一技术标准、统一品牌认证、统一保险、统一保底收购、统一菌棒回收的“八统一”模式计划种植大球盖菇、茶树菇、羊肚菌3000余亩。贵州剑荣菌业有限公司在南高修建26个智能恒温长菇房及7个阳光智能大棚，占地面积39.18亩，年种植鸡纵菌包220万包、香菇木耳菌包140万包。占地200亩五河食用菌种植示范基地和占地240亩剑河县食用菌产业园正在建设中。小香鸡产业通过招商引资引进贵州新东乡公司，准备建设原种培育、扩繁、技术培训等功能于一体的生态鸡种苗原种场，并执行轮牧的养殖方法，发展产业的同时也兼顾了当地生态的保护。

专栏四：遵义市赤水市赤天化纸业股份有限公司延长竹资源产业链

公司利用竹子生产竹浆和竹产品如社会用纸等，拥有一条年产26万吨的生产线，是目前世界上最大产能的单条生产线。赤水市具有优越的生态自然环境，竹资源尤为丰富，并且竹4—5年成熟成林后每年都能够进行开采，采得越多返长越好，因此竹资源是一种良好的生态经济资源。基于这一生态优势，发展竹加工产业能够促进竹资源的维持和积累；同时公司采用绿色加工工艺，以环保作为品牌优势进行宣传推广，在维护本地生态环境的同时做到产品质量领先。

在对竹资源产业链的延长上，公司主要业务是对竹资源的初级加工，上游承接了本地竹种植业，利用工业反哺农业，下游正在探索朝更多竹加工方向前进。与上游对接的方式是：村集体合作社或农民个人栽种采伐，然后送至本地切片厂，切片加工后由切片厂送到公司，公司采购竹片。下游产品包括：竹浆板、原纸、纸巾、包装盒等等。

专栏五：江口县引进贵茶集团，延长产业链，全力推进生态茶产业发展

江口县按照“政府引导、群众参与、企业带动、市场运作”的原则，围绕“以点连线、以线扩面、整合资源、集中连片、示范带动、打造亮点”的发展思路，通过引进省外有实力的茶叶企业带动基地建设、解决茶叶加工和销售的发展模式问题，全力推进生态茶产业发展。自2007年秋起步以来，该县紧紧围绕建设20万亩生态茶园的奋斗目标，开始大规模发展生态茶产业。同年，省委、省政府将江口县列为全省42个茶业重点县之一；2012年，被国标委列入国家级绿茶标准化生产示范县；2013年，被省政府列为全省28个茶叶发展重点县，并被省茶产业发展协调领导小组评为茶叶品种搭配最合理的县；2014年，成为铜仁市茶青下树率最高和招商引资企业最多的产茶县之一；2015年，中央台财经频道《经济半小时》“小丫跑两会”栏目专题报道江口县茶叶生产发展成果。经过几年的不断努力，全县茶产业已实现从无到有、从小到大发展目标，现正向着茶叶大县迈进。2017年，中央台农业频道“聚焦三农”栏目再次报道江口县茶产业发展建设效益。截至2017年，已新建生态茶叶基地14.8万亩，无公害茶园认证面积达到100%。组建了茶叶专业合作社68个，引进和发展茶叶企业52家，建设茶叶加工厂32个、生产线61条。培育省级产业化龙头企业3家、省级扶贫龙头企业6家。建成茶园基地20万亩，建设1个省级茶产业示范园区，打造两大公共品牌（江口翠芽、武陵藤茶），形成3条产业带（坝盘—怒溪—太平8万亩旅游观光茶园产业带、双江—闵孝—德旺6万亩特色名优茶产业带、民和—官和4万亩优质绿茶产业带），建成4个万亩茶园示范村（骆象村、都村村、黄柏山村、茶寨村）。实现农业人口人均一亩茶。其中怒溪骆象茶叶园区于2014年建成省级茶叶示范园区，江口翠芽、武陵藤茶商标注册和地方标准制定工作已完成，3条产业带已初具规模，12个茶叶专业村已基本建成，且品种科学布局形成了以福鼎大白、安吉白茶、龙井43、金观音为主，浙农117、香山早、铁观音等国家级优良品种为辅的良种搭配，实现了高端茶、中端茶和出口茶生产品种的合理搭配结构，被省茶产业联席办公室认定为全省品种搭配最好的茶叶县之一。全县茶产业从最开始的只有种植与粗加工到现在完整的产业链和贵茶龙头企业带领下形成的品牌效应，江口县现计划将按茶产业全产业链发展要求，突出“全产业链投资、全利益链联结、全要素链组合、全流程链优化、全责任链压实”，形成以贵茶集团为龙头，全县所有茶叶企业加入联盟的共同体，加快推进抹茶产业发展。确保到2020年建成茶园基地20万亩以上，投产茶园突破13万亩，新建设抹茶生产线100条，茶叶加工厂突破100个，茶叶总产量达2万吨以上，产值18亿元以上，6200户1.92万贫困人口通过茶产业发展实现稳定脱贫，打造世界抹茶之都。

第八章

贵州社会保障扶贫的经验

摘　要

社会保障制度带有天然的反贫困效用。贵州是全国贫困人口最多、贫困程度最深的山区省份，其复杂多样的贫困特征决定了社会保障制度是贵州重要的反贫困措施之一。为了针对省内贫困特征有效缓解贫困问题，贵州省以脱贫攻坚统领全省经济社会发展大局，并且创新性地颁布了《贵州省大扶贫条例》统领全省减贫工作，以法律条文的形式呈现出大扶贫要求和构建大扶贫战略，为全省社会保障政策体系的完善提供了较高层次的法律文件的支持和方向指引。在此基础上，贵州省逐步建立起多重保障的社会救助制度体系兜底扶贫、社会保险扶贫以及社会福利和社会服务减贫的社会保障减贫格局。同时，贵州省大胆探索，立足城乡统筹建立健全高质量、高精准、多给付形式的社会救助制度体系，以综合性保障扶贫应对多维贫困，并立足本地文化探索“文化＋就业”形式帮扶就业困难群体，从质量、针对性等方面形成一系列本土化的社会保障减贫做法，取得显著成效。然而随着社会主要矛盾的转变，贵州省的社会保障制度及其减贫建设将面临新的挑战，亟待从以下几方面逐步过渡和优化：逐步探索社会保障减贫的制度主流化；强化益贫式社会保险制度体系建设；给予弱势群体和弱能群体更多政策关怀；建立起以村庄/社区为基础的多层次公共服务供给体系。

贵州省是中国贫困人口大省之一，也是中国脱贫攻坚的主战场之一。社会保障兜底是中央顶层设计的“五个一批”脱贫措施中的最后一批。脱贫攻坚以来，贵州省以脱贫攻坚统领全省经济社会发展大局，深入落实和贯彻党中央关于社会保障扶贫的政策设计，并且针对贵州贫困特征，从质量、针对性等方面形成一系列本土化的社会保障扶贫做法，为我国其他省区扶贫工作提供了参考借鉴，也为2020年后中国扶贫工作提供了政策探索和经验基础。

一、贵州贫困状况及社会保障扶贫的逻辑起点

贵州是全国贫困人口最多、贫困程度最深的山区省份，其复杂多样的贫困特征决定了社会保障制度是贵州重要的反贫困措施。

（一）贵州贫困状况与特点

贵州省地处云贵高原，境内多山脉，并且多深山区、高寒山区，是地质灾害易发区。受气候和复杂的地形等因素影响，省域内灾害性天气种类也较多，干旱、秋风、凌冻、冰雹、滑坡、泥石流等自然灾害频发，地区农业生产风险大。全省仍有大量居民居住在生存条件恶劣、生态环境弱的地方，抗逆力弱，缺乏有效应对各种风险的能力，需要更多保障性社会政策关怀。从贫困人口特征来看，2012年贵州省贫困人口数量达923万，贫困面积大、程度深。到2015年底，仍有493万贫困人口，是全国贫困人口数量最多的省份，占全国贫困总人口的8.77%，

全省 88 个县（市、区、特区）中，贫困发生率在 10% 以上的有 61 个。[①] 其中疾病是最主要致贫原因，因病致贫比例高，折射出贵州省贫困人口疾病风险高和医疗保障不足的问题。此外贵州省贫困人口还具有以下特征：患病率高、残疾以及幼年化和老龄化，脆弱性强；贫困人口整体受教育水平偏低，人力资本相对薄弱，市场竞争力和风险应对能力均较弱。同时，贵州省还面临着明显的老龄化、高龄化和空巢化的人口趋势。2017 年底，贵州全省 60 周岁以上的老年人口达 573.5 万人，是总人口的 16%，其中近 20% 的为失能、半失能老人。[②] 贵州省的贫困结构特征和老龄化、高龄化趋势都对社会保障制度提出了迫切的需求。这也决定了贵州省亟须完善的社会保障政策体系支持脱贫攻坚以及未来农村社会的发展。

（二）社会保障扶贫的理论逻辑及其政策话语体系

贫困具有多维性，发生的原因也十分复杂。从风险视角来看，贫困的发生是因为个体或者家庭的脆弱性较高，当受到风险的冲击时，受冲击者难以及时通过各种方法将其化解，从而导致自身或家庭出现收入水平断崖式下降。如果在较长一段时间内这种下降水平没有被及时弥补，那么这种短期性的贫困问题就会逐渐转化为长期性贫困，从而从根源上进一步降低个体或家庭的抗风险能力，直至产生贫困的恶性循环。社会保障制度正是一种可以从整体上提升个体或家庭抗风险能力的制度设计。

现代社会保障制度起源于英国以及德国，其中社会保险的初衷是为了给予劳动者更好的工作保护，而社会救助、社会福利则是为了保障社会底层人民的基本生活需求。因此，社会保障制度天然带有了反贫困效

① 《贵州省贫困现状分析》，http：//www. gz. stats. gov. cn/tjsj_ 35719/tjfx_ 35729/201610/t20161024_ 1168278. html，贵州省统计局网站，2016 年 10 月 11 日。

② 《贵州发挥民政兜底作用助推脱贫攻坚显成效》，中国民政部政务微信公众号，https：//mp. weixin. qq. com/s/sU6R8mGRR - X92pAStT4umQ，2019 年 3 月 28 日。

用。从社会保障制度构成部分来看，各个部分的减贫逻辑既有共同点，也各具特色。具体来说，社会保险强调收入与贡献对等，[①] 实际上是一种将个人投入汇聚为社会风险防御池、从而降低单个个体所受的风险冲击强度的机制；社会救助与社会福利都以政府为主、社会力量参与为辅，通过给予被救助者现金转移支付等形式保障其基本生存需求，但社会救助更强调与被救助者家计情况相挂钩，[②] 而社会福利则更强调与被救助者先天生理条件以及所处区域相挂钩。社会保障的各个组成部分相互配合，不同的作用机制从多维度、以多形式应对不同种类的风险，为个体或家庭建立起完善的抵御社会风险的屏障，从而最终减少贫困现象的发生。

尽管各国社会保障制度体系具体的政策设计各有特点，但其产生的作用机理大体相同。我国社会保障制度体系分为社会保险、社会救助、社会福利以及优抚安置四大部分，在制度建立初始就已形成城乡二元制度格局。进入新世纪以来，二元分立的城乡社会保障制度格局开始逐渐融合。农村地区社会保障制度体系尽管建立和发展时日尚短，但由于我国政府的高度重视，在短短数十年内已经基本达到了覆盖全民、保障水平与社会经济发展水平相适应的制度目标，中国的社会保障制度所取得的成就举世瞩目。社会保障制度的完善既是减贫发展的目标，也是减贫发展的手段。脱贫攻坚期间，社会保障制度的减贫功能得到高度重视和发挥。习近平总书记在2015年中央扶贫开发工作会议上的讲话中指出，2020年之后中国难免还有完全或部分丧失劳动能力的贫困人口，需要社会保障来兜底。[③] 2017年的中央农村工作会议上，习近平总书记又指出要加快织密筑牢民生保障安全网，把没有劳动能力的老弱病残等特殊

---

① 左停、赵梦媛、金菁：《路径、机理与创新：社会保障促进精准扶贫的政策分析》，《华中农业大学学报（社会科学版）》2018年第1期。

② R. Walker, *Social Security and Welfare: Concepts and Comparisons*, Maidenhead: Open University Press, 2005: 89.

③ 中共中央党史和文献研究院：《习近平扶贫论述摘编》，中央文献出版社2018年版。

贫困人口的基本生活兜起来，强化保障性扶贫。[①]《中共中央 国务院关于打赢脱贫攻坚战三年行动的指导意见》中提及要建立以社会保险、社会救助、社会福利制度为主体，以社会帮扶、社工助力为辅助的综合保障体系，为完全丧失劳动能力和部分丧失劳动能力且无法依靠产业就业帮扶脱贫的贫困人口提供兜底保障。扶贫政策话语体系已经从以开发式扶贫为核心的扶贫开发转向开发式扶贫与保障性扶贫统筹推进。今后两年，顶层设计要实现“三个转变”，其中之一就是从以开发式扶贫为主向开发式与保障性扶贫并重转变。[②] 2020 年 3 月 6 日，习近平总书记指出，要加快建立防止返贫监测和帮扶机制，对脱贫不稳定户、边缘易致贫户以及因疫情或其他原因收入骤减或支出骤增户加强监测，提前采取针对性的帮扶措施，不能等他们返贫了再补救。社会保障具有很强的贫困预防功能，是制度化的防止贫困的帮扶措施，也给脱贫攻坚以及 2020 年之后的扶贫工作和社会政策制定指明了方向。

二、贵州政府部门社会保障扶贫政策安排及政策创新

贵州省不仅全面贯彻落实扶贫顶层设计中关于社会保障减贫的制度安排，并且针对贵州贫困特征，从提升减贫质量和针对性等方面形成一套社会保障减贫政策体系。

（一）以《贵州省大扶贫条例》为标志的大扶贫战略的形成

贵州省高度重视脱贫攻坚工作，结合省内实际情况制定了《贵州省大扶贫条例》，废止了原先的《贵州省扶贫开发条例》，将脱贫攻坚作为全省头等大事和第一民生工程，以脱贫攻坚统领经济社会发展总局。围绕《贵州大扶贫条例》这一省级统领性扶贫政策文件，贵州省

---

① 中共中央党史和文献研究院：《习近平扶贫论述摘编》，中央文献出版社 2018 年版。

② 黄承伟：《我国新时代脱贫攻坚成果阶段性成果及其前景展望》，http：//www. aisixiang. com/data/115552. html，爱思想网，2019 年 3 月 17 日。

形成了“1+4”的脱贫攻坚政策体系，在全省范围内逐步形成了大扶贫格局。而截至2019年3月，其他省区的省级扶贫指导性文件大多依然是扶贫开发条例等。更重要的是，贵州省以法律条文的形式呈现出大扶贫要求，为全省未来的扶贫工作奠定了牢固的法律基础。相比较于其他省区的省级统领性扶贫文件，《贵州省大扶贫条例》已然是一个扶贫治理的巨大提升和创新。

“大扶贫”战略既是对中央扶贫政策顶层设计的有力贯彻，也是对贵州省内贫困特征变化的积极回应。这一战略将扶贫工作提升为全省工作的重中之重，构架了更大的扶贫格局，具体在扶贫对象范围、扶贫参与面、扶贫措施力度、保障监督力度等方面都充分体现了“大扶贫格局”。《贵州省大扶贫条例》明确扶贫对象为“符合国家扶贫标准的贫困人口”，与《贵州省扶贫开发条例》中规定的“符合国家扶贫标准且具备劳动能力的农村居民”相比，去除扶贫对象是否具有劳动能力的限定。并且在第三十二条中明确了低保等社会救助制度与扶贫开发政策相协调的要求及方向。这些规定表明贵州省扶贫理念的重要转变，即不再将扶贫开发仅视为对有劳动能力的贫困人口的开发式扶贫，而是更具包容性地将无劳动能力或弱劳动能力的贫困人口也作为扶贫开发的重要对象，这也意味着政府将更加重视设立和实施社会保障等保障性扶贫举措。《贵州省大扶贫条例》在致力于实现扶贫对象生活水平提升和贫困人口稳定脱贫的政策目标的同时，也强调对扶贫对象的发展权、选择权等权益的保护，彰显了保护权益等政策价值导向。即贵州省在帮助贫困户增收的同时，还关注更高层次的贫困人口赋权问题。总之，《贵州省大扶贫条例》的颁发标志着贵州省大扶贫格局的形成，为全省社会保障政策体系的完善提供了较高层次的法律文件的支持和方向指引。

（二）贵州一级社会保障扶贫政策安排

中国社会保障体系涵盖了社会救助、社会保险、社会福利等子项目。各省区在此框架基础上构建社会保障制度体系和社会保障减贫制度探索。

1. 多重保障的社会救助制度体系兜底扶贫

社会救助是我国反贫困中最后一道保障线。贵州省认真贯彻落实“大扶贫”战略决策部署，建立健全低保对象精准进入、精准退出机制和渐退机制，严格实施低保金补差发放。同时，从政策、标准、对象、管理四方面健全两项制度衔接机制，充分发挥社会救助制度在脱贫攻坚中的兜底作用。一方面，连续四年逐步提高低保、特困人员供养、临时救助等兜底性制度的标准。2019 年农村低保平均标准达 4220 元/年，2020 年计划达到 4500 元/年。另一方面，定期开展农村低保对象和贫困人口信息比对，实现“应保尽保”和“应扶尽扶”。截至 2018 年 10 月，贵州全省有建档立卡剩余贫困人口 3032188 人，低保人口 2255918 人，其中低保贫困人口 1615717 人，分别占剩余贫困人口和低保总人口的 53. 29% 和 71. 62%；全省特困人员 86541 人，其中贫困人口 61283 人，占比 70. 81%。为了进一步强化低保兜底脱贫功能，2019 年贵州省民政厅、省财政厅、省扶贫办联合制发了《关于在脱贫攻坚三年行动中切实做好社会救助兜底保障工作的实施方案》，对将贫困人口纳入低保给予政策倾斜，明确从收入抵扣、对建档立卡贫困户中的特殊群体实施分类施保、建立健全低保渐退机制等方面，强化低保制度的兜底脱贫功能。尽管贵州脱贫攻坚取得很大进展，很多人口实现脱贫，2019 年仍有 171. 2 万建档立卡贫困人口（含 90 万已脱贫人口）依靠低保、特困人员救助供养和孤儿救助项目的支持。

贵州省贯彻党中央相关要求，面向深度贫困地区和特殊困难群体给予更多政策关怀。制发实施《关于深入推进深度贫困地区和特殊贫困群体民政兜底脱贫工作的实施意见》，将深度贫困地区作为各项民政项目和资金分配因素单列并加大权重。对农村低保对象中的老年人、残疾人、重病患者等特殊困难群体实施分类施保和增发低保金。统计显示，2018 年，全省享受分类施保的特殊困难对象有 143. 4 万人。此外，贵州省也高度重视特困人员供养制度建设和健全，以及大胆探索社会救助与易地扶贫搬迁制度衔接。

贵州加强社会救助制度的动态调整和发挥临时救助制度助推“三保障”。2020 年 3 月，贵州省民政厅、省财政厅、省扶贫办出台了《关于在脱贫攻坚兜底保障中充分发挥临时救助作用的实施意见》，防止因疫情造成贫困问题。在脱贫攻坚期间，贵州省也依据低保标准与物价上涨指数挂钩联动的要求，及时调整低保、特困人员供养和残疾人两项补贴等救助标准。

2. 社会保险扶贫

在贵州省的脱贫攻坚过程中，社会保险政策体系在医疗保障、养老保障以及综合性风险防范等方面起着不可替代的作用。2018 年 1 月，贵州省印发了《关于切实做好社会保险扶贫工作的实施意见》，其中对于贫困人口参加社会医疗、养老、失业、工伤、生育保险分别做出了政策规定，对于社会保险制度在脱贫攻坚中充分发挥作用奠定了政策与制度基础。

在医疗方面，贵州省于 2003 年开始实施的新型农村合作医疗（简称新农合，现已逐步合并为城乡居民医疗保险）是防范农村居民因病致贫风险的第一道防线，在补偿医疗支出方面起到了基础性的作用。2015 年起贵州开始实行的大病保险制度进一步补足了贫困人口在新农合报销之后仍然存在的巨额大病医疗支出。2016 年，贵州省印发了《贯彻落实〈关于实施健康扶贫工程的指导意见〉的实施方案》，其中规定农村建档立卡贫困人口在使用新农合与大病保险报销时，不仅可以享受提高报销比例（新农合每档的报销比例提升不低于 5%、大病保险报销比例提升不低于 10%）、降低起付线（新农合减免经转诊住院起付线、大病保险起付线降低不低于 50%）的报销优惠政策，还包括了扩大可报销病种范围、资助参合费用等措施。

在养老方面，贵州省对于贫困人口参与养老保险的优惠与帮扶政策分为减轻参保负担、提高待遇水平以及养老金收入豁免三方面。具体来说：其一，由政府财政为建档立卡贫困人口代缴部分或全部养老保险参保费用（根据是否为深度贫困地区、是否为重度残疾人分为不同代缴额度）；其二，适时适度逐步提高城乡居民基本养老保险最低缴费标准和基础养老金标准；其三，贫困人口的养老保险收入在进行贫困人口家庭收入核算时，不计入在内。

2018 年 10 月，贵州省人社厅发布了《关于贯彻执行〈人力资源和社会保障部财政部关于使用失业保险基金支持脱贫攻坚〉的通知》，要求对贵州省深度贫困地区包括 14 个深度贫困县、20 个极贫乡镇[①]对于失业保险的补助标准、申领条件等进行适当提高和放宽，并且对于吸纳贫困人口就业的单位进行政策倾斜。此外，根据已颁布的社会保险扶贫相关政策文件，贫困人口中如有条件参加工伤保险的以及生育保险的，同样对其进行多个方面的政策支持，例如加强工伤预防、提高保险待遇、减免工伤疾病的预支付费用等。

3. 社会福利和社会服务减贫

社会福利制度不同于社会救助制度，具有一定的普惠性。但社会福利旨在提高居民的社会福祉，制度给付形式多样，可以以津贴等形式增加政策对象的收入，还可以非资金形式增加政策对象的非收入性福利，具有良好的减贫功效。中国的社会福利制度实质上具有相对普惠性，具体政策倾向于以特殊群体或区域为导向。在以特殊群体为导向的社会福利政策方面，贵州省落实农村妇女“两癌”检查项目、高龄补贴制度、重度残疾人护理补贴制度，对全省所有农村中小学义务教育学生实施营养改善计划。政府全额资助计生“两户”和部分资助符合条件的贫困人口的个人医疗保险参保费用，提高政策目标群体的福祉水平。

基层的社会服务是政府贯彻落实社会保障减贫政策的重要载体，完善的社会服务供给更有利于提升社会保障政策的减贫成效。贵州省不断

---

① 名单来自《中共贵州省委办公厅贵州省人民政府办公厅关于印发〈贵州省深度贫困地区脱贫攻坚行动方案〉的通知》（黔党办发〔2017〕24 号））和《贵州省扶贫开发领导小组办公室关于印发〈全省 2760 个深度贫困村名单〉的通知》（黔扶领办通〔2017〕9 号）。

优化基层医疗、教育等社会服务供给。2017 年，贵州省制定并实施了《贵州省“十三五”基本公共服务体系规划》，其中第六章“基本社会保险”、第七章“基本医疗公共卫生”以及关注社会特殊群体的第八章“基本社会服务”等多个章节的发展规划，都为当前以及今后一段时间社会保障政策制度发挥防贫和反贫困作用打下了良好基础。此外，贵州省还制定并实施了包括《贵州省“十三五”老龄事业发展规划》和《卫生健康服务能力提升“八大工程”行动计划（2019—2022 年）》在内的公共服务专项提升计划，为贵州省今后着力发展基本公共服务均等化指明了前进方向。

（三）贵州社会保障扶贫政策的创新及其成效

新时代我国社会矛盾已经发生转变，相应的公共政策必定要根据新的社会矛盾作出合理的调整。贵州省在深入贯彻落实农村社会保障制度顶层设计的同时，根据省内贫困人口的特征和全省扶贫工作的现实状况，在政策细节上做出了更多的创新与探索。

1. 立足城乡，统筹建立健全高质量、高精准、多给付形式的社会救助制度体系

贵州是贫困问题最为突出的山区省份，易地扶贫搬迁是该省主要的扶贫措施之一。贵州省立足城乡统筹，将相关社会救助政策的标准与城镇水平挂钩，建立一套目标瞄准性强的高质量社会救助政策体系，既保证兜稳、兜牢扶贫的底，保障通过易地扶贫搬迁实现城镇化的居民以及特困人员的基本生活，同时也在社会救助制度方面为地方城乡统筹工作做了前瞻性的探索。具体而言，一方面贵州省结合城乡统筹的发展趋势和本地易地扶贫搬迁现状，探索社会救助和易地扶贫搬迁的制度衔接，印发相关政策文件，规定易地扶贫搬迁安置房不作为纳入迁入地最低生活保障的限制条件，对符合条件的易地搬迁困难群众，搬到城镇区域的按照程序纳入城市低保保障范围，切实保障其基本生活，对易地扶贫搬迁移民中的建档立卡农村贫困人口和未纳入建档立卡范围内的农村低保

对象给予1500元/人的一次性临时救助。统计显示：2017年至2018年，全省共将24.7万易地扶贫搬迁困难群众纳入城乡低保政策范围，其中纳入城市低保8.3万人；共向65.8万易地扶贫搬迁贫困移民发放一次性临时救助金9.87亿元。另一方面，贵州省将特困人员集中供养标准和临时救助标准与城市生活水平挂钩，规定按照不低于当地城市低保标准的1.3倍确定特困人员基本生活标准，切实提高保障水平。并且参照深度贫困地区城市低保标准确定临时救助标准，以更好地应对新时代条件下临时救助出现的新需求。

同时，贵州省还根据贫困群体的不同特征和家庭发展变化实际情况，优化社会救助结构。对贫困问题更复杂的深度贫困地区以及特殊困难群体给予更多政策关怀。例如：建立深度贫困地区重点帮扶机制，加大深度贫困地区资金分配权重；强化特殊困难群体救助保障，对贫困群体中的“病老残弱”人员及其家庭和存在双重或多重困难叠加的家庭，切实做到低保分类施保、大病救助等；针对经济困难的高龄、失能老年人实施高龄失能老年人补贴制度；在满足特困人员集中供养需求的前提下，为农村低保、低收入家庭和建档立卡贫困家庭中的老年人、残疾人提供抵偿或无偿的集中托养服务。在低保家庭收入核算办法中，增设就业成本、大病刚性支出等抵扣项目。贵州省细化中央规定的“渐退机制”，为家中有人考取公务员、事业单位的，外出务工、灵活就业的，享受公益性岗位等就业救助的低保家庭建立3—12月不等的缓退期。对不在建档立卡范围内的农村低保家庭、特困人员，按要求统筹使用相关扶贫开发政策予以帮扶。

公益性岗位等社会政策本质上是鼓励政策对象以工作换福利，是一种积极的社会救助政策，在山区的脱贫攻坚发挥中着重要作用。2020年4月，贵州省人力资源和社会保障厅、贵州省财政厅制定了《关于做好公益性岗位开发管理有关工作的实施意见》，遵循“托底线、救急难、临时性、公益性”原则为难就业人员提供短时间的就业支持，建议要求在贫困乡村以极贫乡镇、深度贫困村和易地扶贫搬迁安置点为重点，优先安置建档立卡贫困劳动力和易地扶贫搬迁劳动力中的就业困难人员。贵州省鼓励地方政府在常规的生态护林员之外，积极创设更多合适的公益性岗位，例如赤水市设立的“五员”公益性岗位[①]和黔西县的“10 + N 个一批”公益专岗。同时，贵州省积极拓展公益性岗位的资金来源，合理整合就业补助资金、以工代赈资金以及县乡财政，为该制度提供资金保障。此外，贵州还对低保对象中的季节性缺粮户进行粮食救助。统计显示，2018 年，全省发放救助粮 3454 万斤。

2. 综合性保障扶贫应对多维贫困

综合性扶贫保险是地方政府在扶贫过程中探索出的一种“模块组合”型的保险模式，其通过政府与商业性保险公司合作，以农村建档立卡贫困人口以及贫困线边缘人口为主要保障对象，力求达到帮助参保对象多角度应对生产生活中的风险、防止返贫以及边缘人口落入贫困的目的。由于综合性保险具有灵活性强、方便贫困户理解保险内容、防贫目的明确等多种优点，综合性防贫保险近年来在多地均有形式多样的实践，例如安徽省[②]、湖南省[③]、河北省[④]等，各地具体名称和保险设计不一，但都具备“外部一揽子、内部菜单式”的形式特点，保费多由政府财政承担。

贵州省扶贫办于 2018 年 10 月与中国人民财产保险贵州省分公司联合印发了《深度贫困地区扶贫保险试点工作的实施方案》（简称“深贫保”），在贵州省 14 个深度贫困县和“保险精准扶贫示范县”先行试点，再逐步推开。贵州省“深贫保”是针对省内深度贫困地区开发的

---

① “五员”公益性岗位即护路员、护河员、护林员、护洁员、协理员。

② 《我市“深贫保”首例理赔兑现贫困户 5 万元》，http：//v. ahbztv. com/Content_ Cter/dianbo/xinwenlianbo/2018/10/1540561014215. shtml，亳州视听网，2018 年 10 月 21 日。

③ 《湖南省财政厅关于深度贫困地区开展扶贫综合保险试点的通知》，http：//www. hunan. gov. cn/xxgk/wjk/szbm/szfzcbm_ 19689/sczt_ 19750/gfxwj_ 19751/201812/t20181229_ 5251173. html，湖南省人民政府网，2018 年 9 月 26 日。

④ 《“防贫保险”让河北魏县再无新增贫困人口》，http：//www. xinhuanet. com/mrdx/2018 - 09/07/c_ 137451369. htm，新华网，2018 年 9 月 7 日。

“1+2+N”模式的综合性保险方案。具体来说，“1”为普惠金融，注重探索保险资金的融资新模式；“2”为农业保险与扶贫救助险，建立农户生产生活的风险防范体系；“N”为各地因地制宜地选择其他涉农保险，全面增强农户的抗风险能力。

与其他地区相比，贵州省的综合性扶贫保险的特点是更加强调对于深度贫困地区发展农业产业的支持以及风险的化解，将解决农业产业“融资难、融资贵”的问题考虑在内，这与贵州省总体上注重产业就业扶贫的发展传统相一致。贵州省“深贫保”开展试点工作的时间尚短，政策落地和产生反贫困的效果仍需一段时间，但由于贵州省“深贫保”模式的设计既体现了本省扶贫事业的特色，又尊重了各个试点县的灵活自由探索，因而未来“深贫保”在助推深度贫困地区产业发展、防止新增贫困人口方面发挥更大的作用是可以预期的。

3. 立足本地文化探索“文化+就业”形式帮扶就业困难群体

农村贫困家庭中的妇女就业具有一定的特殊性。在建档立卡贫困人口受教育水平普遍不到高中的大背景下，贫困妇女的文化程度同样较低，无法从事科技或技术含量较高的职业；对于大多数贫困妇女来说，照顾家中老人和子女是生活的重心，由此决定了其无法长期离开家庭接受技能培训、外出务工；女性的自身的生理特征又进一步限制了其能够从事的职业范围。

为弘扬传统文化、打造更适合女性的就业扶贫项目，贵州省人民政府于2013年印发了《省人民政府办公厅关于实施妇女特色手工产业锦绣计划的意见》，并由省妇联牵头，在全省范围内开始实施“锦绣计划”。锦绣计划以培育绣娘人才、探索多样化产业模式、打造文化品牌、延长产业链条、扩大对外开放等工作为重要抓手，力求达到培养一批专业人才、帮助一批贫困人口就业脱贫、实现一定体量的产值以及培育一批本土化优强企业和专业合作社的目标。

“锦绣计划”实施以来，累计投入专项资金8500万元，整合联席会议成员单位资金近10亿元，培育发展了妇女特色手工企业和专业合作社达到1354家，妇女手工业产值达60亿元。当前，“锦绣计划”已成为贵州省独具特色的就业脱贫工作抓手，不仅为难以外出就业的贫困妇女提供了就业门路，还吸引了外出务工就业的妇女返乡就业创业，这在一定程度上缓解了留守老人和留守儿童的问题，维护了家庭的完整与和谐。此外，贵州传统民间刺绣艺术也因为年轻血液的注入而得以焕发活力，大量刺绣艺术的非遗传承人也因此获得了广阔的发展空间。“锦绣计划”不仅为就业困难群体提供了包含文化意蕴的就业脱贫路径，也产生了广泛的积极社会效应，是将地方传统文化与扶贫相结合、打造可持续的脱贫方式的典型做法。

三、贵州社会保障扶贫的市县基层创新实践

在中央和省级相关扶贫文件的指导下，贵州省地方政府根据具体县情，创新或进一步细化政策实践，产生了良好的效益。

（一）高质量的特困人员供养政策为特困人员提供兜底保障

特困人员供养制度是新中国成立以来中国农村最早开始实施的具有减贫作用的社会保障制度之一。受多种因素影响，该制度一直以分散供养为主，集中供养比例较小。贵州省集中供养标准已实现与城镇生活指标挂钩，但分散供养的标准尚未与城镇生活水平挂钩，且远低于集中供养。以更高标准的集中供养方式解决特困老人对供养问题更能有效地保障特困老人的基本生活，提高其福祉。敬老院作为辐射所在乡镇辖区的养老服务中心，机构内空余床位有条件地向独居、失能、高龄等特殊留守老年人开放，既能提升资源利用率，也可以有效缓解、解决老年贫困问题，以此更好地解放家庭劳动力，部分解决家庭劳动力就业的“后顾之忧”。赤水市在解决老年贫困问题上大胆探索，实施特困老人全面集中供养和敬老院对边缘群体低偿开放，探索出了一条创新型、发展型、和谐型的社会保障兜底脱贫路径。

案例：

赤水市实施特困老人全面集中供养和面向边缘老人低偿服务

赤水市从水平、服务内容和政策范围三方面探索特困人员兜底和老龄化应对。一方面，赤水市立足高标准水平进行供养。2018 年特困人员基本生活标准达到9924 元/年，比2017 年提高6%；全护理、半自理和全自理照料护理标准分别达 20160 元/年、12096 元/年、4032 元/年。另一方面，赤水市实行特困人员全面集中供养。具体通过落实乡镇包保责任制，分类实施供养政策，有自理能力的特困人员采取体验生活、试住、轮流疗养等方式在院内集中居住，因身体原因等不适宜、不具备在敬老院集中居住条件的特困人员采取由乡镇敬老院委托照料护理方式落实供养政策。2018 年，赤水市 862 名特困人员全部纳入乡镇敬老院集中供养，集中供养率达 100%。同时，赤水市在满足农村特困老人全部入住的需求后，进一步将乡镇敬老院空余床位面向所有城乡空巢老人、失能半失能老人开展低偿养老服务。赤水市将大同镇、宝源乡等 4 家敬老院实行公建民营，同时其他敬老院也利用空余床位开展社会养老服务，以低价有偿服务的方式为全市 368 名困难低保人员、优抚对象、空巢老人提供社会养老服务，为在外务工、生产经营人员解决家中老人无人照料的问题。

赤水市高水平、全面供养的做法有利于特困人员享有更高水平的生活保障，也对政府和相关机构供养能力提出挑战，使地方政府和机构更致力于提高集中供养的能力。同时，将敬老院适当对有需要的边缘贫困家庭的老人有偿开放，也能适当减轻边缘贫困家庭的负担。赤水市在特困供养制度方面的探索，既更好地服务了特困人员，也为应对老年贫困问题做出了有益探索。

（案例来源：根据实地调研资料整理）

（二）覆盖学前教育和义务教育的“校农结合”营养改善计划

为解决农村中小学生营养不良问题，2011 年秋，国务院颁发《关于实施农村义务教育学生营养改善计划的意见》，启动实施学生营养改善计划，并在集中连片特困地区展开试点。根据政策要求，中央财政按照每生每天 3 元的标准为试点地区农村义务教育阶段学生提供营养膳食补助。贵州结合省内的贫困状况，探索出一条独具特色的“校农结合”学生营养改善运作模式，即将学校农产品需求与农村产业结构调整精准对接，以“学校 + 公司 + 合作社 + 农户”的形式，由农户和合作社根据学校订单种植养殖农副产品，公司集中收购配送到校，加快推动营养改善计划从“吃得饱”向“吃得好”转变。[①] “校农结合”有效解决了贫困地区农产品“规模小”“销售难”问题，贫困地区农产品基本实现“尽产尽销”，初步实现了学校后勤有保障、贫困人口有增收、食材质量有提升的多赢局面。经统计，到 2018 年底，贵州省已实现 66 个贫困县农村学前教育儿童营养改善全覆盖，惠及 381.5 万农村中小学生和 81.81 万农村学前教育儿童；2018 年全省各级各类学校食堂累计采购农产品达 88.43 万吨，采购金额达 59.4 亿元，有效带动了省内近 4000 个种植养殖基地发展，促进 170 万亩土地产业结构调整，带动贫困人口 10 万余户 42 万余人增收。

案例：

凯里市“校农合作”定点帮扶助力脱贫攻坚

新村村位于凯里市凯棠镇南部，辖 3 个自然寨 8 个村民小组，全村

① 《抓动力抓内力抓压力抓活力提质升级“贵州特色”农村学生营养改善计划》，http://www.moe.gov.cn/jyb_xwfb/xw_zt/moe_357/s6211/s6329/s6334/201810/t20181022_352366.html，教育部网站，2018 年 10 月 22 日。

416户2022人，建档立卡贫困户115户539人，为省级一类贫困村。为了让新村村的村民实现增收，2018年12月18日，凯里市教科局牵头组织凯里实验高级中学启动对凯棠镇新村村的“校农结合”定点帮扶项目。在凯里市实验高级中学内的活动板房里开设“校农结合”的贫困户农产品专供点，用于凯棠镇新村村新养寨龙宝合作社销售农副产品。在与新村村新养寨龙宝合作社签订农产品收购协定的当天，凯里实验高级中学就从贫困户手上以高于市场批发价的价格收购了豆芽、白菜、冬瓜、白萝卜等蔬菜1445斤，猪肉等肉类农产品78斤。截至2019年2月底，凯里实验高级中学共收购新村村黑毛猪肉3360.5斤、土豆3784斤、白萝卜2918斤、大白菜4849斤、冬瓜955斤、南瓜392斤、胡萝卜281斤。

近年来，凯里市各镇（街道）的贫困村积极参与“校农结合”，与凯里市各学校开展“订单”合作，解决了全市部分贫困户农产品的销售问题。同时，还以“营养改善计划”带动农业产业结构调整，将学校的农产品需求导向与合作社、贫困户等种植养殖产业对接，着力打造“公司+基地+农户+学校”的“校农对接”模式，既让学生吃上安全、绿色的农产品，也有效解决了贫困村民农产品销售难的问题，对助力全市决战脱贫攻坚、决胜同步小康具有重要意义。

（案例来源：贵州省政府网站，http：//www.guizhou.gov.cn/xwdt/dt_22/df/qdn/201902/t20190226_2286461.html）

（三）托养+就业模式帮助残疾人体面生活

在贵州省农村扶贫工作中，各地对于农村社会中的弱势群体，诸如老人、残疾人、幼儿、妇女等也给予了一定的政策关怀。对于贫困人口中的弱势群体来说，仅依靠政府转移支付难以实现其基本生活有保障，还需要给予充分的生活照料以及适当的精神慰藉；并且对于不同类型的弱势群体来说，需要给予的关怀不尽相同，例如儿童还需要解决其受教育的问题，残疾人需要帮助解决器械使用的问题，妇女则更多需要解决就业机会和劳动技能的问题，等等。为此，贵州省妇联、残联、老龄委等均出台过一些指导性的意见，同时各地也积极进行了模式探索，其中以残疾人帮扶和老年人关怀两方面为典型代表。西秀区针对困难残疾人“照料难、就业难”的问题开展了较多工作，其中以“百合花行动”和“托联体建设”为代表。① 2015 年起，西秀区以“百合花理念”② 为先导，投入资金近 600 万元，建成占地面积 27 亩，集托养、就业为一体的残疾人托养中心；同时以“托养中心”为依托，整合乡镇敬老院资源，在蔡官、黄腊、双堡等乡镇试点建成残疾人“托养中心与乡镇敬老院组建托养中心联合体”（简称托联体），并逐步向其他乡镇延伸全覆盖。入住托联体的困难残疾人不仅可以享受到生活照料，还可以接受技能培训，进一步在入驻社区的企业实现就业，或作为社区内护理人员就业。

案例：

西秀区百合家园助力残疾人美好生活

安顺市西秀区百合家园是由政府全资建设、面向西秀区困难残疾人开设的一家残疾人托养中心。那些家庭无力照顾，自身为一级、二级残疾的人，可入住百合家园，享受每月 600 元的补助。截至 2018 年底已入住了 56 名残疾人及其家属。

百合家园是一个“康养 + 就业”的新型残疾人托养中心。入住的残疾人如有就业意愿和劳动能力，可以参与由政府组织的就业技能培训；培训结束后，既可以外出就业，也可以在中心内就业。中心内有两种就业方式，一种是进入中心内引进的企业，从事的多为简单、易上

① 详细见《西秀区“百合花行动”工作实施方案》。

② 百合花形象为一个整体，其中百合花花蕊寓意为残疾人，六片花瓣寓意为残疾人服务工作的六大职能，花茎寓意为党委政府部门，绽放的百合花寓意对残疾人幸福生活的美好祝愿。

手、符合残疾人特殊条件的工种，工资计件，多劳多得；另一种是在接受护理专业培训后担任社区内的护工，护理一人每月有800元收入，有条件者可同时护理多名。例如，残疾人卢某，经社区推荐参加了技能培训，每月400元的培训费由区财政负担，培训结束卢某被安排到入住“托养中心”的企业广成百科纺织品就业，每月按计件工资能领到2000元左右。又例如残疾人刘某属一户多残的家庭，社区根据实际情况对刘某夫妻进行培训，培训结束后夫妻二人一起从事护理工作，护理5名重度残疾人，家庭月收入达4000元。

类似于百合家园这种“康养+就业”的残疾人托养中心是西秀区帮助残疾人自立自强，同时满足其照护需求的创新性尝试，成效显著。2018年，西秀区再次注资8.75亿元，以残疾人“托养中心”为基础，升级打造建设“仁美百合花爱心小镇”，为残疾人建设一个集“托养、康复、就业、教育、培训、文娱”等功能于一体的美丽家园。小镇建成后将有120套易地扶贫搬迁安置房和1800套残疾人公寓，新建残疾人托养中心10000平方米，康复中心14500平方米，同时还包括一所500人的特殊技术教育学校。建成后可为6000名残疾人提供就业岗位，解决20000名残疾人及其家属的居住问题。

（案例来源：根据实地调研资料整理）

第九章

贵州金融扶贫的经验

摘　要

金融扶贫主要是指通过向贫困群体提供金融产品和服务，实现扶持贫困户生产发展进一步带动脱贫的目标。作为脱贫攻坚中的重要支撑，金融扶贫有力保障了各项扶贫工作顺利推进。通过对贵州省金融扶贫运行情况调查，课题组发现：依托“大扶贫”背景，贵州省内金融扶贫在制度、金融运行机制、金融产品和金融机构组织建设等方面都呈现了不同程度的创新与实践，并且取得一定成效。主要表现为在金融扶贫资金投入增大的同时有力地推动了信用工程建设，有针对性地发展了地方特色产业，有效带动了农户脱贫增收和改善贫困区域的基础设施。与此同时，课题组发现当前金融扶贫模式中主要存在两个方面问题：（1）集中还贷高峰期金融风险陡增；（2）扶贫小额信贷逾期问题可能引发金融直接脱贫的短期化和信用环境恶化问题。通过分析，我们认为可能是由于政策冲突、公益性金融和商业性金融的冲突以及政策执行偏差下供给与需求不匹配等原因。据此，本章提出以下几个方面的建议：首先，加强诚信与感恩宣传；其次，建立数据库，以数据为核心改变金融服务的基础逻辑；再次，发挥金融科技作用，建立多维数据化路径；最后，基于数据建立多维度的授信模型和风险决策模型。

一、贵州金融扶贫总体情况

改革开放以来，我国经济快速发展，扶贫事业稳步推进。金融扶贫作为扶贫开发战略体系的重要组成部分，对推动贫困人口和贫困地区脱贫具有重大意义。推动贫困地区金融创新，不但可以提高金融机构运作效率，而且有助于贫困群体自发通过生产经营等活动脱贫增收。贵州省是我国贫困人口最多、贫困面积最大、贫困程度最深的地区，作为我国脱贫攻坚主战场之一，贵州省脱贫攻坚尤其是金融扶贫方面的宝贵经验，不仅可以为全国其他还未脱贫地区提供可供借鉴和推广的经验，还可以为贵州省在2020年后持续稳定脱贫攻坚成果、实现乡村振兴提供更好的思路和途径。

自2013年我国实施精准扶贫战略以来，贵州省在扶贫开发工作的各个领域都取得显著成效，全省农村建档立卡贫困人口从2012年的923万人减少到2018年的155万人，同比减少了83.2%；贫困发生率从2012年的26.8%下降到2018年的4.3%；农民人均可支配收入从2012年的4753元提高到2018年的9716元。①

从“贫困大省”到“脱贫强省”，贵州省在其脱贫攻坚的道路上留下了许多宝贵的实践经验，金融扶贫也是脱贫工作中必不可少的手段。2018年全年，贵州省各级财政扶贫资金共投入207.4亿元，人民银行扶贫再贷款共计发放331.57亿元，国开行贵州支行和农发行分别投入扶贫资金394.06亿元和514.15亿元。在全省大扶贫格局下，贵州省因地制宜制定了一系列金融扶贫助力脱贫攻坚的政策措施，积极引导各类

① 数据来源：贵州省扶贫办。

政策性银行、商业性银行和合作性机构探索创新金融扶贫发展的模式。同时，金融扶贫工作中已经形成了以人民银行引导、贵州农商行为主体、各类商业银行和政策性银行为辅助的工作模式。在金融产品创新方面，打造了以“特惠贷”为主体、不同类型扶贫小额信贷和各类农业保险为补充的金融扶贫格局。

本课题组成员通过在贵阳市与贵州省扶贫办工作人员开座谈会，初步了解了贵州省2017年脱贫攻坚进展情况及工作成效。之后，课题组成员分组到县市，与当地政府部门座谈，走访当地农户与企业。通过对政府金融办、农信社、保险公司访谈，实地参观考察企业，了解贵州省金融扶贫政策和金融支持产业发展现状；通过对贫困户访谈，了解贫困户金融扶贫政策实施和贫困户金融获得性。

二、贵州金融扶贫制度与组织

（一）金融扶贫制度建设

2015年11月，习近平总书记在中央扶贫开发工作会议上强调，要加快农村金融改革创新步伐，提高贫困地区和贫困人口金融服务水平，强调通过完善激励和约束机制，推动各类金融机构实施特惠金融政策，加大对脱贫攻坚的金融支持力度，特别是要重视发挥好政策性金融和开发性金融在脱贫攻坚中的作用。在政策实施中，我国发挥财政资金“四两拨千斤”的导向作用，成立政府出资的担保机构，提高扶贫贴息贷款规模，撬动更多信贷资金支持贫困户发展生产和就业创业。2017年7月，在全国金融工作会议上，习近平总书记再次提出要建设普惠金融体系和积极发展普惠金融，加强对“三农”和精准脱贫等经济社会发展薄弱环节的金融服务，推进金融精准扶贫，着力解决融资难、融资贵问题。

精准扶贫战略实施以来，国务院相关职能部门出台了一系列政策意见指导金融服务脱贫攻坚工作，贵州省围绕中央制定的政策意见制定了相关政策助推脱贫攻坚。2014 年 12 月，国务院扶贫办联合财政部、中国人民银行下发了《关于创新发展扶贫小额信贷的指导意见》，扶持有贷款意愿、就业创业潜质、技能素质和一定还款能力的建档立卡贫困户。贵州省制定了相应对策，扩大建档立卡贫困户获贷覆盖面。针对贷款中存在的问题，2015 年贵州省银监局发布《关于银行业支持脱贫攻坚指导意见》，对省内银行业金融机构提出微利扶贫、联动扶贫、精准扶贫三项原则。2016 年 4 月，银监会发布《关于银行业金融机构积极投入脱贫攻坚战的指导意见》，该文件重点指出银行业金融机构要积极履行扶贫开发的社会责任，鼓励商业性、政策性、开发性、合作性等各类机构加大力度支持脱贫攻坚，要发挥金融加速脱贫能效。为了确保扶贫小额贷款能够切实瞄准有生产需求的贫困户，重点解决当前扶贫小额信贷的精准度问题，2017 年 7 月，银监会发布《关于促进扶贫小额信贷健康发展的通知》，该文件对扶贫小额信贷发放过程、风险管理和考核过程等方面做出了更为严格具体的规定。同年 8 月，贵州省出台《贵州省深度贫困地区脱贫攻坚行动方案》，提出国家年度扶贫再贷款规模向深度贫困地区倾斜，不仅要对建档立卡贫困群众贷款据实贴息、据实列支，还要对带动建档立卡贫困人口脱贫成效明显的企业，给予低息贷款或贷款贴息支持。积极引导深度贫困地区设立融资担保机构，鼓励保险机构扩大农产品保险范围和降低保费标准。此后，2018 年 4 月，《贵州省政策性农业保险工作实施方案》发布，重点鼓励贵州省内的保险机构创新更为丰富和更具针对性的农业保险产品，使得保险能够有力保障建档立卡贫困户的生产经营需求。

通过对调研各地金融扶贫政策的梳理，课题组发现贵州省金融扶贫有两大特点：

第一，因地制宜推出金融产品。贵州省各地根据不同的农业产业发展和农户个人融资需求，有针对性地开发不同的金融产品和服务。以黔西南州为例，为了将州内 100 万亩种植效益差、经济效益低的玉米调减优化为经济价值较高和极具地方特色的农业产业，黔西南州政府于

2018 年 7 月发布《黔西南州 2018 年农业产业结构调整“农调扶贫险”实施方案》，创造性地提出以“基本保险 + 补充保险”为主要模式的“农调扶贫险”。该保险由州内五家保险公司承保，州级与县级财政共负责补贴 90%，企业或者农户自缴 10%。截至 2018 年 12 月，“农调扶贫险”承保总面积 57.58 万亩，累计完成签单保费 3230.86 万元，为黔西南州地区农业生产提供了 6.45 亿元的风险保障，增加农民收入 10 亿元以上。通过政府扶持与市场手段相结合，一方面该保险为农户生产可能遭遇的损失提供了保障，另一方面，在调整了农业生产结构的同时，种植生产经济价值高的作物保障农户的收入。

第二，根据不同农户需求扩大供给。以贵州省内“特惠贷”产品为例，“特惠贷”是贵州省扶贫办和人民银行贵阳支行联合贵州省农信社推出的，旨在为建档立卡贫困户发放“5 万元（含）以下、3 年期以内、免担保抵押、扶贫贴息支持、县级风险补偿”的低利率、低成本的扶贫小额信用贷款，用于贫困户的生产、就业、就学和移民搬迁等。政府通过建立“特惠贷”风险补偿机制，投入风险补偿资金用于贫困户后期风险贴息和补偿，并在当地农信社开立“特惠贷”风险补偿资金专户。由于“特惠贷”产品本身具有的额度小、融资成本低、风险低等特征，其从推广初始就逐步成为贵州省内扶贫小额信贷的主流产品，各地参照“特惠贷”因地制宜开发了不同的信贷产品，进一步为特惠贷产品的持续运行提供了保障。

（二）金融扶贫机构

近年来，贵州省积极推进金融扶贫工作，“政府政策主导 + 各类金融机构组织实施”的多位一体金融扶贫组织体系日趋完善，全省金融大扶贫格局初步形成。

1. 政策性银行

作为政策性银行，国开行与农发行积极承担责任使命，助力贵州脱贫攻坚。国开行贵州分行和农发行贵州分行围绕国家精准扶贫、精准脱贫方略，聚焦全省“大扶贫”战略的实施，前者按照总行“三融”扶贫策略和“四到”工作思路，后者通过采取信贷规模倾斜、实施绿色通道办贷等方式，为贵州省易地扶贫搬迁、水利、农村公路、贫困村工程提升等基础设施、产业等扶贫项目建设提供了强有力的资金支持。由图 9－1 可以看出，2015—2018 年，国开行和农发行在贵州地区的扶贫资金投入整体呈不断上升趋势。国开行的扶贫资金投入由 2015 年的 90.71 亿元增长到 2018 年的 394.06 亿元，足足翻了两番有余；而农发行为贵州省实现脱贫攻坚给予的资金支持力度一直很大，其 2015 年的扶贫资金投入为 330.13 亿元，2018 年为 514.15 亿元，增长了 184.02 亿元。

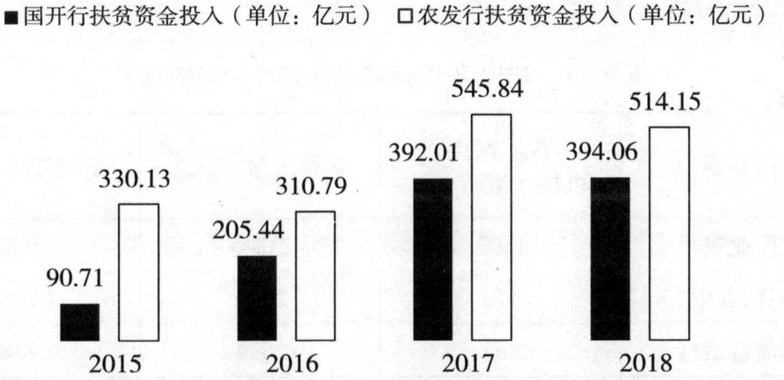

图 9－1　2015—2018 年国开行与农发行贵州地区扶贫资金投入情况①

2. 商业银行

为全力做好贵州贫困地区脱贫攻坚金融服务，国有大型商业银行和股份制商业银行省级分支机构优先在深度贫困县恢复和设立县域分支机构和网点，农业银行、邮储银行贵州省分行积极发挥三农金融事业部作用。其中：贵州农行以服务“三农”为己任，坚持“一县一策”，围绕特色优势产业，立足绿水青山，形成了绿色发展、生态优先的发展格局；邮储银行贵州省分行坚持贯彻“造血”式扶贫的政策要求，结合

① 数据来源：贵州省扶贫办。

自身实际，不断探索创新金融扶贫模式，先后形成了“精准扶贫”（扶贫小额信贷）、“平台合作”、“产业引领”、“能人带动”等扶贫模式。此外，贵州银行、贵阳银行作为贵州地方银行，其服务网点进一步向极贫乡镇和深度贫困村下沉，并坚定不移地融入地方发展战略，落实全省农村“组组通”公路大决战信贷支持政策，充分发挥了金融资源对扶贫开发的支撑作用。从贵州省商业银行的分布情况来看（表9－1），2017年贵州省大型商业银行机构数达1103个，从业人员达23245人，资产总额达9564亿元；股份制商业银行机构个数为119个，从业人员为2959人，资产总额为1767亿元；邮政储蓄银行机构数为963个，从业人员为2639人，资产总额为1186亿元。为金融助力贵州省脱贫攻坚打下了良好的现实基础。

表9－1　2017年贵州省商业银行分布情况①

机构类别	营业网点机构个数（个）	从业人数（人）	资产总额（亿元）
大型商业银行	1103	23245	9564
股份制商业银行	119	2959	1767
邮政储蓄银行	963	2639	1186

3. 合作银行

贵州农村信用社积极投身“大扶贫、大数据、大生态”三大战略，通过为贫困户量身打造“特惠贷”产品、支持深度贫困县“一县一业”产业链发展等行动坚持精准扶贫，帮助贫困农户脱贫增收。通过构建“信合村村通”、推进农村“金融夜校”、创建信用工程等方式创新金融扶贫模式，为大扶贫行动提供有力支撑。截至2018年底，全省累放“特惠贷”贷款413.22亿元，贷款余额290.16亿元；已建档农户数764.03万户，评定信用等级农户703.29万户，农户授信总额4228.04

① 数据来源：《贵州省金融运行报告2017》。

亿元；农户小额信用贷款余额 2250.88 亿元，户均用信 6.01 万元。表 9－2 和表 9－3 分别展现了贵州省 2015—2018 年农信社发展现状和其精准扶贫建档立卡户统计情况。

表 9－2　贵州省农信社发展现状①　单位：万元、个

	2015	2016	2017	2018
存款余额	42125896	51367473.97	57790412.93	58369752.03
贷款余额	29868360	36194767.84	42673358.78	47548839.79
存贷比	70.90%	70.46%	73.84%	81.46%
贷款发放的农户户数	3123411	3578617	3134212	2145890
有贷款余额的农户户数	2127136	2437142	2754691	2030328
贷款发放总额	31287197	30220782	32297600	35577100
扶贫贴息贷款发放总额	373060	1943300	1439080.203	671590.986
扶贫贴息贷款发放笔数	145681	448524	318936	157609
农户户均贷款额	6.36	6.78	7.38	7.67
扶贫贴息贷款年底余额	373060	1840339	2711805.463	2901553.421

表 9－3　农信社精准扶贫建档立卡户情况②　单位：万元、个

年份 精准扶贫建档立卡户	2015	2016	2017	2018
精准扶贫建档立卡户数	2083661	1784403	1620376	1766997
在农信社建档户数	1351793	1538477	1565365	1731741
在农信社评级户数	1310462	1464322	1513947	1678115
在农信社授信户数	1238454	1442447	1505637	1675853
在农信社贷款户数	145681	448524	725472	809773
在农信社贷款金额	373060	1943342.316	3497684.49	4132152.75
在农信社贷款余额	373060	1840339.156	2711805.46	2901553.42

①② 数据来源：贵州省扶贫办。

三、贵州金融扶贫机制与产品创新

（一）机制创新

调研发现，贵州省各地在金融扶贫机制上都有着不同程度的创新，主要有三个方面：瞄准机制使得金融服务能够有效瞄准有需求的贫困户；风险防控机制则可以通过金融机构与政府之间协同配合降低风险；信用机制创新确保银行业金融机构可以及时更新农户信用信息并对其授信。

1. 瞄准机制

金融扶贫工作的首要问题是要准确分析贫困户致贫原因，准确识别真实贫困的扶贫对象，并提供满足不同类型贫困户需求的金融产品和金融服务，如此才能够实现精准帮扶。调研中，课题组走访了贵州省不同地区的县市，在国家确定的贫困县标准下，这些地区结合本地实际情况，在识别瞄准贫困户方面都有着各具特色的创新。

（1）铜仁市江口县——贵州省扶贫满意度最高县

江口县分工明确细致的“一问二核三证四认”四步工作指南，不仅有效识别了建档立卡贫困户供金融机构参考，也提高了扶贫工作效率。其中：“一问”可以借由问卷调查的过程宣传“普惠特惠”的工作政策；“二核”是指对问卷中发现的如贫困户识别不合理等问题，进行核实以便整改；“三证”即搜集与农户家庭经济状况、家庭人口信息等材料，可用于了解农户家庭收入情况和金融需求。

此外，江口县在扶贫小额信贷推进工作中，创新采取“五抓五促”措施。在明确扶贫小额信贷目标要求、扶持范围、重点及方式方面，研究出台了《江口县精准扶贷“精扶贷”工程实施意见》《江口县农村信用社“精扶贷”贫困农户小额信用贷款评级授信管理办法》等政策性文件。在确保贷款对象精准方面，以“农村金融信用县”创建活动为契机，根据贫困户家庭劳动力个数、上年人均收入数、家庭的社会诚信度三项指标，进村入户，认真开展调查摸底与评级授信工作，分别给予5万元以下的授信，并建立贫困户个人信用档案。在确保贷款资金使用合规方面，充分发挥驻村工作队和村“两委”干部、帮扶干部作用，加强对贷款贫困户资金使用监管，并采取乡级自查与县级检查相结合的方式，定期不定期组织对扶贫小额信贷贷款对象、贷款期限、贷款用途及贴息资金兑现情况进行跟踪检查，坚持问题导向，扎实抓好问题整改。

（2）黔西南州兴仁市——分类管理体系

分类管理体系，主要是指通过对标小康线、贫困线和低保线，将群众划分为政策兜底、重点扶持、巩固提升和小康达标四个类别。对不同人群进行分类管理，有助于政府和金融机构区分不同需求，提高金融扶贫覆盖精准度。

在强化措施精准方面，严格执行贫困户识别、退出程序和标准，确保贫困户识别精准、退出真实。加强动态跟踪管理，建好用好“扶贫云”。落实帮扶责任，实行“人盯人”战术，对帮扶责任人、帮扶措施、帮扶效果建立台账，提高因户因人施策的精准度。紧盯建档立卡贫困人口，细化帮扶措施，督促工作到位，切实做到扶真贫、真扶贫，不脱贫不脱钩。坚持“全脱产、硬抽人、抽硬人”的原则。

2. 风险防控机制

金融扶贫工作中的协同机制，主要体现在扶贫小额信贷运行过程中，政府和金融机构通过协同合作化解风险。贫困户贷款风险可以分为三类：一是与农业生产有关的风险（自然风险、市场风险），二是与借款主体有关的风险（经营管理能力风险），三是与金融机构有关的风险（信用风险、逆向选择与道德风险）。

贷款发放前，为了提高贷款发放效率和减少贷款使用过程中可能的风险，银行业金融机构通常需要根据农户信用评级结果和农户实际申请情况来决定贷款发放。为了提高银行机构工作的专业性，人民银行贵州支行还提出加强银行业金融机构等领导班子队伍建设，将金融扶贫知识纳入干部培训课程与考核，确保支行长了解扶贫政策内容，具备扶贫工作思路。

贷款发放过程中，有针对性地引导保险和担保机构与银行业金融机构分担风险、保障小额信贷有序运行也是很有必要的。如贵州省雷山县的银保互动模式，在扶贫小额信贷中引入保险公司，保险具备的经济补偿功能，能够减轻农业生产风险和借款人自身风险对金融机构造成的冲击。

通过政府的行政手段和财政政策建立完善的监督激励机制和风险补偿机制也是相当必要的。2018 年全年，贵州省共计获得财政专项扶贫资金 207.4 亿元，省扶贫财政专项资金投入 64.03 亿元，其中 16.6 亿元用于“特惠贷”发放贴息资金。建立政府风险补偿机制，一方面使得有融资需求的贫困人口能够缓解融资困难问题，享受党和国家扶贫政策福利待遇；另一方面也能够最大限度地调动银行业等金融机构参与金融扶贫的工作积极性。与地方政府（县级政府）财政贴息机制相结合，又能够撬动金融杠杆作用。这样不仅可以缓解财政单方面投入资金压力，而且可以放大扶贫资金的规模，有效化解银行贷款发放不合规、政府投入不足、金融扶贫效果不佳等难题。

3. 信用机制

2014 年 12 月，《关于创新发展扶贫小额信贷的指导意见》提出要在开展“信用户、信用村、信用乡（镇）”创建活动的基础上，针对贫困户的实际情况，完善增信措施，通过改进评级方法或制定专门的授信政策，对申请贷款的建档立卡贫困户进行授信。

在实际工作中，贵州省内涉农金融机构通过开展信用工程建设，借助资信调查、评级授信程序及公示和柜面放贷，实行信用村组、乡镇、农户信贷年检公示，建立农户信贷激励约束机制，防范信用风险、操作风险和道德风险，改善农村整体金融生态。结合贵州省内大数据平台，建立了贫困户的信用档案。其中，贵州省农信社开展的农村信用工程建设以农户小额信用贷款为基础，通过培育信用农户，创建信用村

(组)、信用乡(镇)、农村金融信用县，构建小额信贷质量管理的保障机制，促进和改善农村金融生态环境，从而不断提高农户小额信用贷款的授信额度，扩大农户贷款面，提高农户有效信贷需求满足率，有效解决广大农民“贷款难”和农村信用社“难贷款”“收贷难”问题。

(二) 金融产品创新

为贯彻落实好习近平总书记提出的“四个切实”“五个一批”“六个精准”要求，确保金融助推脱贫攻坚的落地生根，强化信贷支持“三农”力度，全省各大金融机构主动作为，全面创新金融服务产品。其中：贵州农信率先为建档立卡户量身打造了精准扶贫贷款产品“特惠贷”；贵州农行以“三变”改革为基础，创新推出“惠农脱贫贷”；保险公司积极为农业生产保驾护航，创新推出“农调扶贫险”等。

1. 特惠贷

精准扶贫“特惠贷”是贵州省于2015年推出的专门为建档立卡贫困户提供的扶贫信贷产品。2015年，贵州省出台《贵州省精准扶贫“特惠贷”实施意见》，提出探索精准扶贫“特惠贷”发放方式，加大对贫困户的信贷投放力度。随后，贵州省农村信用社与省扶贫办、中国人民银行贵阳中心支行联合推出“特惠贷”，为贵州省建档立卡贫困户提供“5万元以下、3年期以内、免除抵押担保、扶贫贴息支持、县级风险补偿”的低利率、低成本贷款，从而提高了贫困户的贷款可得性，降低了贫困户的贷款成本。

“特惠贷”设计的初衷是切断贫困的恶性循环。因此其目标客户是满足一定条件的建档立卡贫困户，贷款的贫困瞄准精度较高。贷款的发放与中国人民银行征信系统挂钩，以信用方式发放贷款，个人征信“良好”及以上评级才能获得贷款。贷款利息按“先收后贴、分期补贴、应贴尽贴”的原则，由借款贫困户先支付利息，按时还款后再由财政部门全额兑付贴息资金。贷款期限一般不超过3年，对于因自然灾害、农产品价格波动等客观因素导致无法按期还款的农户可申请进行适当延期。此外，为了降低信贷资金风险，承贷银行与政府部门、扶贫机构签订风险补偿协议，由政府部门、扶贫机构运用专项扶贫基金在承贷银行存入风险补偿金，当发生不良贷款时各自承担一部分风险责任。

表9－4　“特惠贷”的运行机制

承贷银行	农村信用社或农村商业银行
申请条件	18周岁以上、60周岁以下具有完全民事行为能力、征信良好、有申请贷款所在地户口的建档立卡贫困户
贷款额	5万元以下
贷款期限	3年以内
贷款利率	最高不超过人民银行公布的同期同档次基准利率
抵押担保	不需抵押担保
贷款投向	专项用于发展产业或入股农民专业合作社、龙头公司等经济组织
贴息方式	财政全额贴息

相比一般扶贫贷款，“特惠贷”最具特色的制度设计在于贷款投向有个人自主用款和集中用款两个方向。个人自主用款即贫困户将贷款用于发展当地特色主导产业或自主创业、就业等方面，贷款到期后由借款人自行归还本息。对于自我发展能力不强、缺乏劳动力、没有增收渠道的贫困户，“特惠贷”创新性地开拓集中用款方式。这种用款方式是指由基层政府充当中介，多户贫困户将各自的贷款额度集中起来入股农民专业合作社、国有公司等经济组织获得连续3年不低于8%的保底分红，贷款到期后由入股经济组织将出资额返还给贫困户，再由贫困户自行偿还贷款。在此过程中，农民专业合作社、龙头企业等经济组织给贫困家庭1—2名有劳动能力的成员提供就业岗位。这种制度设计是在充分考虑到贵州深度贫困地区大量农户致贫因素为“缺乏增收渠道”“缺乏劳动力”的前提下进行的政策创新，通过构建贫困户—经济组织—银行的利益联结机制，既解决了贫困户的缺乏增收渠道问题，为他们带来更多收入，又保证了资金在实体经济的周转，提高了资金使用效率。

集中用款逐渐成为“特惠贷”的主流形式，也成为贵州省精准扶贫精准脱贫的重要抓手。

2015 年以来，在贵州省委省政府、省扶贫办、中国人民银行贵阳中心支行、贵州监管局的政策引导下，贵州农信创新推出精准扶贫“特惠贷”产品，为建档立卡贫困户提供“5 万元（含）以下、3 年期以内、免担保抵押、扶贫贴息支持、县级风险补偿”的低利率、低成本的贷款支持。截至 2018 年 12 月，全省农信社累计发放“特惠贷”413.22 亿元，惠及80.97万贫困户，贷款余额 290.16 亿元，余额户数 63.15 万户。具体看来（图 9 – 2），2015—2016 年，贵州省“特惠贷”发放额度大幅增加，由 38365 万元增加至 1475200 万元；2017 年较之 2016 年变化不大，为 1407050 万元；2018 年“特惠贷”发放力度有所减缓，为 647029 万元。

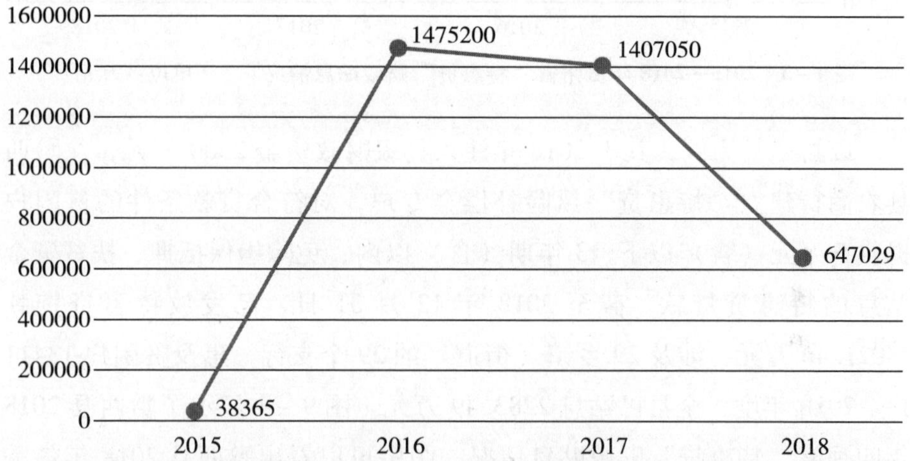

图 9 – 2　2015—2018 年贵州省“特惠贷”发放情况①　（单位：万元）

此外，“特惠贷”贷款利息按“先收后贴、季度补贴、应贴尽贴”的方式，由农商行按照合同约定先向贷款农户收取贷款利息，并按季将贴息清册交县扶贫办审核送财政局，经审核通过后由县财政局按季度将

---

① 数据来源：贵州省扶贫办。

贴息资金划入在农商行开立贴息专用账户，农商行将贴息资金逐户划入贷款农户账户。图9－3显示了贵州省2015—2018年地方安排的财政贴息情况。从财政贴息情况来看（图9－3），2015—2018年贵州省“特惠贷”财政贴息力度呈不断加大趋势，2015年为819.777万元，2018年为166017万元。

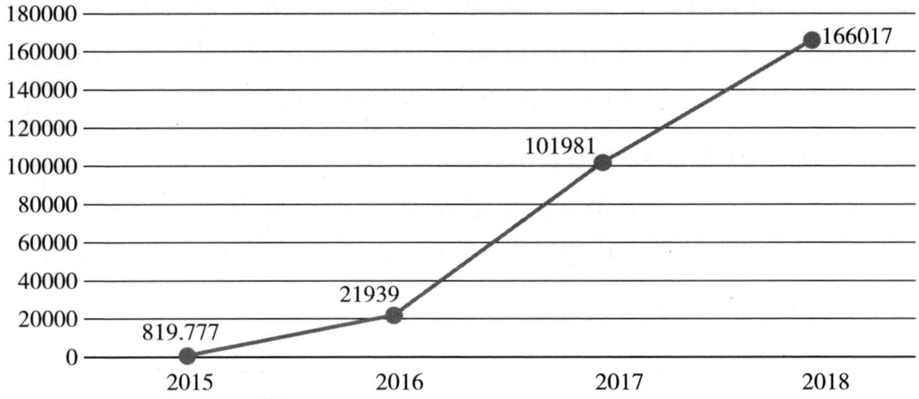

图9－3　2015—2018年贵州省“特惠贷”财政贴息情况①　（单位：万元）

以黔西县为例，其于2018年注入县级财政资金2500万元，在黔西县农商行建立“特惠贷”风险补偿金专户，对符合贷款条件的贫困户提供5万元（含）以下、3年期（含）以内、免除担保抵押、扶贫资金贴息的特惠贷贷款。截至2018年12月31日，已发放特惠贷贷款53021.46万元，涉及29乡镇（街道）的29个支行，惠及贫困户13411户。2018年度，全县已贴息2283.49万元。图9－4显示了黔西县2018年四季度“特惠贷”财政贴息情况。图中可以看出黔西县2018年各季度“特惠贷”财政贴息情况大体相近，其中第三季度贴息额最高为588.53万元，略高于第四季度的588.41万元，第一季度贴息额最少，仅为532.29万元。

① 数据来源：贵州省扶贫办。

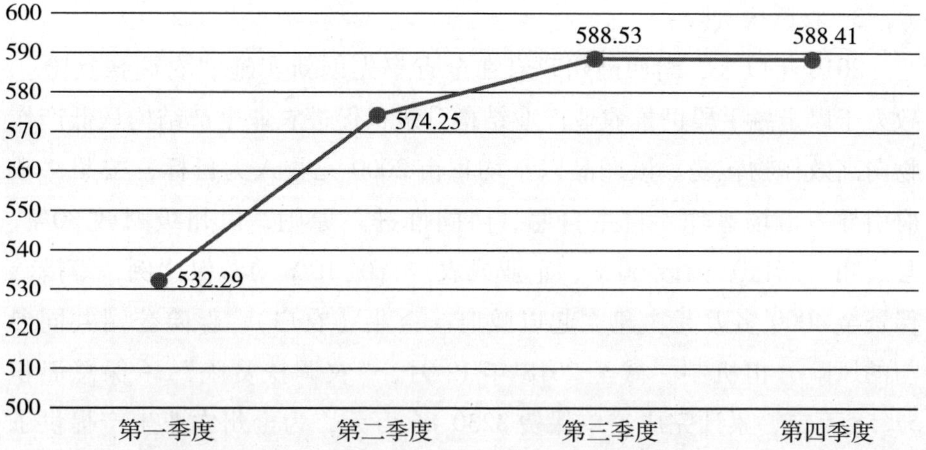

图9－4　黔西县2018年四季度“特惠贷”财政贴息情况①　（单位：万元）

2. 惠农脱贫贷

2017年以来，贵州农行主动对接省委省政府大扶贫战略，按照精准扶贫要求，重点研究跟进当地“三变”（资源变资产、资金变股金、农民变股东）改革政策，创新推出“惠农脱贫贷”。该产品以建档立卡贫困户为主要对象，按照实际到账基金放大10倍向建档立卡贫困户发放贷款，单户最高达10万元，依托政府增信机制，精准发放到贫困户手中。根据用途设计，贫困户把贷款资金入股到农业产业化企业、龙头企业，成为参股的“股东”。由于贷款资金直接投入生产经营，创造经济效益，贫困农户年底参与收益分配。据悉，投放贷款资金主要用于当地优势产业、特色农业经营发展。如黄平县特色药材白芨种植、苗族风情乡村旅游、兴仁县的薏仁米种植和深加工、关岭县“关岭牛”的养殖等。此举在解决贫困户生产发展无项目、缺资金、能力弱的同时，又将农户贷款资金“聚沙成塔”，促进企业规模化经营，实现农业产业发展与金融扶贫的良性互动。

---

①　数据来源：贵州省扶贫办。

3. 农调扶贫险

2018 年以来，黔西南州政府在全省率先创新实施“农调扶贫险”，致力于以金融手段助推农业产业结构升级，促进农业生产结构从低产作物向高效作物转变。该产品以平均每亩 2000 元收入为目标，按照“政府引导、市场运作、自主自愿、协同推进”原则，以州级财政 30%、县（市、新区）财政 60%、企业或农户自缴 10% 的参保比例，筹措参保资金 4000 多万元，建立起以政府、企业（农户）、保险公司共同参与的风险分担机制。截至 2018 年 12 月，“农调扶贫险”承保总面积 57.58 万亩，累计完成签单保费 3230.86 万元，为全州农业生产提供了 6.45 亿元的风险保障，增加农民收入 10 亿元以上，有力推进了籽粒玉米的调减，实现了蔬菜、食用菌等十大产业结构的有效调整。自然灾害险已理赔 300 余万元，正在理赔金额为 200 余万元，价格指数险已理赔 3.2 万余元。

此外，农发行推出棚户区改造贷款、农村路网贷款、旅游扶贫贷款等涉农金融产品，邮储银行推出惠农易贷、家庭农场贷，农商行、农信社创新发展了“强农贷”“致富通”“黔微贷”等系列信贷产品，工行创新发起“中小企业创业贷”，贵州银行与省财政联合设立扶贫产业基金等，全省金融机构已创设 80 多个金融扶贫产品，较好地满足了脱贫攻坚各类信贷需求。

四、贵州金融扶贫成效

精准扶贫战略实施以来，贵州省金融扶贫通过制度、机制、组织建设和金融产品方面的创新，在扶贫资金投入规模、促进产业发展、带动农户脱贫增收、改善贫困地区基础设施和农村信用工程建设等方面取得了值得肯定的成果。

（一）金融扶贫资金投入规模总量持续增加

2015 年以来，依托贵州大扶贫背景，贵州省金融扶贫工作形成了以中央财政和省级财政资金投入为主，部分依靠社会资本投入的格局。图 9-5 给出了 2015 年以来贵州省财政扶贫资金投入情况。数据显示自 2015 年以来各类扶贫资金投入都呈上升趋势，其中中央财政扶贫资金投入具有投入量大、投入增速快等特点。仅 2015 年中央财政扶贫专项资金就投入 44.15 亿元，超过贵州省扶贫资金专项投入（29.44 亿元）与帮扶单位扶贫资金投入（10.25 亿元）之和。2015 年至 2018 年，中央财政扶贫专项资金大幅度增加至 84.96 亿元。由此可见，当前脱贫攻坚阶段的扶贫工作与政府政策和财政资金投入密不可分。与此同时，贵州省扶贫资金投入与帮扶单位扶贫资金投入都有小幅度增长，2018 年贵州省财政专项扶贫资金投入 64.03 亿元，较 2015 年翻了一番。而帮扶单位资金投入在 2018 年也迅速增加至 28.54 亿元，约为 2015 年的 2.8 倍。

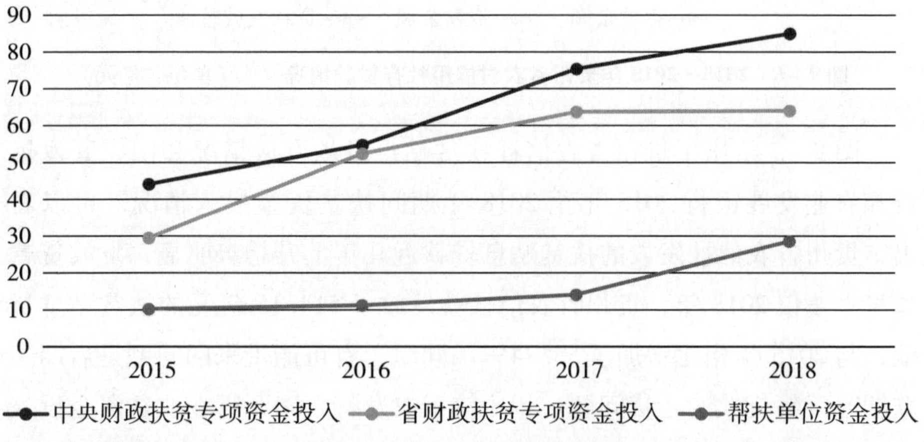

图 9-5　2015—2018 年贵州省扶贫资金投入情况①　（单位：亿元）

考虑到贵州省内“特惠贷”发放主体为贵州省农村信用社，图 9-6 给出了 2015 年至 2018 年期间贵州省农村信用社存贷款具体情况。可以看出，贵州省农信社近几年发展态势良好，存贷款余额均有稳步上

① 数据来源：贵州省扶贫办。

升。其中，存款余额从 2015 年的 4212.59 亿元增加至 2018 年的 5836.98 亿元，贷款余额低于存款余额但保持稳步上升趋势，2015 年至 2018 年期间共计增加了 1768.04 亿元，贷款发放总额自 2016 年略微下降至 3022.08 亿元之后持续上升至 2018 年的 3557.71 亿元。

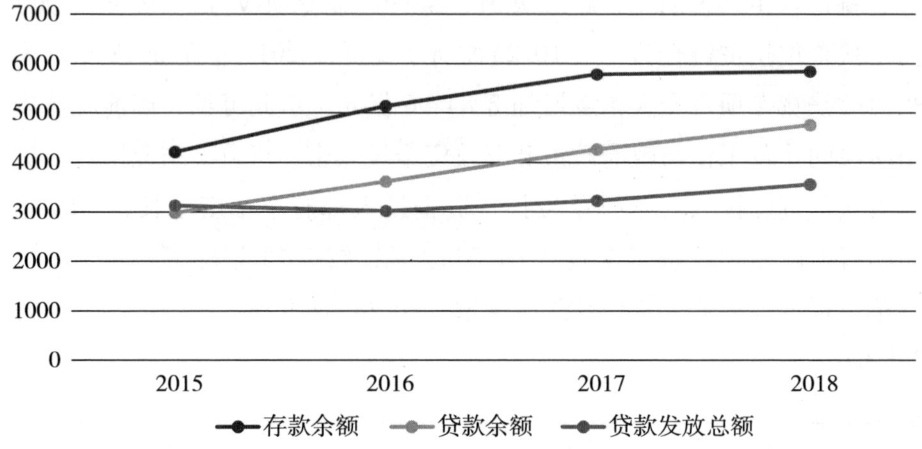

图 9－6　2015—2018 年贵州省农村信用社存贷款情况①　（单位：亿元）

图 9－7 给出了贵州省农信社扶贫贴息贷款发放情况和国家开发银行和农业发展银行 2015 年至 2018 年期间扶贫资金投入情况。可以看出，贵州省农信社发放的扶贫贴息贷款近几年上升趋势明显，发放贷款总量大。仅 2018 年，贵州省农信社就发放了 514.15 亿元的扶贫贴息贷款，与 2015 年相比增加了 55.74%。同时，有可能带来的问题是后期还款期时巨额贷款的还贷问题。相比较于农发行，国开行在扶贫资金投入更多一些，尤其近两年增速较快。其中，2015 年至 2016 年，国开行与农发行扶贫资金投入都有所增加，分别增加至 205.44 亿元和 194.33 亿元。2016 年之后国开行进一步扩大了扶贫资金投入，增加至 2018 年的 394.06 亿元，而农发行则是逐渐降低扶贫资金规模，其在 2018 年扶贫资金共计投入 67.16 亿元，较 2015 年的 37.31 亿元有所增加，但仍远

① 数据来源：贵州省农信社。

低于2016年的资金投入。

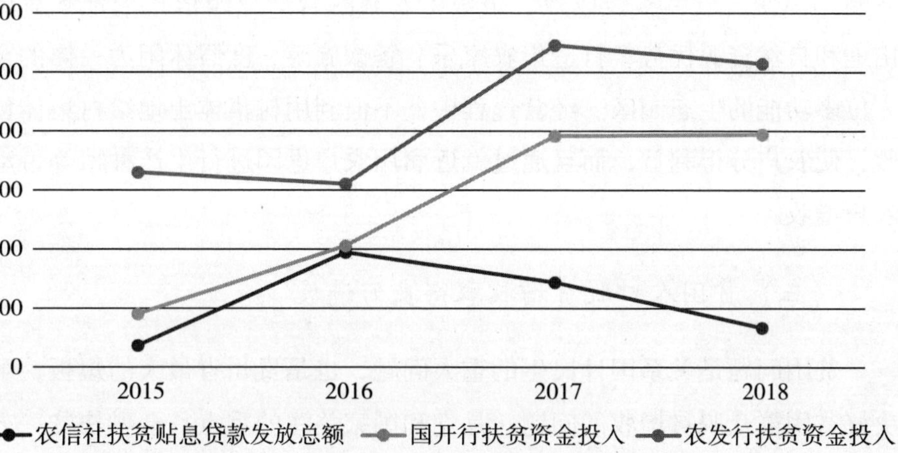

图9-7　2015—2018年贵州省金融资金扶贫投入情况①　（单位：亿元）

（二）地方特色产业得到发展

各银行业金融机构围绕“一县一业”规划布局和旅游扶贫产业，为若干以新型农业经营主体为主的扶贫产业主体提供“一对一”金融服务，创新推出扶贫小额信贷、“惠农脱贫贷”等产品，积极推广“银行+农民专业合作社+农户”“银行+扶贫龙头企业+农户”等模式，不断健全金融支持产业带动贫困户脱贫发展的挂钩机制，即通过支持特色产业项目，吸收贫困人口就业，带动贫困人口增收。

其中较为典型的属发源于六盘水市的“三变”改革。“三变”即资源变资产、资金变股金、农民变股东。其中资源变资产指的是村集体或农户让渡手中持有的土地等资源的使用权，用以入股企业、合作社等经营主体，并且获得收益；资金变股金则是指各级财政投入农村的各类资金，在不改变资金使用性质和用途的前提下以股份形式投入经营主体，享有股份权利；农民变股东则是指农户出让自己的土地资源、人力资源

---

① 数据来源：贵州省扶贫办。

等，投资入股合作社，享有股份权利。课题组调研了娘娘山农旅融合产业园“三变”改革实践成效，娘娘山农旅融合产业园依托当地独有的山地和自然资源优势，打造集农家乐、餐饮旅游、度假休闲为一体的全方位多功能的生态园区。经营过程中，不但利用村集体土地给村集体创收，使农户分得利益，而且通过就近雇用农户进园进行生产种植等带动农户增收。

（三）贫困人口脱贫增收取得良好进展

贫困问题是关系国计民生的重大问题，也是贵州省最大的短板，解决好贫困群众脱贫增收的问题，是党和国家关注的重点。金融扶贫一方面可以通过产业发展带动农户就业增收，一方面可以通过增加农户的金融可获得性增加农户收入。截至2018年底，建档立卡贫困人口及已脱贫人口贷款531亿元，带动113.9万人脱贫发展。贵州省农信社推出“一县一业”深扶贫产品，专门为新型农业生产主体提供500万元以下、5年期以内的产业精准扶贫贷款，截至2019年，已累计发放13.66亿元。截至2018年末，全省产业精准扶贫贷款同比增长28.7%，带动贫困人口36.9万人。

（四）农村基础设施条件改善

相关金融机构通过利用整合财政涉农支农资金，撬动信贷资金，为贫困地区基础设施建设提供贷款支持。通过财政资金支持和精准扶贫贷款发放，贵州省在农村水利设施建设、路网电网建设、环境整治、危房改造等方面取得了一定进展。

“十三五”以来，全省累计解决167.09万农村建档立卡贫困人口饮水安全问题，累计建成通组硬化路7.4万公里，累计完成106.13万户农村危房改造任务，切实解决了农村住房安全问题，等等。通过财政与金融资金的支持，贵州贫困地区农村基础设施条件得到显著改善。

（五）信用工程建设持续推进

贵州农村信用社创造性推动和创建的覆盖全省乡村的农村信用工程体系，以农户小额信用贷款为抓手，既破解了农民“贷款难”瓶颈，又推动了诚信农民建设，打造了良好的农村信用环境。同时，通过依托信用工程创建，增强了农信社风险防控能力，降低了农户融资成本，增强了贫困地区贫困农户资金获取能力。截至2018年底，全省累计创建信用组123657个、信用村12866个、信用乡（镇）986个、信用县21个、地级信用市1个，实现了多层次、广覆盖、可持续的农村信用工程体系。表9－5显示了2015—2018年贵州省信用镇、信用村、信用户建设情况。通过观察表中数据，我们不难发现2015年至2018年期间，贵州省内信用镇、信用村和信用户建设都取得一定成效，实现了不同程度的数量增长。其中：2015年信用镇共757个，而到2018年已经增加到986个；信用村数量则从10481个增加至12577个；信用户数也从2015年的6770000户增加至2018年的7032913户。

表9－5 2015—2018年贵州省信用建设情况 单位：个/户

年份	2015	2016	2017	2018
信用镇	757	928	986	986
信用村	10481	11629	12592	12577
信用户	6770000	6797112	7022111	7032913

调研组实地走访发现，贵州各地因地制宜，全面开展信用乡（镇）、信用村、信用户创建。以安顺市西秀区、六盘水市为例，两地农信社积极打造诚信环境，营造诚信融资环境氛围。通过以“金融夜校”为载体，大力宣传信用工程建设，营造“人人讲诚信，户户守信用”的良好氛围；通过扎实开展农户建档评级工作，合理调整农户授信额度，满足农户信贷资金需求，有效解决农户“贷款难”“贷款贵”的问题；通过加快信用工程建设进度，对信用组执行“利率优惠”“贷

款优先”“服务优良”的“三优”政策，确保惠农利农政策不断深化落实。表9－6给出了2015—2018年西秀区信用建设情况。可以看出，西秀区内信用村个数从2015年的205个增加到了2018年的214个。与此同时，信用户的数量也大大增加，截至2018年底，西秀区信用户数量已经增加至126739户。

表9－6　2015—2018年安顺市西秀区信用建设情况① 单位：个/户

年份	2015	2016	2017	2018
信用镇	15	16	16	16
信用村	205	214	214	214
信用户	114221	115727	127749	126739

六盘水市2015—2018年度信用建设情况如表9－7所示，2018年六盘水市信用户共计220410户，相较于2015年增加了28.41%。此外，信用村建设也从2015年的294户增加至2018年的341户。

表9－7　2015—2018年六盘水市信用建设情况② 单位：个/户

年份	2015	2016	2017	2018
信用镇	16	18	18	18
信用村	294	329	341	341
信用户	171651	208382	224577	220410

经过贵州省内金融机构的共同努力，贵州省“投入大、成本低、覆盖广、产品多、效果好”的金融大扶贫格局不断夯实。然而，在金融扶贫取得良好成效的同时，课题组发现在小额信贷运行模式中户贷企用、户贷户用等有可能会提升相关部门的风险防控难度，应当引起重视。

① 数据来源：西秀区扶贫办。
② 数据来源：六盘水市扶贫办。

五、贵州金融扶贫面临的挑战

扶贫小额信贷为建档立卡贫困户提供了公平、持续、有效的融资通道，是帮助贫困户增加收入摆脱贫困的关键举措。根据《关于创新发展扶贫小额信贷的指导意见》，贵州省推出了精准扶贫“特惠贷”，2015年以来，向全省66.6万建档立卡贫困户提供了“5万元以下、3年期以内、免担保免抵押”的扶贫贴息小额信用贷款。截至2018年10月，累计发放扶贫小额信贷资金348亿元，贷款总量居全国第二，贷款增幅居全国第三，为全省扶贫工作取得阶段性成效起到了积极的助推作用。但在脱贫攻坚最后两年的关键时刻，贵州全省将进入小额信贷还贷高峰期，小额信贷能否及时偿还、能否实现风险可控不仅涉及扶贫小额信贷可持续性问题，也将考验公益性商业化运行效率和信用文化信用环境建设问题。通过对贵州剑河县、江口县、独山县、西秀区等地实地调研及对省县扶贫办、金融办、省信用联社等金融管理机构和县信用社信贷发放机构的座谈，课题组认为贵州省扶贫小额信贷还款高峰期将面临很大压力，部分贷款可能无力偿还，建议要做好预案，防范风险。

（一）扶贫小额信贷运行及其影响

1. 扶贫小额信贷发放方式

贵州省扶贫小额贷款主要采取户贷企用和户贷自用两种类型。调研中发现，“户贷企用”主要借用贫困户名义，由贫困户与合作社签订贫困户参与集体经济组织协议，每位贫困户从信用社获得5万元3年循环贷款集中到农民合作社，再由农民合作社与县投资开发公司（政府投资平台）签订参与金融助农脱贫保底收益协议书，按照8%比例给贫困户保底分红。但投资公司实际支付的贷款成本包括向贫困户支付的8%的保底部分和向银行支付5%的贴息部分，这部分贷款投向可能较多流向了房地产行业和农村基础设施建设。从户贷自用投向看，一部分贫困户借贷后资金投向建房、消费等非生产领域；有部分贫困户借贷后入股农民合作社，合作社按照8%比例（每年4000元）给贫困户保底分红。2017年以来合作社的高速增长从某种程度上佐证了扶贫小额信贷的流向。

2. 集中还贷高峰风险陡增

根据省信用联社统计，2018年第三、四季度全省扶贫信贷到期金额14.42亿元，涉及贫困户50181户，其中“户贷企用”类贷款到期金额1.82亿元，“户贷自用”类贷款到期金额8.06万元。截至2018年10月，全省扶贫小额信贷逾期贷款已达6134.16万元。特别是2019年度和2020年度是全省扶贫小额信贷还款的高峰期，“届时大部分县（市、区）可能面临无力偿还户贷企用信贷资金的风险”。此外，调研组对县信用社访谈发现，J县第一批到期“户贷”部分都没有按时还款，“自用”同样隐含较大风险。

3. 扶贫小额信贷不能及时还款可能会带来金融直接脱贫的短期化和信用环境恶化问题

通过政府平台或投资于企业的“户贷企用”违背了扶贫小额信贷优惠政策的初衷，贫困户收益度不高，不利于培育贫困户内生动力。短期的“保底分红”不能解决贫困户的稳定脱贫，加大了2020年后返贫的可能性。金融是推动产业发展稳定脱贫的重要手段，但在实际运行中，脱贫期限带来的压力可能导致地方政府倾向于完成短期脱贫任务而偏离了长远贫困治理轨道。近年来，各地加大了信用环境建设，逐渐形成了良好社会信用文化。如果政策性扶贫小额贷款出现大面积风险，一方面会激化贫困户与非贫困户的矛盾，质疑扶贫政策的可信度，另一方面也无疑对熟人社会的村信用建设带来冲击。

（二）扶贫小额信贷产生风险的原因分析

1. 政策冲突

根据2014年国开办《关于创新发展扶贫小额信贷的指导意见》，扶贫小额信贷采取“政府引导、市场运作”方式，通过信用评级授信基础上扶持"有贷款意愿、有就业创业潜质、技能素质和一定还款能力的建档立卡贫困户"。但鉴于绝大多数建档立卡贫困户无法满足商业银行信用评级获得授信贷款的实际情况及"十三五"脱贫攻坚总体要求，2016年中国银监会出台了《关于银行业金融机构积极投入脱贫攻坚战的指导意见》，要求银行业金融机构"单独安排资金，单独考核责任，持续加大扶贫小额信贷投放力度"，并把扶贫小额贷款拓展到搬迁安置、就学等各类贷款需求上，允许过桥资金和产业链捆绑授信，对融资主体资质不足、资金到位较慢等问题采取适当放宽标准、特事特办的贷款方式，对搬迁对象的装修和购置家具等消费贷款、创业贷款、就业培训贷款等融资需求，可以按照预期到位补助标准的一定比例发放"一揽子"贷款，把贷款规模作为考核指标，部分没有生产能力和项目支持的不合格贫困户被纳入了贷款范畴，极大地提高了贫困户不良贷款容忍度。在具体操作中，地方金融机构聚焦特惠群体，创新多种金融产品，通过产业链捆绑放大扶贫小额信贷投放，个别县支农再贷款存贷比近乎100%。在2017年防范系统性金融风险大背景下，中国银监会等多部委出台《关于促进扶贫小额信贷健康发展的通知》，强调"要将信用水平和还款能力作为发放扶贫小额信贷的主要参考标准"，强调扶贫小额信贷精准用于贫困户发展生产或能有效带动贫困户致富脱贫的特色优势产业，"不能用于建房、理财、购置家庭用品等非生产性支出，更不能将扶贫小额信贷打包用于政府融资平台、房地产开发、基础设施建设等"，强调风险管控。政策的一松一紧，加上地方政府投资冲动，使扶贫小额贷款偏离了扶贫的主航道，大量资金违规进入了非农产业。

2. 公益性金融与商业性金融的冲突

从历史上看，我国扶贫小额信贷发展初期由政府主导，由于农户认识不清，把扶贫小额信贷当成救济资金，到期不予偿还，导致不良贷款率居高不下。例如，据农业银行对15个省区调查，1986—1989年间共收回贷款2.07亿元，仅占累计发放贷款的8.8%（杜晓山，1995），到20世纪90年代初我国扶贫贴息贷款的还款率也只有50%—60%（国家统计局，1993），到2003年农业银行公布的扶贫贷款中不良贷款占比为37.6%（国家统计局农村社会经济调查司，2006）。截至2019年，扶贫小额贷款主要瞄准建档立卡户，金融机构以营利为基本目的，扩大对贫困户的贷款与商业运作原则相矛盾，客观上影响其发放到户扶贫贴息信贷的意愿。

3. 政策执行偏差，供给与需求不能有效匹配

主要表现在：一是部分农户因识别不精准进入建档立卡（特别是2015年前识别部分），同时又享受了扶贫小额信贷优惠政策，这部分农户被调整清退后，已发放的资金需立即进行偿还，地方政府债务负担加重。二是部分地区将扶贫小额信贷贷款违规发放给非建档立卡贫困户，少数贷款农户改变扶贫小额信贷贷款用途，造成贴息资金不规范使用。三是一些地区项目和产业选择不精准，盲目投资，造成扶贫小额信贷资金使用效益不高。加上量大、面广、监管不力等问题，可能带来较多潜在不良贷款。

第十章

贵州易地扶贫搬迁的经验

摘 要

贵州省委、省政府高度重视易地扶贫搬迁政策顶层设计，牢牢把握“搬迁是手段，脱贫是目的”的根本要求，在深入调研、广泛征求意见基础上探索形成了富有贵州特色的政策体系和实施路径。在易地扶贫搬迁具体实践中，贵州省各地涌现出许多特色举措。江口县探索出易地扶贫搬迁“四定”工作法，安顺市西秀区积极探索“五力汇聚”的易地扶贫搬迁新模式，黔西南州政府实施易地扶贫搬迁“新市民计划”，助推搬迁群众融入适应迁入地生产生活。而且，贵州省各地区以易地扶贫搬迁安置点为基本单元，对已经搬迁入住的项目，开展拉网式“回头看”。贵州省探索实施的一系列的易地扶贫搬迁举措，彻底改变了近两百万农民的世代命运，推动着城镇化发展和乡村布局优化，为城乡经济增长增添了新引擎，改善了农村自然生态环境，锤炼了过硬的农村基层干部队伍。贵州省制定出台的易地扶贫搬迁“六个坚持”“五个三”“五个体系”政策，各有侧重又相互统一，构成了系统化、科学化和理论化的易地扶贫搬迁工作体系，系统解决了搬迁谁、搬到哪、怎么搬、搬后怎么办等全环节、各方面问题，精准体现了中央易地扶贫搬迁政策与贵州实际的有机结合，具有鲜明的时代特征和贵州特色。

一、易地扶贫搬迁的理论逻辑与现实意义

2015年11月29日，《中共中央 国务院关于打赢脱贫攻坚战的决定》提出，确保到2020年农村贫困人口实现脱贫，是全面建成小康社会最艰巨的任务。许多贫困群众的生存环境较差，收入水平偏低，生产和生活不便，饮水困难、不安全现象突出，[①] 易地扶贫搬迁是应对这些生存性困难或发展性困难的有效扶贫手段。易地扶贫搬迁作为我国精准扶贫战略的重要组成部分，在改善搬迁群众的生计资本结构、拓展收入来源渠道、重构社会关系网络等方面发挥着关键性作用，[②] 实现了贫困户生活、生产、社会三维空间的切换，[③] 也是破解深度贫困的重要政策设计。[④] 我国易地扶贫搬迁政策是在多年的扶贫实践中不断发展演变的，其主要特征为搬迁基本原则由政府引导型到政府主导型演变，搬迁机制由整村搬迁到精准搬迁转变，各政策维度不断完善，初步形成了有中国特色的易地扶贫搬迁政策体系，[⑤] 但还存在瞄准失焦、执行偏差、衔接缺乏、力度不足的政策实践问题。[⑥] 除了关于易地扶贫搬迁政策体

---

① 曾小溪、汪三贵：《易地扶贫搬迁情况分析与思考》，《河海大学学报（哲学社会科学版）》2017年第2期。

② 宁静等：《易地扶贫搬迁减少了贫困脆弱性吗？——基于8省16县易地扶贫搬迁准实验研究的PSM－DID分析》，《中国人口·资源与环境》2018年第11期。

③ 吴丰华、于重阳：《易地移民搬迁的历史演进与理论逻辑》，《西北大学学报（哲学社会科学版）》2018年第5期。

④ 贺立龙：《易地搬迁破解深度贫困的精准性及施策成效》，《西北农林科技大学学报（社会科学版）》2017年第6期。

⑤ 王宏新、付甜、张文杰：《中国易地扶贫搬迁政策的演进特征——基于政策文本量化分析》，《国家行政学院学报》2017年第3期。

⑥ 翟绍果、张星、周清旭：《易地扶贫搬迁的政策演进与创新路径》，《西北农林科技大学学报（社会科学版）》2019年第1期。

系和政策过程研究，现有研究还集中于易地扶贫搬迁的实施安置、移民后续发展和效益评估等方面，[①] 虽然已经取得了丰硕的研究成果，但是还有进一步深化易地扶贫搬迁研究的空间，需要在后期的研究中立足实践情况，不断拓展在宏观层面和微观层面的研究方向和研究内容。[②] 从易地扶贫搬迁的具体实践来看，易地扶贫搬迁仍存在搬迁对象不精准、住房面积不精准、安置方式不精准等问题，[③] 需要不断优化后期政策设计，加强后续帮扶举措，充分发挥搬迁群众的主体性和能动性，[④] 激发搬迁群众的内生动力，既要让搬迁群众实现“搬得出”和“稳得住”，还要实现“能脱贫”的政策目标和社会期待。

为了进一步梳理贵州省易地扶贫搬迁的系列政策，构建易地扶贫搬迁的举措体系，检视易地扶贫搬迁的脱贫成效，总结贵州省易地扶贫搬迁的经验就显得尤为必要，这也是形成“贵州样板”、传播“贵州经验”、讲好“贵州故事”的重要前提和现实基础。易地扶贫搬迁有其自身的政策演进逻辑。在理论建设层面，贵州经验的升华凝练有助于健全易地扶贫搬迁的理论体系与逻辑架构，丰富易地扶贫搬迁社区治理的现实内涵和发展模式，拓展易地扶贫搬迁脱贫机制的作用范围和功能区间，为易地扶贫搬迁推进扶贫脱贫工作提供理论指导和方向引领，为如期完成脱贫攻坚的政治任务保驾护航，切实践行“精准扶贫，不落一人”的行动准则和共享发展成果、脱贫致富的目标要求。在实践推动层面，一是解决了贫困群众的住房保障问题，改善了他们的居住条件，增强了贫困群众的安全感。二是建设了基础设施完备的现代化社区，引

---

① 许源源：《易地扶贫搬迁研究述评》，《西北农林科技大学学报（社会科学版）》2018 年第 3 期。

② 赵双、李万莉：《我国易地扶贫搬迁的困境与对策：一个文献综述》，《社会保障研究》2018 年第 2 期。

③ 曾小溪、汪三贵：《打赢易地扶贫搬迁脱贫攻坚战的若干思考》，《西北师大学报（社会科学版）》2019 年第 1 期。

④ 李宇军、张继焦：《易地扶贫搬迁必须发挥受扶主体的能动性——基于贵州黔西南州的调查及思考》，《中南民族大学学报（人文社会科学版）》2017 年第 5 期。

进了多元类型的增收产业，制定了个性化的后续帮扶举措，提升了贫困群众的获得感。三是结合搬迁群众的实际需求，为搬迁社区持续性地供给公共服务，立足社区文化建设拉近群众心理距离，增加了贫困群众的幸福感。易地扶贫搬迁是实现精准扶贫和精准脱贫的重要制度设计和政策安排，通过为贫困群众打造配套设施完善、生产生活便捷的现代化社区，塑造可持续性的社会支持空间和生计发展空间，改变贫困群众的传统生活方式和思想理念，提升贫困群众的组织化程度，增强贫困群众的凝聚力和向心力，协同推进易地扶贫搬迁社区的发展建设和治理转型。

二、易地扶贫搬迁的主要做法

贵州省在实施易地扶贫搬迁工作过程中，按照中央文件部署，结合各地实际情况，不断完善顶层制度设计，细化政策规划，制定搬迁发展方案，探索可行搬迁举措，开创系列先进做法，形成特色扶贫模式，产生了良好的经济收益和社会效益，为打赢脱贫攻坚战和全面建成小康社会积蓄发展力量、营造发展环境。

（一）着力完善顶层政策设计

贵州省委、省政府高度重视易地扶贫搬迁政策顶层设计，根据中央的统一政策框架，结合贵州省情实际，牢牢把握“搬迁是手段，脱贫是目的”的根本要求，在深入调研、广泛征求意见基础上探索形成了富有贵州特色的政策体系和实施路径。自 2015 年底启动实施至今，省级政府层面已经出台 57 个易地扶贫搬迁各类政策，其中包括 4 个纲领性文件（《贵州省人民政府关于深入推进新时期易地扶贫搬迁工作的意见》《中共贵州省委贵州省人民政府关于精准实施易地扶贫搬迁的若干政策意见》《中共贵州省委办公厅贵州省人民政府办公厅关于贯彻落实“六个坚持”进一步加强和规范易地扶贫搬迁工作的意见》《中共贵州省委贵州省人民政府关于加强和完善易地扶贫搬迁后续工作的意见》）、21 个操作性文件和 32 个部门协作支持文件，充分发挥了政策领航、方向指南的作用。针对易地扶贫搬迁后期扶持和社区管理面临的安置点机构设置、社会治安综合治理、教育卫生等基本公共服务保障、稳定就业和持续发展等问题，研究出台了一个主体文件《中共贵州省委贵州省人民政府关于加强和完善易地扶贫搬迁后期扶持和社区管理的意见》，及《关于加强和完善易地扶贫搬迁安置点基本公共服务的实施意见》《关于进一步加强易地扶贫搬迁群众培训和就业的实施意见》《关于加强易地扶贫搬迁安置点文化服务体系建设的实施意见》《关于建立和完善易地扶贫搬迁安置点社区治理体系的实施意见》《关于加强易地扶贫搬迁安置点社会治安综合治理维护社会稳定的实施意见》《关于进一步推进易地扶贫搬迁迁出地资源盘活及收益分配的实施意见》《关于进一步做好易地扶贫搬迁增减挂钩复垦项目验收工作的实施意见》等七个配套文件。针对易地扶贫搬迁配套公共服务设施资金短缺的问题，省委省政府研究决定将东西部扶贫协作资金主要用于学校医院等配套设施建设。积极探索易地扶贫搬迁安置地党的建设，推广运用“一架构三清单”（《易地扶贫搬迁安置地党的建设组织架构》《易地扶贫搬迁安置地党建工作清单》《易地扶贫搬迁安置地党建引领公共服务清单》《易地扶贫搬迁安置地党建引领便民利民服务清单》），全方位保障搬迁群众搬得出、稳得住、能发展、可致富。

（二）探索实施“四定”工作法

在实施易地扶贫搬迁项目工程中，江口县始终精准聚焦“怎么搬”和“搬出来后怎么办”两大问题，探索建立了易地扶贫搬迁“四定”工作法，即以群众意愿“定”搬迁地点、以就业岗位“定”搬迁人数、以家庭人口“定”安置面积、以家庭情况“定”脱贫措施。“四定”工作法得到了中央、省、市领导的高度肯定和全国性新闻媒体的特别关注，2017 年 6 月，中央电视台到江口县拍摄易地扶贫搬迁专题片，作为向党的十九大献礼在北京“砺行奋进的五年 · 十八大成果展”大型展览上进行 3 个月的展播。江口县建立易地扶贫搬迁责任包保工作机制：为坚决打赢易地扶贫搬迁硬仗、助推全县脱贫攻坚整县出列做准备，在快速推进项目工程建设的同时，建立了县级领导干部包保安置点、一般干部包保户的工作机制，把搬迁对象的入住、就业、后续措施落实、成效巩固提升等全部实行责任包保，落实到人头，确保搬迁成效。为确保各安置点搬迁群众搬得来、稳得住、及时融入城镇生活，江口县在强化后续扶持措施落实的同时，创新建立了安置区管理机制。即对1000人以下的安置区，纳入迁入地社区一个村组进行管理，1000人以上的安置区单独成立社区，在社区成立党支部或者社区党委，由一名副科级领导干部担任安置区党支部书记或党委书记，切实增强基层组织的凝聚力，抽调相关工作人员在社区办公以服务搬迁群众，有计划地开展移民后续工作，使移民家庭尽快融入城镇生活，实现一步住上新房子、快步过上好日子的目标。2017年江口县易地扶贫搬迁安置点成立了梵瑞社区党委和社区居民管理委员会，社区党委下设四个党支部，配齐配强了干部班子，构建“社区党委（党支部）+群众组织+楼长”的居民自治管理模式，同时在梵瑞社区引进一家物业管理公司进行标准化管理，努力提升小区搬迁群众的生活幸福指数。

（三）“五力汇聚”创建易地扶贫搬迁“新家园”

按照易地扶贫搬迁“六个坚持”要求，安顺市西秀区围绕“打造易地扶贫搬迁一流精品工程”目标，聚焦搬哪些、如何搬、如何稳等关键性问题，积极探索“五力汇聚”的易地扶贫搬迁新模式，探索出了破解易地扶贫集中搬迁难、入住难和致富难的有效途径。一是科学规划增引力破解搬迁难。西秀区科学规划建设安置点，选址科学聚民意。高标准做好安置点规划设计，按照附近有企业、有学校、有医院、有车站、有农贸市场“移民五有”的标准科学选址。二是保障落实增动力破解稳定难。西秀区在办事服务、培训就业等保障措施上狠下功夫，以全程、一流服务解决搬迁群众“水土不服”问题。三是发展经济增实力破解致富难。西秀区通过招商引资、谋划富民产业等方式，拓宽群众增收渠道，推动稳定搬迁可持续化。四是聚焦未来增活力破解治理难。西秀区坚持区委领导下的多元主体治理原则，构建了区委领导、社区负责、群团协同、居民参与的社会治理体制，切实提高安置点社会治理的专业化水平。五是党建提升组织力破解管理难。西秀区坚持党组织靠前服务，把党组织战斗堡垒作用和服务动员群众作用贯穿于搬迁、稳定、发展全过程。西秀区在易地扶贫搬迁安置点规划建设方面真正做到了选址科学、设计科学和配套科学，实现了搬迁群众就近就地就业，盘活了承包地、山林地、宅基地“三块土地”，衔接了低保、医保、养老保险“三类保障”，形成了“四级包保”、党建引领、规范化的管理模式，创造性地提升了易地扶贫搬迁的社会效益。

（四）以“新市民计划”助推搬迁群众融入社区生活

贵州省黔西南州政府实施易地扶贫搬迁“新市民计划”，助推搬迁群众融入适应迁入地生产生活。黔西南州计划易地扶贫搬迁33.85万余人，占全国搬迁总数的3%，在贵州9市州中排第一位，其中有87167人跨区域搬迁到兴义市和义龙新区，“跨区域搬迁、城镇化安置”是黔西南州易地扶贫搬迁的最大特点。黔西南州在“快融入”上下功夫，探索实施《黔西南州新市民计划》，将搬迁安置点统称为“新居住区”，统筹推进新区规划、新居建设、管理治理、全面服务、资源资产、就业创业、产业发展、民生保障、政策措施、组织建设等10项计划，制定13项配套政策，形成“1+13”的政策体系。第一，实行新市民居住证制度。户籍和居住证并行，按照自愿原则，对搬迁后自愿将户口迁入安置地并转为城镇户口的，及时办理户口迁入手续；对暂不愿意将户口迁移至安置地的，按规定及时办理居住证。居住证持有者在州内和原住民同等享有城镇公共就业、教育、就医、社会保障等权益和公共服务。第二，试点推进“农低保”与“城低保”有效衔接。对原属农村低保的，经安置地民政部门审核审批后，纳入安置地城市低保；对不是农村低保的，经申请和审核审批后符合条件纳入城市低保的，纳入城市低保后，保障对象平均由原来的2460元增加到4800元。第三，实施新市民安居险。按每人每年20元标准为新市民购买安居险，保费由州、县两级财政各承担50%，新市民中建档立卡贫困人口可有意外伤残、意外医疗、意外死亡、疾病死亡、家庭财产自然灾害及盗抢损失、大病保险补助等保障政策。此外，黔西南州构建新居住区党建新模式。在2万人左右的新居住区，设置党工委、管委会，其他新居住区设立党总支或党支部和居委会。同步设立基层工会、共青团、妇联等群团组织、志愿者组织和社会组织。截至2019年10月底，全州已完成新市民居住证办理33.85万人，推动办理户口迁移16.26万人，为易地扶贫搬迁建档立卡贫困户141633人购买了安居险，匹配保费283万元。在搬迁人数1万人以上的20个新市民居住区38个集中安置点成立15个街道党工委，其他16个居住区30个安置点纳入安置地所属乡镇（街道）党委统一管理，组建社区居委会67个，居民小组339个。同步建立自治组织47个、政权组织70个、经济组织51个、志愿组织64个、社会组织30个。

（五）扎实开展搬迁成效“回头看”

贵州省各地区以易地扶贫搬迁安置点为基本单元，对已经搬迁入住的项目，开展拉网式“回头看”。一看教育、医疗保障是否落实，孩子上学、家人看病等基本公共服务是否到位；二看就业是否精准落实到位，到底有没有“零就业”家庭；三看是否存在特殊困难家庭，有没有帮扶责任人去解决；四看搬迁户是否有思想情绪，思想疏导工作是否有人落实；五看承包地是否流转开发，群众有没有得到实惠；六看各项后续服务工作是否到位，帮扶责任人是否出现缺位现象。贵州省思南县于2017年把易地扶贫搬迁作为“当头炮”，认真贯彻落实各级易地扶贫搬迁会议精神，坚决打赢脱贫攻坚关键一仗，为了实现贫困户“搬得出、稳得住、能致富、有保障”的工作目标，思南县通过“三个全面”扎实推进易地扶贫搬迁安置工作“回头看”，扎实推进新一轮脱贫攻坚工作。一是全面做好搬迁安置后续保障服务。思南县各相关职能部门通力合作做好统筹、整合、配套、发展、保障五项工作，对水电路信等基础设施和公共服务设施是否完备、最基本的生活保障设施是否匹配到位且正常使用、户均一人以上就业是否稳定、是否落实产业帮扶计划、搬迁户是否因搬迁而负债、跨县搬迁户思想是否稳定、就医就学政策是否兑现到位等内容进行回头看。二是全面加快搬迁项目建设进度。严格按照上级政策规定调整房屋建筑施工设计，加快工程进度，在保障安全和质量的前提下，切实采取“两班制”甚至“三班制”措施快速推进项目建设，确保工期按时完成。三是全面强化搬迁户就业创业。思南县扶贫、人社、教育等部门同步建立搬迁户就业和脱贫台账，精准掌握搬迁对象的劳动力状况及外出务工情况。针对不同年龄段和文化层次的劳动力，分类制定和实施教育培训计划，采取走出去学、请进来教等方式，让贫困人口都能掌握1—2门增收致富技能，从根本上激发群众脱贫奔小康愿望，实现贫困群众由被动救济向主动脱贫转变，凭借辛勤劳动走上致富道路。[①]

三、易地扶贫搬迁的成效

贵州省易地扶贫搬迁取得了“一举多得”的实践成果，工作成效得到国务院及有关部门的充分肯定。2016年8月全国第一次易地扶贫搬迁现场会在贵州召开，肯定和推广贵州“围绕脱贫抓搬迁”的做法和经验。2017年4月，贵州作为易地扶贫搬迁工作积极主动、成效明显的省份受到国务院办公厅表扬；同年7月，在国家发展和改革委员会、国务院扶贫办2016年易地扶贫搬迁工作成效考核中，贵州省排名全国第一。2017年9月至10月，中央在党的十九大召开前夕举办“砥砺奋进的五年”大型成就展，以贵州为样板展示全国易地扶贫搬迁成效，使易地扶贫搬迁的“贵州样板”成为全国脱贫攻坚的一面旗帜。

---

① 《思南：易地扶贫搬迁安置“回头看”》，http：//gz. people. com. cn/n2/2017/0829/c372860 - 30668518. html，人民网，2017年8月25日。

（一）彻底改变了近两百万农民的世代命运

贵州省全力打好易地扶贫搬迁硬仗，全省“十三五”易地扶贫搬迁规划实施总规模为188万人，其中贫困人口149.4万人，搬迁自然村寨100090个。这些农民走出大山，搬进城镇，生产生活条件显著改善，不仅自身获得感、幸福感和安全感明显增强，而且也彻底改变了子孙后代的命运。截至2019年10月，贵州省累计搬迁入住184.01万人，占搬迁总任务的97.9%，余下的3.99万人，分别在10月底和11月全部搬迁入住。2016年搬迁入住44.8万人，2017年度搬迁入住76.2万人，2018年计划建设的135个安置项目已全部实质性开工，提前搬迁入住2.4万人。贵州省随机入户抽查结果显示，搬迁群众对政策满意度为99.46%，配套基础设施及公共服务设施满意度为99.03%，住房满意度为98.28%，就业脱贫措施满意度为97.95%。

（二）推动城镇化发展和乡村布局优化

易地扶贫搬迁不仅是一项社区再造和重建工程，更是一项人口分布、资源环境、经济社会重新调整和完善的系统工程，不仅涉及安置住房、基础设施和公共服务配套设施建设，更涉及搬迁群众就业创业、社区管理、文化传承、基层党建等诸多方面。2019年3月之前已搬迁入住的132万人，为全省提高城镇化率贡献了约3个百分点；188万贫困群众全部完成搬迁，将为全省提高城镇化率贡献约5个百分点。易地扶贫搬迁助推人口资源要素向城镇聚集，促进了城镇经济发展；同时，按照“搬不了就通、通不了就搬”的原则，没有进行整体搬迁的村庄，不断完善建设规划，优化社区空间布局，实施“组组通”硬化路、农村饮水安全、“村村通”农村出行服务平台等软硬件服务设施建设，大力提升农村基础设施配套水平。

（三）增添城乡经济增长新引擎

易地扶贫搬迁工程建设直接投资达1000亿元，消化了大量钢材、水泥等建材产能，极大地带动了相关工业、建筑业、生产性服务业的发展，创造了大量就业岗位，增加了农民务工收入。近200万搬迁群众进入城镇后，形成庞大的消费需求，又促进了生活性服务的发展。自2016年以来，贵州省精准落实全员培训、城镇就业和脱贫措施以及精准落实每户1人以上就业目标，精准落实产业配套，多渠道促进搬迁劳动力就业创业，重点解决留守妇女和中老年人居家就业。2016年易地扶贫搬迁家庭劳动力实现就业创业18.87万人，2017年28.21万人，2018年32.02万人，2019年36.22万人；2016年户均就业1.96人，2017年1.85人，2018年0.91人，2019年1人以上。

（四）改善农村自然生态环境

大规模人口从生态脆弱的深山区、石山区迁入城镇，大大减轻了迁出地生态环境承载压力，修复和增强了自然生态系统功能。旧房拆除对宅基地进行复垦复绿，利用退耕还林政策对25度以上坡耕地进行生态修复，防止水土流失和石漠化，“越穷越垦、越垦越穷”的恶性循环正在改变，搬迁脱贫与生态修复双赢效果日益显现。旧房拆除是中央易地扶贫搬迁政策体系设计中的重要环节，通过设定统一旧房拆除奖励、设定1年旧房拆除过渡期、明确工作流程和操作办法等措施，易地扶贫搬迁旧房拆除复垦复绿和土地增减挂钩顺利实施。贵州省着力推进旧房拆除复垦工作，全省2016年项目已拆除旧房7.63万户，拆旧率95.61%，复垦宅基地5.83万户700.96万平方米，复垦率73.06%。2017年项目已拆除旧房5.17万户，拆旧率34.67%，已复垦复绿3.12万户，复垦率20.93%，农村生态环境得到较大改善。

（五）锤炼过硬的农村基层干部队伍

易地扶贫搬迁既是创造奇迹的过程，也是锤炼队伍的过程。大批基层党员干部在易地扶贫搬迁战场上冲锋陷阵、攻坚拔寨，推动政策落地、工作落实的能力得到极大提升，党群、干群关系更加密切。贵州省铜仁市采取超常规举措，建立搬出地、迁入地跨区县搬迁联席领导小组，实行搬出地和搬入地干部协同作战、两头挑担，快速锤炼了基层干部的素质能力。在搬迁动员阶段，干部积极动员群众跨区县搬迁，帮助搬迁群众算好经济账、亲情账、家庭账、儿孙账“四笔账”，顺利实现了“要我搬”为“我要搬”。搬迁后，干部积极帮助群众找工作、助就业、办理社保、搞好社区服务，深入基层做给群众看，帮助群众算，带着群众干，领着群众赚。各搬迁安置点设立了“一站式”服务窗口，相关职能部门派驻干部进驻移民安置小区，快捷办理搬迁群众民生事务，解决搬迁群众后顾之忧。铜仁市出台了脱贫攻坚一线干部关怀激励机制，一批优秀干部得到提拔重用。在2018年，铜仁市提拔重用一线干部783名，其中县级干部49名、第一书记和驻村干部99名、乡镇和县直部门帮扶干部635名。

四、易地扶贫搬迁的经验与启示

贵州省易地扶贫搬迁工作科学有序推进，既创造了易地扶贫搬迁理论提升的土壤和环境，也取得了多方满意的实践效果和成绩，形成了一套理论与实践相结合、搬迁与脱贫相衔接、需求与服务相匹配、政策与行动相契合的易地扶贫搬迁模式，积累了丰富的实践经验，为其他贫困地区持续深入推进易地扶贫搬迁工作提供了有益的借鉴与启示。

（一）以“六个坚持”为遵循全面提高搬迁质量

“六个坚持”是贵州易地扶贫搬迁实践经验和集体智慧的结晶，已成为贵州易地扶贫搬迁的根本遵循。一是坚持省级统贷统还，让市县集中精力抓搬迁。按人均6万元的投资标准，由省级“统贷统还”筹足资金，依托土地增减挂钩支持政策等渠道还贷，将筹资压力和责任集中在省级层面，让市县两级集中精力抓搬迁，充分调动基层政府和搬迁群众“两个积极性”，体现各负其责、各司其职、上下联动、合力攻坚的优势。二是坚持以贫困自然村寨整体搬迁为主，精准落实搬迁对象。贵州制定整体搬迁自然村寨和搬迁对象精准识别办法和程序，明确搬迁区域5个界定条件、搬迁家庭5个界定条件和11个识别登记程序，规定整体搬迁的自然村寨必须是50户以下、贫困发生率50%以上（深度贫困地区贫困发生率20%以上）村寨，零星搬迁对象必须是建档立卡贫困人口，纳入搬迁的非贫困人口必须是自然村寨整体搬迁的同步搬迁人口。三是坚持城镇化集中安置，从根本上断穷根换穷业。自2017年起，全省易地扶贫搬迁全部实行城镇化集中安置。根据搬迁对象意愿，选择经济要素集聚功能强、创业就业机会多、人口承载容量大的县城和中心集镇布局安置点，与安置地居民享有同等基本公共服务、同等市民待遇，确保群众搬迁后有学可上、有业可就、有事可做。四是坚持以县为单位集中建设，规范工程项目管理。为保证工程建设质量和进度，防止基层因技术力量薄弱或管理水平不足带来的工程风险，贵州省明确所有安置点须由县级政府统一建设管理，所有项目必须统规统建，不再允许分散自建。严格落实项目基本建设程序和项目法人制、招标投标制、工程监理制和合同管理制。严格落实安置点项目建设周期18个月和县委书记、县长包保安置点建设责任制。五是坚持不让贫困户因搬迁而负债，着力控制搬迁成本。采取严控住房建设面积、建设成本、个人自筹标准和高层电梯房“四个严控”综合措施，坚守易地扶贫搬迁“保基本”的原则。六是坚持以岗定搬、以产定搬，精准落实就业和产业脱贫措施。搬迁前做好“双向调查”，根据安置地可提供就业岗位和安置容量确定搬迁规模，同步为搬迁群众配套建设相关脱贫产业。建立搬迁户劳动力台账和就业登记台账，多渠道促进搬迁劳动力稳定就业，精准落实搬迁对象每户1人以上就业目标。贵州省通过“六个坚持”重要举措，全面提升易地扶贫搬迁质量。

（二）以“五个三”助力搬迁群众生计保障

为做好搬迁后的持续帮扶工作，贵州省早在2016年就围绕脱贫发展，在全省推广“五个三”生计保障和后续扶持配套政策，提出盘活承包地、山林地和宅基地三大资源，统筹就业、就学、就医三大民生问题，衔接低保、医保和养老保险三类保障，建设经营性公司、家庭农场、公共服务站三个场所，建立集体经营、社区管理服务、群众动员组织三种机制服务群众，确保搬迁群众安居能乐业、搬迁能脱贫、脱贫能致富。2016年8月，汪洋同志在贵州召开的全国易地扶贫搬迁现场会上，将“五个三”的目标定位概括为“围绕脱贫抓搬迁”的贵州经验。随着“六个坚持”“五个三”的深入推进及工程建设的顺利进行，贵州省易地扶贫搬迁工作进入新的阶段，省委、省政府决定将工作重心由搬迁建设向后续脱贫发展和社会融入管理全面落实转变。

贵州省龙里县易地扶贫搬迁实践，主要从以下几方面开展工作。

第一，盘活“三地”，提升经济活力。一是做细承包地流转。积极开展入户宣传，组织技术人员实地查看承包地情况，精准丈量土地面积，反复核实测量数据，按照旱地200元/亩、水田300元/亩的标准保底流转，给予经营主体不少于30%的流转补贴。二是做实宅基地复垦。强化相关政策宣传，组织人员实地测量，签订土地流转协议，及时复垦流转土地。同时确保复垦土地享有与承包地相同的保底流转权益，扎实有力地把农村资源变资产、把资产变资金。三是做好山林地开发。根据安置点山林地实际情况，整合人力、土地、农特资源，大力发展刺梨产业和林下经济，强化落实奖励扶持政策，助力培育孵化特色产业，有力构建安置点脱贫支柱。

第二，统筹“三就”，解除后顾之忧。一是抓实教育扶贫。积极响应教育扶贫，鼓励贫困子女入学，细致核实学生信息，抓实“两免一补”，减免义务教育阶段费用，减轻贫困户家庭压力，真正做到“人人有书念，家家有希望”。在减免义务教育阶段费用的同时，针对寄宿制小学和中学生，分别给予每人每年1000元和1250元的生活补助。二是落实就业扶贫。组织搬迁群众开展就业培训，培养其就业技能，同时联系企业提供就业岗位和岗前培训，切实做到“四个一批”，即稳定外出务工解决一批、本地就业安置一批、产业项目扶持一批、公益性岗位兜底一批，确保每户就业1人以上。三是关注医疗扶贫。开设社区诊所，每月至少1次组织医务人员入户开展诊察、健康咨询等服务，同时按照10%的床位设置脱贫专用病房，对搬迁群众开设“绿色通道”，提供先诊疗、后付费和“一站式”结算服务。

第三，衔接“三保”，提高民生质量。一是抓好低保工作。普及低保申报流程，细致核查家庭情况，层层抓实公示评议制度，确保应保尽保、同等待遇、平稳衔接。自搬迁之日起连续三个月给予每人每月532元临时生活救助，同时办理城市低保转接手续，经统计可办理城市低保584人。二是落实医疗保障。高度重视贫困户医疗保险，主动承担参合个人筹资部分，减轻缴纳压力，实现低保“零负担”，同时，针对贫困户开启“绿色通道”，有效减少报销程序，实现医疗报销“一站式”服务。三是补交养老保险。积极统筹指挥民政部门认真统计年满60岁且尚未缴纳养老保险的搬迁群众，反复核查名单信息，一次性补交养老保险金，确保精准施策、精准缴费。

第四，管理“三所”，打造扶贫亮点。一是专业运作经营性场所。成立扶贫开发投资公司，把安置点迁出地资源、商业门面和其他政府性资产交由公司管理运转，做好金融扶持项目包装和融资，收益反哺搬迁户水电信和物管支出。二是创新打造农耕场所。以创新打造农耕场所要求为契机，就近流转土地开办“微田园”，按照连续三年人均0.1亩的标准，免费分配给有需要的贫困群众，基本满足安置点蔬菜自给自足。三是配套管理公共服务场所。按照“生、教、行、业”搭配完善基础设施建设，满足群众需求，保障群众生活，有力避免“空巢”“留守”等现象产生。

第五，建好“三家”，凝聚搬迁人心。一是建强工会联系职工群体。建设冠山高新技术产业园区工会联合会及各企业工会，充分发挥工会联系职工作用，认真做好心理疏导室、健身等器材充实、关心职工身心健康、岗前教育培训、法律维权等工作，帮助职工维权，保障合法权益。二是建强团委发挥社会力量。成立志愿者之家，强化志愿服务队，组建社会爱心团体，抓好建强青年志愿者和义务支教队伍，立足服务群众，解决师资难题，提高搬迁群众满意度，消解老人思乡之情。三是建强妇联关爱妇幼群体。搭建妇幼之家，提供保障业务，帮助妇幼维权，吹响“爱心妈妈”号角，凝聚社会各界人士力量，关爱留守儿童、孤儿寡母、残障幼儿等弱势群体，强化精神文明建设。①

（三）以“五个体系”建设推动搬迁后续帮扶工作

在省直相关部门组成的多个工作组深度调研、多轮征求意见修订和省委、省政府专题会议研究的基础上，2019 年 2 月 16 日，贵州省委省政府正式印发《关于加强和完善易地扶贫搬迁后续工作的意见》及 7 个配套文件，形成易地扶贫搬迁“1 + 7”后续扶持系列文件。文件突出党建引领，紧扣政治融合、经济融合、社会融合和文化心理融合的内在要求，着力构建基本公共服务、培训和就业服务、文化服务、社区治理和基层党建“五个体系”，对搬迁后的工作作出制度性安排，解除搬迁群众的后顾之忧，促进搬迁群众尽快融入安置地的生产生活，全面提升搬迁成效。

“五个体系”是继“六个坚持”“五个三”后对贵州易地扶贫搬迁工作的再丰富、再升华、再发展，通过一系列的政策举措提升易地扶贫搬迁群众的获得感和幸福感。

一是完善基层党建体系。以党的组织统领政权组织、经济组织、群

① 《我县易地扶贫搬迁“五个三”政策措施保障易地扶贫搬迁后续顺利发展》，http：//www. sohu. com/a/208581881_ 99915118，搜狐网，2017 年 12 月 4 日。

团组织、社会组织，引导搬迁群众牢记嘱托、感恩奋进。围绕健全组织构架，配强干部队伍，完善工作机制，建强易地扶贫搬迁安置地基层党组织阵地。探索成立安置地党委、社区党组织和居委会，同步成立综合服务中心，纳入所在乡镇（街道）管理。采取选派、聘用、招考等方式，选配好安置地党组织、综合服务中心和安置地社区专职人员。通过制定党建清单，推进搬迁地党支部标准化规范化建设，明确每个搬迁地党支部每年培养 1 名以上入党积极分子，每两年发展 1 名以上党员。推行网格化管理，把每名搬迁群众都纳入服务范畴。黔西州按照“支部建在小区、小组建在楼栋、互助会建在单元”原则，建立基层党组织 48 个，同步组建群团组织 65 个、自治组织 29 个，实现组织联建、班子联抓、工作联动的格局。

二是完善公共服务保障体系。将党的领导贯穿搬迁群众就业、就学、就医和社会保障全过程，加快实现安置地基本公共服务均等化，切实解决好群众最关心、最直接、最现实、最迫切需要解决的突出问题。选配优秀教师到安置点任教，在安置点设立优质学校分校，配强师资力量，确保搬迁群众子女就近能上学。黔南州专门为新市民社区新（改扩）建公办学校 68 所，实现 2.3 万名新市民子女就地就近入学。在安置地社区建立县级医院分院或卫生室，定期组织县级以上人民医院医务骨干到安置地开展医疗服务，开设医疗绿色通道和“双向转诊”通道，推行家庭签约医生定期服务制度，并积极帮助搬迁群众落实好参保、续保和基本养老保险养老待遇申领等政策待遇。

三是完善培训和就业服务体系。充分发挥组织优势，加快组织化劳务输出和安置地产业培育，提高技能培训针对性，努力帮助搬迁群众实现稳定可持续的就业。通过培育产业带动一批、推动创业扶持一批、公益性岗位安置一批等方式，不断拓宽就业增收渠道。龙里县奋进社区成立就业创业服务中心，对妇女开展家政、烹饪培训，为老年群体开辟“微田园”，让他们不仅可以自己种菜，还能参与公司林下养鸡等项目，按劳动时间领取报酬。广泛对接发达地区城市的劳务派遣公司和相关用工企业，在山东青岛、浙江杭州等贵州外出务工人员集中地区，依托当地劳务协作服务站建立党团组织，促进全省已搬迁劳动力就业创业31万余人。

四是完善文化服务体系。注重发挥基层党组织教育引导群众的功能，不断满足搬迁群众的精神文化需求。整合现有基层公共服务阵地资源，打造理论宣讲平台、教育服务平台、文化服务平台、科技与科普服务平台、健身体育服务平台，积极建设新时代文明实践中心，引导党员干部进楼入户开展政策宣讲。习水县东皇街道党工委召开群众会、依托新时代文明实践所宣讲100余场次。安置地通过公益广告、“红黑榜”、村规民约和乡风文明理事会等，教育引导搬迁群众破除各种陈规陋习、不良习气，形成崇尚科学、文明、节俭、诚信的良好风尚。

五是完善社区治理体系。从生活、物业和社会便民服务等方面入手，充分发挥党组织战斗堡垒作用和党员先锋模范作用，对安置区域进行规范化管理。在安置地设立党务政务一站式服务大厅，充分运用大数据等现代信息技术，不断提高服务水平。黔南州统筹设立116个便民服务站、服务联络站、服务代办点，明确7项政府公共服务、23项即办服务，下放30余项审批权限到社区站点窗口。创办“老年人活动中心”“四点半学校”，组建党员志愿服务队、青年志愿服务队，提供居家养老等服务。盘州市亦资街道党工委组织社区干部、志愿者开展“家访”3620人次，把服务和关怀送到群众家门口、心坎上。①

总的来看，贵州省制定出台的易地扶贫搬迁“六个坚持”“五个三”“五个体系”政策，各有侧重又相互统一，构成了系统化、科学化、理论化的贵州易地扶贫搬迁工作体系，系统解决了搬迁谁、搬到哪、怎么搬、搬后怎么办等全环节、各方面问题，精准体现了中央易地扶贫搬迁政策与贵州实际的有机结合，具有鲜明的时代特征和贵州特

---

① 《贵州加强易地扶贫搬迁安置地党的建设“五个体系”增强群众获得感》，http://dangjian.people.com.cn/n1/2019/0114/c117092-30526608.html，人民网，2019年1月14日。

色。不仅为易地扶贫搬迁工作指明了前进方向、提供了根本遵循、注入了强大动力，而且对推动乡村全面振兴、助力城乡和区域经济高质量发展，都具有十分重大而深远的意义。

第十一章

贵州扶志扶智的经验

摘 要

贵州扶志扶智工作的主要做法可以总结为“两大机制+‘软硬’两招”，即驻村帮扶和党政引领两大机制、宣传教育和打赢四场硬仗两招。脱贫攻坚期间，贵州4.3万名干部下基层，尽锐出战，是扶志扶智的主力军。基层组织高度重视挖掘脱贫“种子资源”，包括带头人、多方面的精神引领和用好制度和政策资源等，探索建立扶志扶智的本土长效机制。“软招”以宣传教育、模范典型引领贫困人口立志弘志，建立了集中与分散、动态与静态、阶段性与长期性、普遍性与精准性全面结合的宣传教育机制，深入做好贫困群众思想工作。“硬招”以四场硬仗和法治扶贫为抓手，切实将扶贫与扶志扶智相结合，重视法治扶贫以规矫志，化解各种矛盾。贵州扶志扶智因《大扶贫条例》明确扶志扶智内容体系与实施主体，彰显大扶贫特色；出台《关于注重扶贫同扶志、扶智相结合大力开展精神扶贫的实施意见》，在瞄准极贫深贫区域的文件中明确扶志扶智是规定动作，确定2018年为扶志扶智年，具有主题特色。其产出主要有四点：一是教育扶贫扶智有突破，包括精准资助兜底线有突破、扩增资源强保障有突破和职业教育拔穷根有突破；二是锤炼了一支特别能战斗的基层干部队伍；三是村“两委”被激活，发现和培养了一批村干人才；四是网格化的精准工作机制给深度贫困地区贫困人口带来了最直接的观念和知识冲击，客观上加快了城乡观念的融合。主要经验有三点：一是明确产业扶贫是夯实扶志扶智经济基础的关键；二是精心构建党政引领扶志扶智的工作机制；三是始终贯穿让贫困群众“动起来—富起来”的内容主线。面临的主要问题有四点：一是乡村教育城乡差距与横向差距并存，是阻断贫困代际传递的最薄弱环节；二是产业扶贫的政府主导力度大，扶志扶智的经济基础需要市场支撑；三是扶志扶智面临老年乡村的现实挑战；四是家庭维度的缺失在很大程度上抵消了政策红利。

2015年11月27日，习近平总书记在中央扶贫开发工作会议上指出，只要有信心，黄土变成金。贫穷不是不可改变的宿命。人穷志不能短，扶贫必先扶志。要做好对贫困地区干部群众的宣传、教育、培训、组织工作，让他们的心热起来、行动起来，引导他们树立“宁愿苦干、不愿苦熬”的观念，自力更生、艰苦奋斗，靠辛勤劳动改变贫困落后面貌。

在《摆脱贫困》一书中，习近平同志多次强调扶志扶智的重要性。在“跋”部分对全书进行总结时写道：“全书的题目叫做‘摆脱贫困’，其意义首先在摆脱意识和思路的‘贫困’，只有首先‘摆脱’了我们头脑中的‘贫困’，才能使我们所主管的区域‘摆脱贫困’，才能使我们整个国家和民族‘摆脱贫困’，走上繁荣之路。”可见，习近平同志调扶志扶智首先要求领导干部摆脱意识和思路的贫困，只有如此，才能带领人民群众走上致富之路。对此，习近平同志在不同的篇目中多次强调。主要有：“要淡化‘贫困县意识’”；破除教育上的马太效应，打破“穷”和“愚”的恶性循环；建立“三位一体”的教育体系，强调“成人教育不是单纯的文化、技术教育，而是全面开展政治、文化、技术、管理教育，全面提高劳动者的思想道德和科技文化素质”；“要把脱贫与农村社会主义精神文明建设结合起来”；提出“科学技术是脱贫致富的关键”“移风易俗，提倡文明的健康的生活方式是脱贫致富的必要条件”“老区革命精神是脱贫致富的强大精神支柱”等重要论断；强调“正因为经济不发达，我们更要有兴办科技教育的动力和压力”等。习近平总书记关于扶贫工作的重要论述内容非常丰富，为扶志扶智工作提供了基本遵循。

一、贵州扶志扶智的主要做法

党的十八大以来，习近平总书记多次强调扶贫要同扶志扶智相结合。党的十九大报告明确提出要“注重扶贫同扶志、扶智相结合”。2019 年 4 月，习近平总书记在重庆召开解决“两不愁三保障”突出问题座谈会时，再次强调“要加强扶贫同扶志扶智相结合，让脱贫具有可持续的内生动力”。贵州始终牢记总书记谆谆教导，切实把扶贫与扶志扶智结合起来，2018 年 6 月率先出台《关于注重扶贫同扶志、扶智相结合大力开展精神扶贫的实施意见》，将 2018 年确定为“扶志扶智年”，坚持大扶贫思路，以全力打好“四场硬仗”① 为工作内容，全程紧密结合扶志扶智，各地涌现出各有特色的扶志扶智做法。从实施机制和工作抓手来看，我们将贵州扶志扶智工作的主要做法总结为：驻村帮扶和党政引领两大机制让扶志扶智工作运转起来，加强宣传教育和打赢四场硬仗“软硬”两招是扶志扶智工作的两大抓手。

① 即农村基础设施建设、易地扶贫搬迁、产业扶贫、教育医疗住房“三保障”四场硬仗。

（一）驻村帮扶机制：尽锐出战，下沉一线

脱贫攻坚期间，贵州4.3万名干部下基层，尽锐出战。以县直部门干部为主，定点扶贫单位驻村干部、挂帮单位驻村干部共同组成驻村工作队，建立县、乡（镇）、村三级指挥中心（所）和指挥体系，采取网格化管理和“人对户”“人盯人”战术；明确驻村工作要求[①]，明确阶段进展和考核指标，点点滴滴抓落实。

驻村干部作为直接帮助贫困农户的第一责任人，是同贫困农户直接打交道最多的“领导”，因此，驻村干部的政策水平、工作能力与处事艺术，直接影响到脱贫攻坚第一线的工作质量和效率。将实打实的扶贫任务与扶志扶智相结合，对驻村干部提出了更高的要求。总体来看，驻村干部扶志扶智的工作内容主要包括：讲政策，建明白卡，帮助贫困群众建立感党恩跟党走的思想意识；助力贫困村贫困户的产业发展，解决发展中的难题，以看得见的经济收益帮助贫困户立脱贫志；狠抓村容村貌、家庭卫生改善，帮助贫困群众去懒向勤，通过环境卫生状况的改善唤醒贫困群众向往幸福美好新生活的热情和动力；不管贫困群众如何抵触，哪怕是“死磕”也要让贫困户慢慢习惯与驻村干部交谈交心，帮助贫困群众找到脱贫致富路子，树立信心，让政策执行、观念更新在不知不觉中完成。

驻村工作机制是贵州打赢脱贫攻坚战的关键一招。干部下沉到村里，到脱贫攻坚第一线，是抓落实的关键机制。在贵州各县的调研表明：如果没有驻村干部抓落实，脱贫攻坚各项工作很难落到实处，更难抓出效果。

---

① 驻村工作要求，各县根据脱贫攻坚的进程和任务轻重各有不同。有的县规定周五、周六为扶贫工作日，是包户干部遍访包保贫困户的工作日；有的县要求驻村干部周一到周六必须吃住在村里；有的县规定“三个一”，即一周必须和包保贫困户吃一顿饭、聊一次天、在贫困户家住一晚上。

（二）党政引领机制：层层落实，挖掘资源

党中央、国务院是脱贫攻坚的坚强领导，省委省政府对全省脱贫攻坚进行全面部署，县委县政府抓落实，各负其责，各司其职。村级党组织、村委会，尤其是由驻村干部组成的工作队，作为县、乡级党委政府的派出干部队伍，代表基层党委政府在第一线直接抓落实，是指挥和实施脱贫攻坚工作的神经末梢。

从贵州来看，“省负总责、县抓落实”的工作机制，主要表现为省、市（州）、县、乡（镇）、村各级党委组织的不同职能。省委省政府坚持大扶贫思路，紧扣“打赢四场硬仗”，部署“夏秋攻势”，提出问题整改的五个专项治理、农村产业发展“八要素”等打法；根据省委省政府的总体部署和工作要求，市（州）、县、乡（镇）、村层层落实，将脱贫攻坚任务按空间和时间两个维度逐一落到实处，形成脱贫攻坚作战图，倒排工期，按期推进。

因此，对于“村”而言，各级党委政府的职能都具有顶层设计的特征。比如黔东南州以促进贫困劳动力就业为重点，提出开展扶志转勤、扶勤转能、扶能转富“三扶三转”行动，引导贫困群众树立主体意识，激发贫困群众内生动力；铜仁市江口县推行“四下沉、四结合、四覆盖”群众工作法，实现干群同心、鱼水情深，在贵州第二批退出的 14 个县中以第一名出列；黔南州贵定县提出打好物质扶贫“六个山”、思想扶贫“三做到”、情感扶贫“三加强”、扶贫结果“四个好”的“6334”攻坚“组合拳”，让扶贫扶志工作走入群众心里，激发贫困户热起来、动起来。虽然各市（州）、各县的脱贫攻坚重点各有不同，但其共同点都是有非常明确的总体思路、工作重点和时间节点。

各级党委政府对脱贫攻坚工作的顶层设计，最终必然落实到村里。所以，驻村工作队怎么抓工作，不仅关系到这个村的脱贫攻坚进程，还关系到整个乡（镇）、县、市（州）乃至贵州的整体进程。为了激活贫困群众的内生动力，让群众积极参与进来，贵州各县的驻村工作队非常

重视村里“种子资源”的挖掘、发现和培养。这是一个非常朴素的工作逻辑：只要每个村里都活了，乡（镇）也就活了，依次上推。但是，扶志扶智最困难的问题恰恰在于：怎么将一盘散沙的农户组织起来？怎么让贫困户主动积极参与进来？

为了解决这个问题，驻村干部们几乎高度一致地想到了一起：找好金种子，带动全村人。

最常见的“种子资源”是带头人。这种例子非常多，通常是通过带头人领头发展产业，建立好利益联结机制，帮助贫困户树立脱贫致富信心。

其次是多方面的精神引领。比如弘扬老支书精神。毕节市赫章县海雀村将老支书文朝荣的精神总结为“艰苦奋斗、无私奉献、愚公移山、改变面貌”，提出坚持“四个狠抓”①，苦干实干，转变思想观念，斩断穷根。贵阳清镇市小坡村则将小坡籍老红军杨顺清“忠诚担当、感恩奉献”精神作为脱贫攻坚的“种子资源”，成立以“干部+党员+族老+志愿者”为骨干的党员联系服务群众“杨顺清连”，采取班排化管理机制运行，设连长1名，下设5个排、14个班，1名成员联系10—20户群众，要求成员做到知人、知情、知心、有为“三知一为”；连队建立“服务菜单”，包括“党员讲历史、干部讲政策、能人讲技能、乡贤讲精神、族老讲传承、群众讲体会”等六大实践活动，激发村民“想发展、盼发展、愿发展”的积极性和主动性。

再次是制度和政策资源。最常见的制定乡规民约，几乎各村都有自己的村规民约，一些村还细化到家规家训。在制度资源层面，贵州最有特色的是将农村“三变”改革②作为脱贫致富的“种子资源”。比如六盘水市钟山区，以“三变”改革为主线，创新“三变+旅游+技能培

① 即狠抓生态建设，改善生存环境；狠抓基础建设，提高生活质量；狠抓产业发展，拓宽增收门路；狠抓文化教育，强化素质提升。

② 农村“三变”改革发源于贵州省六盘水市，即资源变资产、资金变股金、农民变股东，作为改革经验多次被写入中央1号文件等国家级文件在全国范围内推广。

训+就业创业+扶贫”模式，在月照养生谷景区内创办钟山区贫困群众培训基地，与区委党校、区旅游职业培训学校、区就业技能培训基地、区“三变”改革培训学校“五校合一”，从培训对象本土化、教学实习一体化、培训保障惠民化、培训管理规范化等六个方面，激活农村人力资本创业就业的内生动力。

（三）“软招”重渗透：宣传教育、模范引领

与基础设施建设、产业扶贫等相比，扶志扶智是“软”工作。因此，扶志扶智的主要做法也具有“软”的特点：强调宣传教育，重视潜移默化，突出榜样的作用。

一是建立集中与分散、动态与静态、阶段性与长期性、普遍性与精准性全面结合的宣传教育机制，深入做好贫困群众思想工作。在全省所有行政村开办新时代农民讲习所暨新时代文明实践中心，广泛开展“牢记嘱托、感恩奋进”主题教育，组织全省共10万余名讲习员用群众语言向群众进行宣讲，深入宣传习近平总书记对贫困群众的关心关爱，宣传党中央、国务院和省委、省政府脱贫攻坚决策部署和取得的成效，让上千万群众听讲学习受益，帮助贫困群众进一步破除“等靠要”思想，培育“团结奋进、拼搏创新、苦干实干、后发赶超”的新时代贵州精神，激发改变贫困面貌的干劲和决心，增强“弱鸟先飞”的思想自觉和行动自觉。利用标语宣传，营造决战决胜贫困的社会环境，切实培养广大群众输不起的紧张感、穷不得的危机感、等不住的责任感，和绝不向贫困低头、绝不甘当贫困户的意识；利用乡镇、村里的墙报和宣传栏，以及在发放给贫困户的茶杯、脸盆、挂历等日常用品上宣传扶志扶智，加大覆盖面，提高精准度；将村规民约、家训家规、党恩教育等乡风文明内容，融入美丽乡村建设庭院绿化美化当中，让民众看到切切实实的变化，突出习惯和行为养成；利用周末、赶集日进行街头专题宣传，提高知晓度；此外，微信群推送、口袋书、村里的大喇叭宣传等，也是重要的宣传载体和手段；针对特定群体，各地还会制定专门的

上门宣讲制度和内容，瞄准对象进行精准宣传。

二是强化典型示范，模范带动。总结提炼、广泛宣传脱贫攻坚中涌现出的文朝荣、黄大发、余留芬、邓迎香、左文学等一批先进典型；连续两年发布《贵州脱贫攻坚群英谱》，共推选出 308 名涵盖不同行业、不同领域，具有很强时代性、真实性、代表性、群众性的先进代表；组织 14 名脱贫攻坚奖获得者在省内各市州开展巡回宣讲共 10 场，听讲人员共 10 余万人；用身边人、身边事示范带动，引导大家立新功、创佳绩，着力营造崇尚先进、学习先进、争当先进的良好氛围，教育引导贫困群众“撸起袖子加油干，苦干实干奔小康”。

（四）硬招过硬：真抓实干，明确要求

1. 扶志扶智融入产业扶贫硬仗：参与意愿与内生能力双提升

为了让“软招”不软，让“说的变成真的”，还需要看得见摸得着的“干货”。贵州脱贫攻坚的核心内容是四场硬仗，其中产业扶贫是扶志扶智最重要的抓手和载体。这是因为，一方面，为了让贫困户加入到产业发展中来，要开展针对性的培训，这是一个补智育能的过程；另一方面，贫困人口发展产业的过程，或者以就业方式参与到产业发展的过程，是通过“干中学”增智提能的过程。

贵州产业扶贫与扶志扶智相结合，主要围绕两个关键问题展开：一是提高贫困人口参与产业发展的意愿，即扶志；二是提高贫困人口发展产业的能力，即扶智。

首先，三大措施提高贫困人口参与产业扶贫的意愿和动力。一是构建基层党组织、村“两委”、合作社等多方参与的组织动员机制；二是构建增强收益预期的利益联结机制；三是加强生产流程管理和规范劳动行为。

组织动员机制主要消除贫困群众基于经验观察（理性）而产生的疑虑和不信任，从而变观望、拒绝为积极参与。自从 1986 年我国明确提出开发式扶贫以来，产业扶贫就是最重要的抓手。产业发展有成功，

自然也有失败。因为以前有过产业扶贫失败的案例，所以，贫困群众对政府主推的产业存在不信任感，不愿意参与。另一种情形则是不愿意冒风险而选择不参与。比如当地从来没有种植过中药材，现在政府和龙头企业规划建一个两万亩的中药材基地，群众在没有亲眼看到成效之前，很难相信种植只有生病了才会吃的中药材，而不是每天都可以吃的粮食能够赚钱。所以，从根本上来讲，贫困群众基于经验观察而产生的不信任感，是一种基于经验积累的认知理性；而因为是新鲜事物而不敢大胆尝试，则是理性边界问题。即与“精英”群体相比，贫困群众有限理性的集合更小，如果以人的大脑为中心的话，其半径更短，边界更窄。对于前者，主要是要消除贫困群众的不信任感；对于后者，则需要拓展其理性边界。

显然，要改变贫困人口因为自身的理性判断而产生的低参与率，需要时间。但是脱贫攻坚不等人。因此，在产业扶贫的组织动员机制设计上，各地大多采取以基层党政组织参与的方式，给贫困群众吃定心丸。表现出来的可观察现象就是：虽然各地组织方式不完全一样，但是大多有村“两委”、合作社、村级集体经济组织参与，其特点基本可以用“党社联建，合股经营，龙头引领”加以概括。

利益联结机制要解决的是因为“等靠要”、疑虑等心理而导致的低参与率。不管是消除“等靠要”思想和行为，还是化解疑虑心理，关键都是要将“利益捆绑机制”变成“利益联结机制”。为此，各地产业扶贫在构建利益联结机制时，一般会传递并强调四个方面的信息：一是产业扶贫主体是有实力带着大家脱贫致富、有社会责任担当的企业——这一信息主要是为了消除观望群众的疑虑心理，同时也解释了产业扶贫中地方政府的“龙头企业偏好”；二是明确地向贫困群众传递不能“等靠要”，要“撸起袖子加油干”的信息；三是参与产业发展的各方是一个利益共同体，只有大家齐心协力才能把产业发展好，才能有好收入、高分红；四是帮助贫困群众形成“不等不靠”“我也能行”的强烈预期，增强劳动自豪感和成就感。为此，大多数产业扶贫都是以园区、龙头企业、合作社、能人带动等方式，将贫困人口搭载在产业平台上，采用土地入股、资金入股（“特惠贷”）等方式，确保贫困人口有保底分红、股份分红、定期分红等，起到保障贫困人口基本经济收入、稳定收入预期的作用；同时贫困人口根据务工情况，每天有80—150元不等的务工收入；大多数产业发展主体承诺，三年（根据农作物的生长周期，一般都约定是3年）以后根据收益情况，在保底分红的基础上，入股农户还可以按股分红。

加强生产流程管理和规范劳动行为，主要是解决磨洋工等“隐性内生动力不足”问题。这部分贫困群众介于完全不参与和积极参与之间，晚来早走、出工不出力、不遵守生产规程、办事不用心、工作不负责，时不时还怪话连篇、抵制先进等，是其典型表现。之所以如此，可能是因为没有不参与的勇气，不好意思明目张胆地搭便车；也可能是长期的散漫生产和生活习惯使然。不管什么原因，在生产中的懒散行为不仅影响到本人的劳动效率，而且会影响周围群众的生产效率。解决这个问题，主要有两种做法：一种是在集中生产的情况下，企业会严格培训操作流程和行为规范，合格者上岗；另一种是分散生产的情况下，不监督劳动过程，只在收购产品时通过评级逆向控制生产流程的规范性。这些标准化控制的做法培训，对于改变贫困群体的懒散习惯大有益处。

其次，多种形式的培训、实训和实习增强内生能力。为了帮助贫困人口形成发展产业的能力，各种形式的培训几乎成为产业扶贫项目的“标配”。这其中有专项扶贫实施的“雨露计划”、有企业和其他主体开展的“订单培训”、还有企业安排的现场实训、异地参观学习等。2018年，为了打好产业扶贫硬仗，贵州全面开展“万名农技专家下基层”活动，确保每个参与产业发展的贫困户都得到技术服务，同时用好“土专家”“田秀才”，并依托网络平台、APP等向发展产业的群众提供技术支持。

最后，组织化连接市场，以内生能力激发内生动力。主要表现为各地纷纷建立校农对接等农产品产销对接机制，让贫困群众看到实实在在的收益。在实施中，各定点扶贫单位以驻村蹲点的第一书记、工作组组长等为联络员，将产业扶贫的产品销售到各级各类公立学校（幼儿园）、公立医院、机关事业单位、驻黔部队单位、国有企业等公共机构（以下统称公共机构），形成稳定需求，激励贫困人口积极从事生产发展，从而实现持续增收、稳定脱贫。

在产业扶贫的推进过程中，组织动员机制、利益联结机制和产销对接机制相互作用，各地探索形成了各有特色的产业扶贫模式。比如塘约村的“村社合一”模式、各地普遍采用的“平台＋合作社＋贫困户”模式、“村企合一”模式、“公司＋合作社＋农户”的订单模式、“五户联保”模式、“公司＋区平台公司＋村委会＋合作社”模式等。

2. 扶志扶智与易地扶贫搬迁硬仗相结合：以规弘志与正念植入

易地扶贫搬迁属于专项扶贫。为了帮助搬迁农户尽快适应安置点的生产和生活方式，易地扶贫搬迁从关注“搬得出、稳得住、能致富”的长远生计，到“五个三”中明确要统筹就学、就业和就医“三大问题”，涉及扶志扶智的内容与举措相当多。

以恒大大方扶贫为例，在易地扶贫搬迁工作中，恒大随时植入贫困人口可以“触摸得到”的先进理念。比如为避免不该搬迁的搬了、该搬的却未搬的现象发生，专门制定《易地扶贫搬迁对象评选方案》，规定村民民主评议会议的最少人数，要求必须按照“遵纪守法、勤劳创业、重视教育、移风易俗、环保卫生”的标准评选搬迁对象。在设计搬迁住房时，按照“实用、节约、美观”原则，户型面积包括40、60、80、100、120平方米，设计双拼、四联、六联、八联特色民居风格，植入“居住的现代性＋风格的传统性”观念，为搬迁贫困户实现居住环境向现代化转型、发展特色乡村旅游业打好基础。在岗前培训中，根据贫困户文化素质总体偏低、年龄差距大等特征，将企业的素质拓展改变为包括军训、理论教学、实地参观教学、观看励志电影、举办趣味运动会和现场招聘会等内容的培训套餐，参训人员结合自身特长和务工意愿，报名参加相应工作的培训，不仅起到了很好的培训作用，而且让贫困群众大开眼界——原来就业培训还可以这样做!

在这些看到见、摸得着、与自己利益密切相关的管理办法和理念的影响下，贫困乡亲的生产方式发生了改变，蔬菜种植从大田移到大棚，从“为自己种”转变为“为市场种”。生活习惯也随之发生改变，乡亲们像城里人一样跳起了广场舞。搬进恒大幸福二村的 81 岁老人张正英，每天起床后第一个“要紧事”就是打扫房间。恒大幸福二村的很多村民坦承，搬来之前，的确不讲究卫生，哪里顺手哪里就是垃圾堆；搬来之后，“一定要改变”，“不光要自己讲文明”，“下一代也要严格教育，让他们从小就做一个讲文明、讲卫生、讲感恩、讲和谐的人”。[①] 在恒大集团就业的大方村村民，体会到了“在大单位工作的自豪感”，注意到“客户说话声音都很小”；生活条件与城里人一样，住楼房，有电视、全自动洗衣机、空调、洗澡间，单位中、晚两顿饭都是三菜一汤外加水果。

3. 基础设施硬仗中的扶志扶智：依规投劳与黑榜除名

与易地扶贫搬迁和产业扶贫相比，基础设施建设因为不需要移动生产和生活空间，也不涉及改变传统的生产方式，而且，一旦项目实施完成以后，效果立竿见影，因此，贫困群众的参与度更高。但是，也存在“干部撸起袖子干，群众站在边上看”的搭便车行为；部分村寨还存在由于讲“风水”等原因，抵制相关项目实施的对抗行为。所以，基础设施硬仗中的扶志扶智，一是要求投工投劳，二是鼓励实施以工代赈项目。对于非要偷懒的村民，也只能通过“黑榜”进行批评教育，或者在事先告知的情况下，将其从各类扶贫资助的候选人名单中去除。

4. 法治扶贫以规范矫志，化解教育医疗住房“三保障”硬仗中的各种矛盾

教育扶贫本身就是一个扶智过程，所不同的是主要针对贫困家庭的子女展开。贵州持续压缩党政机关 6% 的行政经费用于支持农村教育事

---

① 引号里的内容来源于恒大大方扶贫工作队提供的宣传资料。

业发展，全面落实教育扶贫资助政策，确保贫困家庭学生不因经济困难而失学辍学。大力发展职业技术教育，持续实施三年免费中职教育，广泛面向深度贫困地区和贫困人口招生，每年毕业近30万人就业后带动家庭脱贫。

医疗和住房保障往往会因为公平性问题引起干群、群众之间的矛盾争端，甚至争戴贫困帽。为了解决这类问题，除了建立完整的工作机制以外，贵州突出了“法治”扶贫作用，出台《关于开展法治扶贫六大行动的通知》，开展扶贫制度保障、扶贫执法监督、扶贫法治宣传、扶贫决策参谋、扶贫纠纷化解、扶贫法律顾问六大行动。启动“贵州省法律援助精准扶贫项目”，选派20家律师事务所定点帮扶2个贫困县和全省20个极贫乡镇，为贫困乡镇脱贫提供法律护航，同时对不履行法定义务、骗取政策扶助的行为，依法由相关部门采取训诫等方式进行教育引导。

这方面铜仁市江口县的探索值得借鉴。江口县将村民自治与民主法治相结合，建立以村为主的矛盾纠纷调解委员会，把组务会成员、德高望重的族长等“说话管火、做事管用”的人充实到矛盾纠纷调解委员会中。推行一村一法律顾问，每村培养5名以上法律明白人，扩大群众学法、懂法、知法的覆盖面。按照“村不漏组、组不漏户、户不漏人”的方式，进行矛盾纠纷摸底排查和法律法规宣传。对排查出来的矛盾纠纷和涉法涉诉进行及时化解；对一时化解不了的向群众讲清楚缘由及合理的处理方式，确保合理诉求得到及时解决；对不合理的诉求耐心解释，消除群众心里的疙瘩，平息群众怨气；对不孝老爱亲、不尽赡养（抚养）义务、蛮横无理胡搅蛮缠的行为进行惩戒；对黑恶村霸进行依法严厉打击。通过矛盾排查、问题化解、扫黑除恶，切实解决了农村长期遗留的各类问题，解了民怨、顺了民气、舒了民心，提升了农村治理水平，减少了“两争两瞒”现象，实现了以法律规范矫志弘志。

二、贵州扶志扶智的特色、成果与经验

（一）贵州扶志扶智的大扶贫与主题特色

1.《贵州省大扶贫条例》明确扶志扶智内容体系与实施主体

贵州是唯一出台“大扶贫条例”的省份。根据国务院扶贫办官方网站信息，在18个制定了“扶贫条例”的省（区、市）中，以“大扶贫”命名的省份，全国独贵州一家。

在《贵州省大扶贫条例》中，规定了“教育+技术培训+乡村人才培养+外部人才支持+硬件建设”的扶志扶智内容体系，以及实施这些内容需要的多部门、多主体协同关系（表11-1）。

表11-1　《贵州省大扶贫条例》中扶志扶智内容及扶贫主体关系

序号	条目序号	主要内容	扶贫主体	关系特征
1	第二十一条	县级以上人民政府及其有关部门应当加强职业技能培训，帮助有劳动能力的贫困人口掌握实用技术技能，通过劳务输出、就业指导、创业扶持等措施，实现贫困人口脱贫	政府	农业、人社、组织等部门、培训机构等多主体协同
2	第二十三条	……开展乡村旅游经营者、能工巧匠传承人、导游、乡土文化讲解员、创新人才等各类实用人才培训和乡村旅游扶贫公益宣传	政府	旅游、文化、民宗、组织、人社等部门、民间组织、专家团队等多主体协同与参与
3	第二十六条	易地扶贫搬迁应当与其他扶贫措施相衔接，……完善……教育、医疗等公共服务配套设施建设	政府	移民、教育、住建、国土、社保、医疗卫生等部门、企业扶贫、定点帮扶单位、对口帮扶城市等实施与协同

续表

序号	条目序号	主要内容	扶贫主体	关系特征
4	第二十八条	县级以上人民政府及其有关部门应当加强贫困地区和贫困人口的基础教育和职业教育，教育经费和师资向贫困地区和贫困人口倾斜，创造良好教育条件；制定和完善建档立卡贫困学生教育精准扶贫资助制度，逐步提高资助标准 实施乡村教师支持计划和贫困地区定向人才培养计划，完善城市教师到贫困地区支教、任教和城乡教师交流制度，对有贫困地区任教经历或者长期在贫困地区任教的教师，在职称晋升、招考录用、教育培训等方面给予适当倾斜；提高贫困地区教师补助标准，保障贫困地区教师平均工资水平不低于当地公务员平均工资水平	政府	教育、人事、高校、组织等部门、对口帮扶城市、定点帮扶单位、社会团体、专家团队等实施、协同与参与
5	第三十一条	县级以上人民政府及其有关部门应当加强贫困地区图书馆、文化馆、体育活动中心等农村文化和体育设施的建设，实施文化、体育扶贫工程	政府	文化、体育、宣传、民宗等部门实施与协同，社会团体、高校、企业、专家团队参与
6	第三十五条	……对口帮扶城市……加强……人才交流、劳务协作、园区共建、教育卫生、文化旅游、新农村建设等领域的交流合作	社会力量	对口帮扶城市、当地政府相关部门支持与协同
7	第三十六条	鼓励民主党派、工商联和工会、共青团、妇联等人民团体、群众团体和其他社会组织……帮助贫困地区发展教育、科技、文化、卫生等社会事业	社会力量	社会团体、当地政府相关部门支持与协同
8	第四十条	大中专院校、科研院所、医疗机构应当为贫困地区培养人才，组织和支持技术人员到贫困地区服务	社会力量	高校、卫生医疗、组织等单位和部门、当地政府
9	第四十一条	县级以上人民政府应当建立扶贫工作人才库，积极推进金融、农业林业技术、教育、卫生、科技、文化等专业技术人才到贫困地区从事扶贫工作	社会力量	组织部门与相关政府部门协同

2. 扶志扶智的主题特色

2018 年 6 月，贵州省出台《关于注重扶贫同扶志、扶智相结合大力开展精神扶贫的实施意见》，从总体要求、主要内容和强化组织保障三个方面部署全省的扶志扶智工作。其中，主要内容又包括五个部分，分别是：全力打好“四场硬仗”，为消除精神贫困创造充分的物质条件；将扶贫与扶志、扶智相结合，帮助贫困群众树立起摆脱困境的斗志和勇气；强化典型示范，激发贫困群众改变自身贫困现状的强烈愿望和信心；加强精神文明建设，树立乡村文明和谐新风尚新气象新画卷；促进基本公共文化服务均等化，打破文化贫困困境。

在更早发布的瞄准极贫深贫区域的文件中，也明确扶志扶智是规定动作。比如在《贵州省极贫乡（镇）定点包干脱贫攻坚工作方案》中，明确要求：通过多种形式的宣传培训，消除贫困人口的贫困意识；加大对贫困学生资助，强化贫困人口的劳动技能培训，提高贫困人口素质等。在 2017 年 8 月 5 日发布的《贵州省深度贫困地区脱贫攻坚行动方案》中，提出要坚决打赢农村公路“组组通”三年大决战、产业扶贫三年行动计划、易地扶贫搬迁、农村危房改造和住房保障、贫困劳动力全员培训促进就业、健康扶贫和旅游扶贫等七大战役。其中：劳动力培训是直接的扶志扶智；在易地扶贫搬迁中，则明确要统筹就业、就学和就医“三大问题”；旅游扶贫中明确教育培训和乡村旅游标准化建设等内容。

（二）主要成果

扶志扶智作为与扶贫工作“相结合”的工作，其主要成果似乎很难总结。不过，从实施主体和工作内容来看，成果产出可以总结为以下四点：

1. 教育扶贫扶智有突破

一是精准资助兜底线有突破。按照“精准资助、应助尽助”原则，形成了从学前教育到研究生阶段全覆盖的学生资助政策体系，确保了每一名家庭经济困难学生能够顺利完成学业，保障了其接受教育的基本权利，兑现了“不让一个孩子因家庭经济困难而失学”的庄严承诺。同时，通过“校农结合”助力营养改善计划，加快推动营养改善计划从“吃得饱”向“吃得好”转变，“贵州特色”农村学生营养改造计划升级版逐渐成型。2017 年 3 月，时任副总理刘延东作出批示，对贵州省营养改善计划提质升级并向学前阶段延伸，给予充分肯定和高度评价。2018 年 6 月 28 日，教育部在贵州省惠水县召开农村义务教育学生营养改善计划现场推进会，高度评价贵州省营养改善计划工作成效。

二是扩增资源强保障有突破。通过教育资金和项目持续向贫困地区特别是深度贫困地区聚焦倾斜，农村学前教育从无到有、由小到大，实现全省所有乡镇公办幼儿园全覆盖，农村适龄幼儿可就近享受到公益、普惠性学前教育资源。实施全面改薄工程和农村寄宿制学校建设，全省义务教育学校办学条件根本性改善，实现农村中小学“校校有食堂、人人吃午餐”，农村寄宿制学校基本满足学生在校寄宿生活需求。实施高中阶段学校建设，高中阶段教育跨越式发展，办学瓶颈被逐步突破，基本实现初中毕业学生都能进入高中阶段学校学习。实施高校新校区建设，高等教育资源快速拓展。提前两年实现全省县域内义务教育基本均衡发展，全面实现全省 88 个县基本普及十五年教育。通过实施“特岗计划”和“国培计划”，“十三五”以来，全省累计招聘近 25000 名特岗教师到农村中小学任教，培训农村教师 20 万人，农村教师队伍建设不断加强。

三是职业教育拔穷根有突破。通过实施“扶智计划”“自强行动”“造血工程”等职教脱贫三项行动计划，强化教育扶贫拔穷根的造血功能，努力实现“职教一人、就业一个、脱贫一家”。持续实施三年免费中职教育，广泛面向深度贫困地区和贫困人口招生办学，每年毕业近 30 万人就业后带动家庭脱贫。组织在筑（贵阳）16 所职业院校开办全免费订单职业教育精准脱贫班，每年面向深度贫困地区招生 4000 人。在办好学历教育的同时面向深度贫困地区开展技能培训，2019 年已培训8万人次。

2. 锤炼了一直特别能战斗的基层干部队伍

扶志扶智需要直接调动贫困群众的参与积极性，提高政策配合度，顺畅交流沟通机制。这些看不见摸不着，但是群众感受得到。群众工作做好了，工作好开展，否则处处受掣肘，工作不仅被动，而且还会费力不讨好。基层干部为了减少和避免上述情形，通过提高自己的政策水平、沟通能力、抗压指数等，咬牙挺过一个又一个难关，不仅按期完成了脱贫攻坚任务，而且极大地提升了自己的综合能力，成就了一支特别能打硬仗的基层干部队伍。

3. 村“两委”被激活，培养了一批村干人才

驻村干部下沉到村里，直接面对贫困群众开展工作，让农民兄弟再次感受到党组织与自己零距离。在驻村干部的带动下，软弱涣散的村组织重新焕发活力，逐渐发挥了在脱贫攻坚中的战斗堡垒作用，提高了党在基层的治理能力和服务群众能力。尤其是驻村干部对农村能人、返乡创业农民等这批“种子资源”的扶持和培育，为村“两委”培养和储备了一批村干人才，有利于充实基层干部队伍。

4. 网格化的精准工作机制给深贫地区贫困人口带来了最直接的观念和知识冲击，客观上加快了城乡观念的融合

对于不会说普通话的少数民族贫困群众，不漏一户、不漏一人的网格化精准工作机制，带给他们的不仅是扶贫资源和发展机遇，同时也是一场最直接的观念冲击和知识洗礼。最开始这个过程对于双方无疑都很艰难，但是假以时日，这场脱贫攻坚战会留下更丰富遗产，不仅是产业和基础设施，还有对深贫地区扶志扶智领域的直接冲击，以及贫困群众与现代观念融合的发端。

（三）主要经验

1. 夯实扶志扶智的经济基础：产业扶贫是关键

几乎所有县在总结扶志扶智经验时，都强调产业扶贫是脱贫的根本

之策。没有产业发展带动，贫困地区很难脱贫；缺乏产业支撑的脱贫，脱贫后的发展也难以为继。“两不愁三保障”都以经济支撑为前提，扶志扶智也不例外。因此，要扶贫困人口之志智，产业扶贫是最重要的抓手和载体。

2. 强化扶志扶智的工作机制：党政引领是科学也是艺术

扶志扶智的工作机制只能是党政引领，也必须是党政引领。党政引导解决“由谁来统筹，由谁来协调”的问题。党政引领既是科学，也是艺术；科学有边界，艺术无定规。各地在发挥党政引领作用时，既要规范地做好标准动作，也要创造性地推出自选动作。比如黔西南州册亨县在将指尖技艺变为“指尖经济”时，为了用好民族刺绣、民族特产、民族手艺等多种资源，盘活民族“绣花技艺”，在遵循市场“无形的手”的基础上，切实发挥好行政“有形的手”的重要作用，大力实施“锦绣计划”，用好“锦绣计划”联席会议制度，做到统筹协调、政策制定、资金保障和有效监管协同配合，将私家小作坊做成商业大集群，“针线活”成为“致富宝”，推动143家布依小作坊发展，成立布依刺绣协会，建成15个特色锦绣坊，实现年产值6900余万元，带动近6000名绣娘就业脱贫。

3. 扶志扶智的内容主线：让贫困群众“动起来—富起来”

所有的扶志扶智措施，首先是要让贫困群众动起来，其次是要让贫困群众富起来，最后是要形成两者的良性循环机制。贯穿这一主线，一是要坚守群众工作底线。比如册亨县在解决“政府干着急，群众看热闹”问题时，强调必须坚守的一条底线是“尊重群众而不是强迫群众，带动群众而不是代替群众，服务群众而不是糊弄群众”。要坚持群众始终是发展的主体，要深入发动群众、带动群众，唤醒群众的主人翁意识，调动其积极性和主动性。算好收入账、发展账，解除群众的担忧，让群众看到实在的利益。避免出现“政府干着急，群众看热闹”的状况，形成干群齐心抓发展、多方共赢的良好局面。二是用好能人，是引领贫困群众“动起来—富起来”的重要一招。各地在发展中，相关项目能在短时间内顺利实施见效，除了外力的作用，内部能人、村贤、族老在政策宣传、群众工作、带头示范等方面起到了至关重要的作用。正是有了在外创业、返乡创业、视野开阔的能人和村贤族老的带头参与、带头支持，这些项目才能迅速建成投产见效。三是遵循“立志—勤行—增智—提能—强志”的梯度目标与循环机制，最终实现志智双升。转变思想是前提。习近平总书记强调，摆脱贫困首要意义并不是物质上的脱贫，而是在于摆脱意识和思路的贫困。帮扶的力量再大、钱物再多，如果不能从思想上解决问题，也会出现今年脱贫明年返贫的现象。只有实现了观念的转变，才可能出现勤劳行为，从打扫卫生等点滴行为开始做起。一旦勤劳的习惯开始养成，技能和知识都可能从“干中学”获得，加上专门培训、社区机制等，贫困人口的能力会逐渐提升，从而进一步促进其志智提升。

4. 高度融合主题宣讲，重视工作的常态化和推陈出新

比如贵州省铜仁市紧扣“乡风文明”主题建设，围绕“乡风民风美起来、人居环境美起来、文化生活美起来”三美目标，配套出台《铜仁市“乡风文明四项行动”助推脱贫攻坚乡村振兴实施方案》，坚持“美丽乡村·文明家园”建设与脱贫攻坚、产业发展、新农村建设、农村人居环境综合整治、公共服务和乡风文明等工作紧密结合，制定农村精神文明建设“路线图”“时间表”，确保有序推进。同时，按照三年实施“百所千院万家”（新时代农民讲习所、农村院落、农村家庭）宣传教育工程和“百馆千园万廊”（乡愁馆、农民文化家园、文化长廊）文化惠民工程，利用乡愁馆、村综合文化服务中心、文化长廊、家庭院落，宣传党的政策好、人居环境好、社会风气好、干群关系好，市、县、乡、村四级联动，将扶贫与扶志、扶智结合，扎实开展乡风文明助推脱贫攻坚先进典型“巡讲”、文艺“巡演”活动，组织开展了1.2万余场次，覆盖1000余个贫困村，树立了新风正气。并建立文明创建、绩效考核和督察调度等常态机制。在内容和方式上，推陈出新，接地气，贴近老百姓生活，精心创作《家风颂》《两封申请书》等诗歌

小品，传播正能量，统一认知，提振精气神。

三、贵州扶志扶智面临的挑战

（一）教育差距是阻断贫困代际传递的最薄弱环节

一方面，城乡教育差距明显；另一方面，乡村之间也存在横向差距。乡村教育的双重差距为最贫困家庭子女的教育蒙上了未来发展的阴影，是教育发展和教育扶贫的薄弱环节。乡村基础教育与城市的差距是全方位的，其中师资和其他现代教学资源差距是核心。

（二）产业扶贫的基础有待夯实

为了如期打赢脱贫攻坚战，各地驻村工作队加大产业扶贫力度，大多采用长短结合的产业发展思路。但不管是短期见效的产业项目，还是长线投资，政府主导的力度都比较大，市场机制作用较小，产业发展的持续机制成为共同关注的问题。重点是扶贫产业如何对接市场，建立产业发展的市场机制。当前，为了解决扶贫产品的销售问题，党中央、国务院发布了消费扶贫意见，从需求端解决销售问题。但要建立长期稳定的供需机制，仍然需要乡村扶贫产业作为供给端发力，而不能仅靠需求端拉动。

（三）扶志扶智面临老年化的挑战

一是乡村脱贫“种子资源”中的人力资源老年化趋势明显，干部队伍的接续问题提上日程。尤其是驻村工作队伍撤出以后，村级基层组织的基层治理能力和服务群众能力将面临很大压力，虽然各村都培养了一批村干，但是村干老龄化趋势依然十分明显。二是乡村人口的老龄化，将会给乡村各项事业带来现实挑战，扶志扶智方面也不例外。比如工作技能培训，60 岁以上的老人没法参加，怎么办？有龙头企业反映，70 多岁的老大爷在公司务工，公司需为其购买保险，但按规定因超过年龄而不能购买。目前扶志扶智的知识体系和工作机制，主要面对劳动力人口设计，当乡村人口以 60 岁以上的非劳动人口为主体时，扶志扶智的知识供给体系和工作机制，都需要进行相应的调整。

（四）家庭维度的缺失一定程度上抵消了政策红利

当前扶志扶智的外部“硬”资源投入力度不断加码，但来自贫困家庭自身的软约束却越来越明显——家庭教育的缺失，尤其是贫困家庭母亲角色问题，成为扶志扶智的一个缺失维度，集中地表现为角色认知不足或有偏、角色缺位和角色实践非理性三个方面。[①]

---

① 李晓红、刘东：《精准扶贫进程中农村贫困家庭母亲角色的公共支持研究》，《广西民族大学学报（哲学社会科学版）》2019 年第 1 期。

第十二章

贵州脱贫攻坚的挑战与展望

摘　要

贵州省委省政府在习近平新时代中国特色社会主义思想的指引下，深入学习习近平总书记关于扶贫工作的重要论述和2015年视察贵州讲话的精神要求，认真贯彻落实党中央、国务院的部署，坚持以脱贫攻坚统揽经济社会发展全局，把脱贫攻坚作为头等大事和第一民生工程，以产业发展、农民增收、脱贫摘帽为核心工作，加大扶贫力度。创新精准扶贫、产业扶贫、绿色扶贫、对口支援、社会扶贫，脱贫攻坚取得重大决定性成就，农民收入持续稳定增加，贫困乡村发生翻天覆地的变化，群众获得感、幸福感大幅提高，发展与脱贫速度全国领先，成为全国脱贫攻坚的“贵州样板”。在取得上述重大成绩的同时，贵州省下一步的工作开展面临新的挑战。2020年是脱贫攻坚决战决胜之年，千百年来困扰中华民族的绝对贫困问题即将历史性地画上句号，我们将全面建成小康社会，实现第一个百年奋斗目标。现有标准下的绝对贫困问题的解决，并不意味着今后不再有贫困问题，也不意味着反贫困的终结，而是要进入一个减贫的新阶段。贵州省在2020年也将与全国同步迈入小康社会，后续的减贫工作该如何开展是一个需要提前谋划的问题。根据党和国家重大战略方针政策，结合贵州省自身脱贫攻坚实际情况，我们对未来的减贫工作所面临的挑战及可能的变化趋势进行分析和展望。

一、脱贫攻坚与乡村振兴战略统筹衔接带来的挑战与展望

（一）脱贫攻坚与乡村振兴的互促

党的十九大报告首次提出了实施乡村振兴战略。这是以习近平同志为核心的党中央站在中国特色社会主义进入新时代、社会基本矛盾转化的历史方位，着眼于决胜全面建成小康社会、夺取新时代中国特色社会主义伟大胜利、实现中华民族伟大复兴的中国梦而作出的一项重大战略决策。对乡村振兴提出了“产业兴旺、生态宜居、乡风文明、治理有效、生活富裕”的总要求，对统筹农村经济建设、政治建设、文化建设、社会建设、生态文明建设和党的建设作出了全面部署，为扎实推动实施乡村振兴战略指明了方向。打赢脱贫攻坚战是党的十九大明确提出的决胜全面建成小康社会必须打好的三大攻坚战之一。确保到2020年我国现行标准下农村贫困人口实现脱贫、贫困县全部摘帽，解决区域性整体贫困，做到脱真贫、真脱贫。

习近平总书记在2018年中共中央政治局第八次集体学习时指出，打好脱贫攻坚战是实施乡村振兴战略的优先任务。中共中央、国务院印发的《乡村振兴战略规划（2018—2022年）》中也明确指出，推动脱贫攻坚与乡村振兴有机结合相互促进。2019年的《政府工作报告》再次强调坚持农业农村优先发展，加强脱贫攻坚与乡村振兴统筹衔接。学者们将两者整合分析的衔接机制的研究也不断涌现。学者们认为脱贫攻坚与乡村振兴在任务上交织叠加，在推进上相互融合，两者相互推进可以

起到事半功倍之效，[①] 其最终目标更是一致，均是服务于广大农民群众的利益。[②] 打赢脱贫攻坚战后，还会出现返贫问题和新的贫困问题，乡村振兴战略能够有效衔接扶贫工作，使扶贫不脱节，持续解决好脱贫攻坚后的农村贫困问题，实现更高水平的共同富裕。[③] 可以说，脱贫攻坚是实施乡村振兴的基础和前提，乡村振兴是脱贫攻坚的巩固和深化，两者既相互独立又紧密联系。做好两者的统筹衔接，是确保如期实现脱贫攻坚目标、顺利实施乡村振兴战略的关键。

（二）由脱贫攻坚到乡村振兴带来的挑战

1. 从产业扶贫到产业兴旺

脱贫攻坚强调通过产业扶贫、就业扶贫来解决贫困人口的生产和增收问题，在此过程中贵州省各地因地制宜，全力推进农村产业革命，重点围绕产业选择、培训农民、技术服务、资金筹措、组织方式、产销对接、利益联结、基层党建“八要素”深入推进农村产业发展观念、发展方式和工作作风革命，培育了一大批能够带动贫困人口实现收入增长的产业，并探索形成了一些有代表性的利益联结机制。但受贫困人口自身素养以及当地综合经济实力所限，脱贫攻坚中的产业扶贫有些是依靠发展初级农产品的种养业及加工业，还有劳动密集型非农产业来带动的。这些产业具有典型的技术含量低、劳动附加值低、抗风险能力弱的特征。

产业兴旺是乡村振兴的首要任务。只有真正使乡村产业兴旺起来，才能加快脱贫致富步伐，逐步实现共同富裕。而实现产业兴旺则要求农村产业融合，构建现代农业产业体系、生产体系、经营体系，发展多种

---

① 储思源：《高质量实施乡村振兴战略对策研究》，《中共乌鲁木齐市委党校学报》2018 年第 3 期。

② 豆书龙、叶敬忠：《乡村振兴与脱贫攻坚的有机衔接及其机制构建》，《改革》2019 年第 1 期。

③ 李雪：《乡村振兴战略与脱贫攻坚联动关系审视》，《湖北第二师范学院学报》2019 年第 7 期。

形式适度规模经营，培育新型农业经营主体，健全农业社会化服务体系；着力壮大新产业新业态，拓展农业产业链价值链，加快推进“互联网+”现代农业行动；推动互联网技术改造农产品加工业，加快发展农村电子商务，大力发展乡村休闲旅游产业，健全产业融合利益联结机制，实现小农户和现代农业发展有机衔接。

这无疑对原有的基于产业扶贫的产业发展思路提出了更高要求，且势必要淘汰一批比较优势不足、技术含量低的产业。这就需要贵州省在产业扶贫政策下帮助贫困人口实现产业发展和稳定就业，与实现产业兴旺要求下实现产业做大做强方面取得合理平衡，从而在保证贫困人口持续稳定受益的情况下，实现产业升级。

2. 从村容整洁到生态宜居

脱贫攻坚阶段主要围绕加快补齐农村人居环境突出的短板问题，通过住房保障以及加大对水、电、路、气、网、水利等基础设施建设投入来展开。贵州省除了不断加强基础设施建设外，还在易地扶贫搬迁和危房改造中，积极探索创新“六个坚持”，对搬迁安置点的布局规划、搬迁户的社会融入、习俗改变以及搬迁后的生计问题做了一系列重大探索和尝试，并取得了显著成效。这为乡村振兴阶段面临的村庄搬迁和整合问题提供了一系列值得借鉴和推广的经验和模式。如搬迁中的成本控制、搬迁方式、土地处置、基础设施与公共服务配套等。同时，贵州也拥有丰富的旅游资源，通过大力发展旅游扶贫，坚持绿色发展之路，也为后续的乡村振兴奠定了基础。

乡村振兴，生态宜居是关键。良好的生态环境是农村最大的优势和宝贵财富。必须尊重自然、顺应自然、保护自然，推动乡村自然资本加快增值，实现百姓富、生态美的统一。在此阶段政策的重心不再是单纯地满足贫困人口的住房保障和基层设施需求，而是要向生态宜居转变。要牢固树立和贯彻落实绿水青山就是金山银山理念，坚持走绿色发展之路，实现经济发展与环境保护相互促进；进行制度革新，创新生态补偿、生态产权交易等机制；加强农村环境问题综合整治，合理统筹城乡资源布局等。

3. 从扶志扶智到乡风文明

脱贫攻坚阶段，重在通过扶志扶智激发贫困人口的脱贫动机，提升谋生技能，同时阻断贫困的代际传递。而在乡村振兴阶段，乡风文明是保障。必须坚持物质文明和精神文明一起抓，提升农民精神风貌，培育文明乡风、良好家风、淳朴民风，不断提高乡村社会文明程度。这要求：首先，要加强教育引导，从根本上引导村民自立自强。脱贫攻坚中对义务教育的保障为提升村民科学文化素质打下了坚实基础，未来要不断拓展教育渠道，丰富教育内容，创新教育方式，潜移默化地影响村民的态度和行动。其次，要注重发挥村规民约的规范引导作用，对陈旧落后的村规民约进行修订，使其符合新时代乡村社会价值观的主流发展方向，从而对村民思想与行动产生规范与教化作用。最后，要加强乡村文化基础设施建设，通过政策引导文化资源下沉。如健全升级村民文化广场、增设文化宣传栏、设立乡村广播站、重塑乡村墙体文化等，提供发展乡村文化的场地，使乡村文化得以生根发芽。①

4. 从党建扶贫到治理有效

脱贫攻坚阶段，通过党建扶贫对于帮助贫困村和贫困户摆脱贫困，促进集体经济发展和乡村治理能力提升具有积极意义。但乡村振兴涵盖村庄不仅限于贫困村，党建扶贫的经验、模式该如何推广还需要认真探讨，尤其是驻村方式、人员要求、考核机制等方面，还需要因地制宜，适时调整。

乡村振兴，治理有效是基础。必须把夯实基层基础作为固本之策，建立健全党委领导、政府负责、社会协同、公众参与、法治保障的现代乡村社会治理体制，坚持自治、法治、德治相结合，确保乡村社会充满活力、和谐有序。这就要求通过向乡村微观主体的农民赋权来推进自主

---

① 王春城、戴翊超：《促进脱贫攻坚与乡村振兴有机衔接的公共政策供给》，《地方财政研究》2019 年第 10 期。

治理，进而建构一套政府主导、民主协商的乡村治理结构。通过发展协商民主、整合回应群众利益诉求、建立各种乡村社会服务组织、培养具有现代治理精神的参与型农民等措施，实现农村和谐发展、安定有序的局面。

5. 从“两不愁三保障”到生活富裕

脱贫攻坚通过产业、就业扶贫和社会保障兜底式扶贫等方式，增加贫困人口收入，重点解决的是贫困人口的绝对贫困问题。而生活富裕是乡村振兴的根本目的。它不仅要求持续增加乡村居民收入，而且还要提高居民生活质量，缩小贫富差距，增进家庭和睦、社会和谐等。这就要求在后续的扶贫工作中，要注重解决相对贫困问题，探讨建立解决相对贫困的长效机制。

（三）脱贫攻坚与乡村振兴衔接的未来展望

以上分析了从脱贫攻坚到乡村振兴，目标任务及其各项内容发生的变化带来的挑战。至于两者之间如何具体衔接，还有很多值得探讨的地方。

1. 如何因地制宜构建过渡机制、衔接机制以及整合推进机制

乡村振兴和脱贫攻坚各自都是一个系统工程。由于脱贫攻坚时间紧、任务重，各地的主要精力集中在脱贫攻坚上，乡村振兴的实践措施尚未充分落实。贫困地区和刚脱贫地区以及非贫困地区间，如何因地制宜形成脱贫攻坚与乡村振兴的过渡、衔接和整合机制值得探讨。

2. 对脱贫攻坚与乡村振兴衔接程度的测度和影响因素分析

未来应结合各地因地制宜开展的脱贫攻坚与乡村振兴衔接机制，对其进行衔接效果评价、风险和矛盾的识别机制评价等研究，从而建立多层次多维度的衔接评价指标的构建研究。此方面的研究比较欠缺，需要进一步探讨。

3. 厘清乡村振兴几项重要发展内核之间的主次关系与科学发展顺序

乡村振兴提出了“产业兴旺、生态宜居、乡风文明、治理有效、

生活富裕”的总要求，这几项重要发展内核之间的主次关系与科学发展顺序该如何确定，值得深入探讨。应因地制宜，整理出一系列应对不同发展阶段农村地区（一般农村、贫困农村和深度贫困农村）的发展方案，为乡村振兴提供可行发展路径参考。①

二、社会治理体系与治理能力现代化带来的挑战与展望

党的十九届四中全会聚焦于国家治理体系和治理能力建设，系统地总结了“中国之治”的13项制度原则。这些制度原则的确立，凝聚了新中国成立以来尤其是党的十八大以来党中央治国理政的政治智慧，已经成为支撑经济快速发展、维护社会长期稳定的基本制度安排。国家治理涉及政治、经济、文化、社会、生态文明等多个领域、多个维度的制度安排。社会治理制度是国家治理体系的重要组成部分，社会治理能力是国家治理能力的题中应有之义。

党的十九届四中全会对坚持和完善共建共治共享的社会治理制度做了全面系统深刻的阐述，强调必须加强和创新社会治理，完善党委领导、政府负责、民主协商、社会协同、公众参与、法治保障、科技支撑的社会治理体系，建设人人有责、人人尽责、人人享有的社会治理共同体，确保人民安居乐业、社会安定有序，建设更高水平的平安中国。推进社会治理现代化，需要坚持以解决实际问题为导向，遵循共建共治共享原则，善于自我改革、自我超越，大力发展合作治理、共同治理机制，积极探索自主治理机制，使社会充满生机活力。

（一）完善社会治理体系对扶贫的挑战

1. 坚持党委领导，凝聚各方力量

党的领导是我国社会治理的本质特征和最大优势。要把加强党建引

---

① 冯丹萌：《国际视角下脱贫攻坚与乡村振兴相融合的探索》，《当代经济管理》2019年第9期。

领作为贯彻社会治理的主线，充分发挥各级党委总揽全局、协调各方的领导核心作用，推动社会治理融入本地经济社会发展全过程，推动平安建设、风险防控贯穿城乡规划、决策、监管各领域各环节。

在扶贫工作中，要坚持党委为核心的全面领导，通过基层党建带动农村扶贫工作，将基层精准扶贫工作落到实处。同时，也要清醒地认识到以党委为核心的领导并不代表党大包大揽、事无巨细地统领，而是通过党与政府、企业、社会组织精准扶贫工作中的活动关系，对其进行政治、思想与组织嵌入，提升党对精准扶贫的核心领导能力。[①]

2. 坚持政府负责，统筹各方资源

政府处于社会治理的主导地位，要履行好社会治理的行政职能，做好研判社会发展趋势，编制社会发展专项规划，制定社会政策等工作。要深入推进“放管服”改革，解决好越位、缺位问题，加强源头治理、动态管理和应急处置，增强政府公信力和执行力。要着眼于完善公共服务管理体制，推动幼有抚育、学有优教、劳有厚得、病有良医、老有颐养、住有宜居、弱有众扶，推进城乡基本公共服务均等化、普惠化、便捷化。

在扶贫工作中，政府主导重在推动职能转变，打破政府通过行政力量对扶贫工作权力的垄断，承认多元社会治理主体参与扶贫的重要作用，实现从“全能型”政府向“服务型”政府转变，做好扶贫的服务工作。推动政府为主导的扶贫服务建设，首先要打破“大政府、小社会”的社会管理理念，重新树立“以民为本”的理念，以贫困群体的公民权利与利益为基础，自上而下地供给扶贫资源。其次，清晰界定政府扶贫职能范围，既要遵循“有所为”与“有所不为”的行政理念，又要发挥扶贫的引领和指导作用。最后，优化城乡公共资源配置，切实提高农村贫困地区公共服务供给水平与质量。

---

① 康儿丽、任彬彬、颜克高：《理念、机制与路径：社会治理格局下精准扶贫治理体系的构建》，《理论导刊》2019 年第 1 期。

3. 坚持民主协商，体现各方意志

民主协商是人民民主的重要形式，本质上就是对涉及群众切身利益的公共事务，多同群众商量，充分尊重民意、民智、民权。我们要树立商以求同、协以成事的理念，善于在不同意见中求同，在不同利益诉求中平衡。

打造扶贫合作平台，完善民主协商机制。这要求党和政府加强与社会扶贫力量的信息共享与协同共治行为沟通，以信息共享破解扶贫资源浪费与重复扶贫的困境，以民主协商化解基层扶贫中的社会矛盾，努力在协调关系、化解矛盾、维护稳定等工作中凝聚社会共识。

4. 坚持社会协同，解决各方关注

打造社会治理共同体需要以开放性架构吸纳各方力量参与社会治理，形成分工负责、良性互动的治理模式。

在扶贫工作中，要注重健全市场主体、社会力量广泛参与扶贫工作，合理界定政府、市场和社会的职能作用，重点扶持发展城乡基层生活服务类、公益事业类、慈善互助类、专业调处类等社会组织，更好地发挥他们在维护公共利益、救助困难群众、化解矛盾纠纷、维护社会稳定中的作用。

5. 坚持公众参与，激发各方热情

人民群众是社会治理的主体力量，群众自治的本质就是群众自己的事情群众自己办。我们要贯彻好党的群众路线，创新完善人民群众参与社会治理的组织形式。

在扶贫工作中，坚持共建、共治、共享的原则，激发公众参与到扶贫工作中的贫困识别、对象帮扶、资金使用、信息管理、效果考核等与扶贫密切相关的工作中来，发挥帮扶合力，完善公众参与的扶贫机制。

6. 坚持法治保障，维护各方权益

法治是社会治理的最优模式。要认真贯彻党中央关于全面依法治国的决策部署，善于运用地方立法权，及时制定完善地方性法规规章。

在扶贫工作中要立足现实、切合实际，要加强扶贫中立法、执法、司法以及监督环节，用法治思维助力精准扶贫，为其提供强有力的保障。尤其要加强“三农”领域、扶贫领域的立法工作，处理好农民与土地关系，探索研究制定乡村振兴法的工作，破除城乡融合发展的体制机制障碍。

7. 坚持科技支撑，资源各方共享

数字化、人工智能、区块链等技术，将为国家治理体系和治理能力现代化提供核心技术支撑，有助于创新治理方式，提高治理效能。

在扶贫领域要不断提升互联网、大数据、物联网等信息化技术的应用，优化信息平台，增强执行力，提升治理效能，维护安全稳定，解决扶贫领域中存在的权责失配、决策失误、执行效果差等问题。

（二）建设社会治理共同体的挑战

构建社会治理共建、共治、共享新格局，“共建”是基础，需要强化人民群众的主体地位与决定力量，积极鼓励社会治理的公众参与；“共治”是核心，需要多元主体的通力协作，确保多个主体在不同环节形成制度合力；“共享”是目的，需要着力解决广大人民群众最关心最直接的现实利益问题，确保全体人民能够共享改革发展成果。

党的十九大报告指出，推动社会治理重心向基层下移，发挥社会组织作用，实现政府治理和社会调节、居民自治良性互动。推进改革发展稳定的大量任务在基层，推动党和国家各项政策落地的责任主体在基层，推进国家治理体系和治理能力现代化的基础性工作也在基层。城乡、社区是社会的基础单元，是各种利益关系的交汇点、社会矛盾的集聚点、社会建设的着力点，因此，具体社会事务治理主要指基层社会治理。

因而，建设社会治理共同体，重心是在基层。为此，我们要做到：

1. 要强化党的领导，健全基层社会治理新体制机制

基层社会治理必须在党的领导下进行，需要突出基层党组织在社会治理中的引领作用，确保基层社会治理的正确方向，提升基层社会治理

的法治化和科学化水准。要充分调动不同主体参与社会治理的积极性，有效整合各种力量和资源，确立权责明晰、分工负责、内在驱动、激励有效的基层社会治理责任制度，科学配置基层党支部、内设机构的社会治理职责权限，进一步健全基层社会治理体制。

2. 要优化社会治理理念，夯实基层社会治理制度支撑

以人民为中心是基层社会治理的本质要求。通过制度创新，确保从群众最关心、最直接的利益出发，让更多群众共享改革发展成果，努力维护规则公平、机会公平、权力公平，保护和照顾弱势群体和困难群众。要关注群众的不同需求，实现政府有效治理、社会合理调节和群众共建共治共享的良性互动，探索创造更多依靠基层、发动群众、就地化解人民内部矛盾的新制度和新机制。要加快基层社会治理各项信息管理系统升级改造，推进社会信用体系构建，实现跨部门跨地区信息整合共享，夯实基层社会治理的各项基层制度。

3. 要培育社会积极心态，加强社会心理服务体系建设

良好的基层社会治理，需要培育自尊自信、理性平和、积极向上的社会心态，引导群众理性看待社会现象，营造和谐互信的人际关系和积极向上的社会氛围。基层党政领导要重视群众的社会心理服务和疏导机制建设，关注不同社会群体的个性特点和心理特性，及时疏导重点人群心理健康问题，注重多发易发的社会心理问题，鼓励社会组织进行及时心理干预，将心理健康服务纳入基层基本公共服务体系，逐步推进社会心理服务体系建设。

4. 要规范社会法治秩序，加快社会治理多元共治体系建设

规范社会治理秩序，处理好各种社会矛盾，切实保障基层公共安全，维护群众合法权益，是基层社会治理的重要命题。依法进行基层社会治理是国家治理体系和治理能力现代化的重要标志。健全的社会治理体系离不开法治的保障，而法治的核心是保护人民依法享有的基本权力。我们要保护人民人身权、财产权、人格权等基本权利，抓好社会治理多元共治体系建设。一方面要培养基层政府法治思维，提升基层干部

依法行政依法办事的能力，使法律手段变成化解矛盾、利益纠纷的武器；另一方面要强化全民普法的力度，培育群众法治信仰，提升法治素养，让法律面前人人平等的理念成为社会治理运行的思维模式和运行机制。

（三）推进社会治理现代化的挑战

第一，在党政关系方面，要进一步完善党委领导、政府负责的制度安排，优化跨部门议事协调机制，确保党的路线方针政策和各项决策部署贯彻落实到位。

第二，在政府与社会关系方面，要进一步完善民主协商、社会协同、公众参与的制度安排，注重发挥社会力量的作用，提高社会治理的社会化、民主化、协同化水平。

第三，在治理手段和方式上，要善于运用法治、自治、德治以及科技手段，完善人民内部矛盾处置机制、社会治安防控体系，健全公共安全体制机制。

此外，推进社会治理现代化，需要坚持顶层设计型改革和问题倒逼型改革相结合，既要总结社会治理发展规律，通过自上而下的途径推进制度建设，也要总结全国各地在实践中积累的成功经验，及时将可复制的地方经验纳入国家政策体系中。

三、构建解决相对贫困的长效机制带来的挑战与展望

脱贫攻坚是党中央着眼于“两个一百年”奋斗目标、全面建成小康社会的重大战略举措。在党中央、国务院的正确领导下，我国的脱贫攻坚取得了伟大成效，按现行脱贫标准，到 2020 年底中华民族千百年来面临的绝对贫困问题将得到历史性的解决。这就意味着新时代的扶贫问题将从解决绝对贫困问题向缓解相对贫困问题转变。这也是包括发达国家在内的其他各国共同面临的贫困问题。因此，党的十九届四中全会提出“坚决打赢脱贫攻坚战，巩固脱贫攻坚成果，建立解决相对贫困

的长效机制”要求，为2020年后的减贫战略指明了方向。

相对贫困具有相对性、转型性、发展性、多维性以及结构性和特殊群体性等特征，建立解决相对贫困的长效机制，需要我们转变现有的贫困治理理念，制定新的贫困治理战略，完善贫困治理体制，整合贫困治理路径。具体而言：

（一）贫困治理理念的转变带来的挑战

1. 治理重点由“治贫”向“防贫”转变

脱贫攻坚阶段重点在于贫困治理，主要是绝对贫困问题的治理，而构建解决相对贫困的长效机制，则要求在巩固现有脱贫成果的基础上，既要防止已有脱贫人口重新返贫，又要防止产生新的贫困人口。

2. 治理重心由农村到城乡融合

在较长一段时期内，我国扶贫工作的重心都在农村。2020年后中国的相对贫困群体分布将会得到极大扩展，在城乡融合发展的机制下，贫困治理的群体将不再局限于农村贫困人口，城镇贫困人口以及介于城乡间的流动性贫困人口等相对贫困人口都将成为中国未来的贫困主体。

3. 扶贫方式由攻坚战向持久战转变

由于精准扶贫与全面建成小康社会存在着密切联系，因而在精准扶贫阶段我们有明确的时间节点。但是相对贫困具有明显的相对性、长期性和动态性的特征，为其设定明显的解决时间节点是不现实的。建立解决相对贫困的长效或常态机制则成为必然选择。

4. 扶贫重心从促进收入增长向改善收入分配转变

长期以来，我国的扶贫工作比较重视通过经济增长和发展来推动减贫、脱贫。随着我国经济增长转入新常态，增长对减贫的“涓滴效应”下降。因此，面对新局面我们的扶贫重心也要相应作出调整和改变，也就是说在扶贫工作中既要有做大蛋糕的“硬帮扶”，也要有分均蛋糕的“软调节”，且更重视后者。

通过完善初次分配和再分配机制，侧重“精准提低”，为加快形成橄榄型收入分配格局发挥托底作用。在初次分配领域，侧重“精准提低”，加强对高收入者税收调节，实现收入分配的相对公平；在再分配领域，要更好地发挥财政再分配作用，加大对经济薄弱地区转移支付的力度，同时提高对发达地区的税收汲取能力，有效抑制地区收入差距扩大趋势。在财政支出结构上，加大缓解经济和健康贫困为主的社会保障民生支出的比重，强化教育、卫生保健支出的均等化作用。

（二）贫困治理战略的转变带来的挑战

1. 相对贫困标准及对象的确定

相对贫困表征复杂，除了物质贫困外，还涉及精神、能力、文化、人力资本等多方面，如何设定相对贫困标准，如何对相对贫困人口进行识别，需要加强顶层设计。同时，各省经济发展状况与相对贫困发生率差异较大，相对贫困标准设定还要考虑各省实际。但理想的相对贫困标准应该是城乡统一、全国统一的。[①]

2. 建立城乡一体的相对贫困治理体系

在城乡融合发展的机制下，改变原有的城乡分割状态，建立城乡一体的相对贫困治理体系成为必然选择。至于如何建构，需要不断地总结各地成功经验。同时，在相对贫困治理阶段，更要重视区域发展问题，要优先对欠发达或落后地区的发展做出制度安排，因为这些地区的问题更加突出。

3. 处理好开发式扶贫与社会保障扶贫的关系

我们已经建立了开发式扶贫与社会保障式扶贫并重的扶贫工作格局，在相对贫困治理中社会保障式扶贫的作用将会更加凸显，要通过落实综合保障性扶贫的理念，实现医疗、养老等核心保障制度、就业机会

---

① 何秀荣：《改革40年的农村反贫困认识与后脱贫战略前瞻》，《农村经济》2018年第11期。

的发展性保障与权益保障相结合，建构综合性社会保障扶贫机制。①

（三）完善相对贫困治理体制带来的挑战

1. 坚持“四不摘”，巩固脱贫成果

要坚持“四不摘”原则，确保脱贫攻坚工作稳定性连续性。要坚持摘帽不摘责任。贫困县摘帽后，不能撤摊子、甩包袱、歇歇脚，目标不放松、整治问题不手软、落实责任不松劲、转变作风不懈怠，工作不断、机制不乱。要坚持摘帽不摘政策。做到资金不减、项目不少、政策不变，持续加大对摘帽县的投入力度，适应巩固脱贫成果工作需求。要坚持摘帽不摘帮扶。贫困县摘帽后，各类帮扶关系在攻坚期内保持不变。要坚持摘帽不摘监管。建立预警机制，对摘帽县、出列村、脱贫户定期跟踪监测、综合研判，及时发现影响巩固脱贫成果的倾向性、苗头性问题，提前做好防范处置。

2. 建立多重保障机制，防止返贫

充分发挥中国特色社会主义制度优势，针对特殊群体和重点区域，统筹完善社会救助、社会福利、慈善事业、优抚安置等制度，构建起以保障性扶贫政策为主的多重防范体系。

一是强化政策兜底。落实特困人员生活、照料护理补贴，完善分散供养特困人员委托照料制度；做好防止返贫和临时救助有效衔接，解决临时因病、因灾、因意外致贫返贫的家庭困难问题；聚焦“病残”人员，按照规定纳入农村低保范围；聚焦“孤老”人员，实施安全、清洁、温暖、文化和康复五大工程；聚焦“弱小”群体，完善农村留守儿童关爱保护和困境儿童保障工作体系。

二是拓展兜底方式。通过构建乡村社会信用体系，使贫困户变股民，培育产业就业兜底；通过土地和产权制度创新，壮大农村集体经济

① 左停、徐卫周：《综合保障性扶贫：中国脱贫攻坚的新旨向与新探索》，《内蒙古社会科学（汉文版）》2019 年第 3 期。

拓展兜底方式；通过社会组织制度化创新，拓展社会帮扶兜底渠道；通过农业社会化服务，统购统销，增加贫困户收入；通过资金变股金，整合闲置分散资金，进行股份化合作，增加贫困户收益；通过教育、医疗、养老、农业生产等政策型保险的逐年提升，拓展贫困户的保障性收入。

3. 建立收入增长机制，确保收入持续提高

实现持续增收是防范大面积返贫的重要保障，也是缓解相对贫困的前提基础。建立持续增收机制关键是针对有劳动能力和就业意愿的低收入人口，强化产业和就业扶持，着力做好产销衔接、劳务对接，实现长久增收致富。一方面，要做好产业培育与产业升级的衔接，发挥好贫困地区在资源环境、品种特色等方面的优势，以市场为导向开展生产经营，长短结合培育壮大乡村产业。要进一步加快全产业链、全价值链建设，发挥农业多功能性，促进乡村经济再生，将乡村产业打造成为持续增收的“长效之源”。另一方面，要全力推进就业扶持，精准施策做好就业服务，提升农民群众等群体就业意愿，提高劳动报酬在初次分配中的比重。加大对返乡农民工、贫困大学生、退伍军人的创业支持力度，让有劳动能力的低收入人口通过就业实现增收。①

4. 建立激发内生动力机制

缓解相对贫困的关键在于将“内生动力”与“外生拉力”有机联系起来，并更多地发挥内生动力的驱动作用。一是深入开展扶智扶志教育，加强社会主义核心价值观教育，弘扬优秀传统文化，树立正确的劳动观念，加强贫困“耻感文化”建设，克服依赖心理、攀比心态，激发主体性意识，形成积极向上的社会风气。二是加强创业就业技能技术培训，让农民群众获得长久“脱贫之技”，走上稳定脱贫道路。三是优化帮扶政策举措。绝对贫困被基本消除之后，各方面的扶贫压力减少。

---

① 叶兴庆、殷浩栋：《从消除绝对贫困到缓解相对贫困：中国减贫历程与2020年后的减贫战略》，《改革》2019年第12期。

要及时将扶贫产业、建成项目的管护等交给农民群众自己，引导群众投工投劳建设自己的家园，避免脱贫攻坚对贫困地区乡村自身发展的“挤出效应”。

5. 建立缩小贫富差距的机制

相对贫困产生的根源在于资源财富分配不均、发展不平衡不充分。建立缩小贫富差距的机制，目标不在于绝对值拉平，而是进一步扩大市场参与程度和公共服务覆盖范围，实现发展理念、体制和机制一体化。对于农村而言，要在继续做好脱贫户帮扶工作的同时，加大对收入超过贫困线的“边缘群体”的扶持力度，使其收入增长速度超过平均水平，缩小农村内部收入差距。要深化农村集体产权制度改革，发展壮大新型集体经济，巩固农村基本经营制度，夯实共同富裕的制度基础。对于城市而言，要加大对进城务工人员和城市低收入者的扶持帮助，调节城乡、区域、不同群体间的分配关系，让农民工等低收入群体平等享受城镇基本公共服务，促进其加快社会融入。同时，要促进城乡要素自由流动、平等交换和公共资源合理配置，强化教育、医疗卫生、社会保障等领域的城乡对接，推进城乡基本公共服务标准统一、制度并轨，以缓解城市和农村的相对贫困问题。

附录一

党的十八大以来贵州脱贫攻坚相关研究综述

党的十八大以来，贵州省扶贫工作不断推进和创新，书写了中国减贫奇迹的贵州篇章。作为全国脱贫攻坚的主战场，贵州省委、省政府坚决贯彻中央部署，坚持以脱贫攻坚统揽经济社会发展全局，切实加大投入，完善体制机制，扶贫开发取得显著成效。贵州省贫困人口从2013年的746万人减少到2019年的30.83万人，减贫人数全国第一，多年脱贫攻坚成效考核被国家评为第一方阵。贵州的减贫成效表明，贵州扶贫的许多做法和经验可作为“样板”参照和推广。2020年贵州要奋力决战脱贫攻坚、决胜全面小康，可谓面临更艰巨的任务，即高质量打赢脱贫攻坚战，巩固脱贫攻坚成果，为接下来建立解决相对贫困的长效机制打好基础。因此迫切需要对党的十八大以来学术界有关贵州省脱贫攻坚的研究成果进行梳理与总结，以此为基础寻求在经验总结、制度创新、政策完善、理论发展等方面实现突破的可能性，凸显全国脱贫攻坚的“省级样板”效应。据此，本综述梳理和总结党的十八大以来学界对贵州省脱贫攻坚的研究，主要围绕脱贫攻坚的实践探索、挑战和路径选择等方面展开，并在总结现有文献特征的基础上提出未来研究展望。

一、贵州省脱贫攻坚的实践探索

近年来，贵州省以习近平总书记关于扶贫工作的重要论述为指导，把扶贫开发作为第一民生工程，取得了显著的减贫成效。学术界非常关注贵州脱贫攻坚的实践探索，在扶贫体制机制、产业扶贫、党建扶贫、易地扶贫搬迁、金融扶贫、生态扶贫、社会保障兜底扶贫、社会扶贫、文化扶贫等方面进行了深入的研究，总结了贵州扶贫的许多做法和经验，指出了贵州以往扶贫工作的不足和改进方向。

（一）扶贫体制机制

相关研究主要集中在贵州省精准扶贫工作体制机制创新、扶贫体制机制的不足及改进路径等方面。覃志敏、黄承伟指出，贵州精准扶贫机制创新主要体现在：在精准识别方面，贵州探索出“四看法”方式和贫困指数等方式，形成了贫困农户多样化分类方式；在精准帮扶方面，探索形成了“4321”结对帮扶等帮扶机制，实现扶贫对象全覆盖；在精准管理方面，借助大数据技术，推动形成扶贫云系统，基本实现了对精准扶贫的实时调度。① 邢溦认为，贵州省遵义市道真县在实施精准扶贫工作机制的过程中仍然存在扶贫基础设施较差、扶贫资金审批流程不规范、群众脱贫思路落后、乡镇扶贫机构权力下放不彻底等问题，抓好基础扶贫、产业扶贫、智力扶贫、机制扶贫是实现当地全面脱贫目标的有效路径。② 王敏等认为，贵州财政专项扶贫资金管理机制存在财政专项扶贫资金使用范围过于狭窄、制度配套措施有待完善、基层政府和目标群体对于扶贫项目决策参与不够、上级决策的扶贫项目存在“失准”或“脱靶”现象等问题，应采取扩大财政专项扶贫资金的使用范围、

① 覃志敏、黄承伟：《完善精准扶贫体系》，载《脱贫攻坚省级样本——贵州精准扶贫精准脱贫模式研究》，社会科学文献出版社 2016 年版。

② 邢溦：《贵州民族地区精准扶贫工作机制探讨——以遵义市道真县实践探索为视角》，《山西农经》2018 年第 6 期。

完善资金使用配套措施、加大基层政府和目标群体参与扶贫项目决策的力度以及建立和完善创新财政扶贫资金管理方式的交流机制等措施，进一步保障扶贫资金使用的精准有效。[①] 王微对贵州扶贫开发的典型四县长顺、印江、晴隆、威宁深入研究后提出建议：建立多层次的农技下乡体系，增加基层尤其是县级扶贫组织的自主性，增加福利性项目分配的规范性，加紧实施农业保险，提升农民专业合作经济组织的可持续发展能力及市场竞争能力。[②]

（二）产业扶贫

1. 贵州省“三变”改革的模式和经验

刘琴、周真刚总结了贵州六盘水“三变”的运作模式，按股权架构运行环节归类，提炼了出资折股、经营监管、利险分担及股权退转上的做法。[③] 姜长云、芦千文总结了贵州省六盘水市推进乡村“三变”改革的背景和经验：一是区域优势、特色产业发展的资源优势和广阔前景，为“三变”改革提供了良好的产业载体；二是新型经营主体特别是一批富有积累的企业家，是带动“三变”改革取得成效的领军力量；三是注意激发不同利益相关者的积极性，形成共同推进区域发展的整体合力；四是地方党委政府富有成效的组织动员和统筹规划，对“三变”改革取得成效发挥了重要的领导作用。[④]

2. 贵州省民族特色旅游扶贫的做法及其不足

尹剑峰、颜春龙以贵州省盘县大博米彝族文化旅游示范村和织金县

---

① 王敏、方铸、江淑斌：《精准扶贫视域下财政专项扶贫资金管理机制评估——基于云贵高原4个贫困县的调研分析》，《贵州社会科学》2016年第10期。

② 王微：《贵州农村扶贫机制的完善路径研究——基于对贵州典型4县的实证调查分析》，《广东农业科学》2013年第21期。

③ 刘琴、周真刚：《农村“三变”改革的股权架构解析——以贵州六盘水为例》，《广西民族大学学报（哲学社会科学版）》2018年第3期。

④ 姜长云、芦千文：《贵州六盘水乡村“三变”改革实践经验及后续完善建议》，《西部论坛》2018年第3期。

“以那古镇”为例，基于产业融合的理论视角，具体研究了贵州地区民族文化乡村旅游开发与精准扶贫模式。[①] 吴亚平等总结归纳少数民族村寨精准扶贫机制涵盖的内容，并从宏观、中观两个层面讨论贵州民族村寨旅游精准扶贫的“农旅融合”机制。[②] 王超、罗兰研究认为贵州少数民族地区旅游产业精准扶贫工作存在贫困人口融入慢、旅游产品缺乏吸引力、转型升级存在困难、旅游扶贫经济基础较差、旅游扶贫链接机制不够完善等问题，提出应精准识别扶贫受助对象、精准鉴别旅游项目资源、精准认识扶贫政策环境、精准打造社会参与平台、精准践行组织体系建设、精准创新产业融合道路、精准教育村民发展观念。[③] 王超等在黎平县、丹寨县、金沙县分别考察了社区善治、文旅融合、生态康养三种少数民族地区旅游产业扶贫模式，实证研究发现贵州民族地区旅游产业精准扶贫存在一些关键问题，如村民自我发展意识弱、民族文化保护不足、民族地区企业产业转型升级压力大等。产生这些问题的原因主要是政府的政策引导没有真正做到“精准”、缺乏多元的投资主体、发展环境难以做到由“硬件”到“软件”的提升、缺乏产业支撑等。[④]

3. 贵州省产业扶贫的做法、不足与政策建议

黄承伟等指出，贵州印江县创新性开展和推进产业精准扶贫，深化精准扶贫理念，探索出“绣花式”产业精准扶贫的早期经验：一是围绕农业产业结构调整战略布局产业扶贫，二是发展农业扶贫园区实现集聚效应，三是致力于产业扶贫与地区发展能力提升相结合，四是构建益

---

① 尹剑峰、颜春龙：《贵州省民族文化乡村旅游开发与精准扶贫研究》，《山西农业大学学报（社会科学版）》2018 年第 11 期。

② 吴亚平、陈品玉、江周：《少数民族村寨旅游精准扶贫机制研究——兼论贵州民族村寨旅游精准扶贫的“农旅融合”机制》，《贵州师范学院学报》2016 年第 5 期。

③ 王超、罗兰：《贵州少数民族地区特色旅游产业精准扶贫路径研究》，《贵州师范大学学报（自然科学版）》2018 年第 1 期。

④ 王超、吴倩、王志章：《贵州少数民族地区特色旅游产业精准扶贫路径研究》，科学出版社 2018 年版。

贫性的利益联结机制促使“内源性发展”。[①] 孙兆霞认为，政府主导的产业扶贫项目进村，以行政路径依赖为运作机制，因缺乏村庄社会性参与及村庄公共平台的承接与运作，往往会导致扶贫目标偏移、拉大贫富差距、加速村庄原子化溃败、农民对身边党政工作和形象不认可等后果，应创新探索推动政府主导的产业扶贫项目进村体制、促进机制与村庄社会的历史文化深层结构相嵌合，并重建经济发展的社会基础。[②] 付江月、陈刚调研发现贵州黔南龙山镇产业扶贫项目实施以来虽然成效显著，但仍面临产业辐射范围小、抗风险能力弱、管理机制不完善等突出问题，因此提出建议：一要发展差异化扶贫产业，避免同质竞争；二要构建信任机制，激发贫困户参与动力；三要加强产业技能培训，提高农民素质；四要健全风险防范制度，增强扶贫产业抗风险能力；五要完善扶贫项目管理机制，防止精英俘获。[③]

（三）党建扶贫

相关研究主要集中在贵州省党建扶贫的演进历程、做法和经验。孙兆霞等指出，贵州党建扶贫经历了四个不同阶段的实践演进，加强党建扶贫工作能力建设，以党建促农村基层组织建设，以农村基层组织建设促减贫发展等是中国减贫事业中珍贵的历史经验。[④] 褚光荣指出，贵州省高校党委深入贯彻习近平总书记关于扶贫工作的重要论述，自觉融入“大扶贫”战略行动，把党建引领这条主线贯穿扶贫脱贫全过程，把扶智作为党建扶贫的发力点，探索拓宽“党建+”扶贫路径，把党组织

---

① 黄承伟、邹英、刘杰：《产业精准扶贫：实践困境和深化路径——兼论产业精准扶贫的印江经验》，《贵州社会科学》2017 年第 9 期。

② 孙兆霞：《脱嵌的产业扶贫——以贵州为案例》，《中共福建省委党校学报》2015 年第 3 期。

③ 付江月、陈刚：《西部贫困山区产业扶贫发展研究——以贵州黔南龙山镇为例》，《开发研究》2018 年第 1 期。

④ 孙兆霞、张建、毛刚强：《贵州省党建扶贫的源起演进与历史贡献》，《贵州社会科学》2016 年第 2 期。

的政治优势、组织优势最大程度地转化为脱贫攻坚优势和经济社会发展优势，促进扶贫点党建扶贫工作形成了新动力，开创了新局面。[①]

（四）易地扶贫搬迁

相关研究主要集中在贵州省易地扶贫搬迁的做法和存在的问题。李宇军、张继焦调研发现在黔西南州易地扶贫搬迁实践中，受扶对象影响着资源配置和脱贫攻坚工作的推进过程。现有的工作方法也体现了这一点，如推行“两会三书六表”，精准锁定搬迁对象；巧用“杠杆”原理，撬动群众的搬迁愿意；运用“五共”工作流程法，让群众有更多的参与感、获得感。[②] 成美君认为，贵州少数民族贫困地区易地扶贫搬迁中移民的就业现状存在就业率低、收入低、竞争力低、就业渠道单一、就业信息不畅等问题，应转变政府易地扶贫搬迁的思路，以需求为导向，积极引导移民就业；加强移民职业技能培训，提高移民人力资本水平和就业竞争力；提供就业咨询和服务，促进移民社会参与。[③] 叶青、苏海认为，贵州易地扶贫搬迁的经验表明，构建多元互动的整合型政策实践网络，创新移民安置方式与调整移民生计方式，可以改变贫困群体原有的经济、社会与文化资本，使其在新的生存空间中实现重新聚合。但如何进一步提高政策设计的瞄准性、增强扶贫主体的互动合作、加强资源对接效率与移民的社会融入感、提升贫困群体的内生动力，依然是易地扶贫搬迁面临的主要问题。[④]

---

① 褚光荣：《贵州党建扶贫的高校行动》，《贵州日报》2018 年 9 月 11 日。

② 李宇军、张继焦：《易地扶贫搬迁必须发挥受扶主体的能动性——基于贵州黔西南州的调查及思考》，《中南民族大学学报（哲学社会科学版）》2017 年第 5 期。

③ 成美君：《贵州少数民族贫困地区易地扶贫搬迁中移民就业问题研究》，《农村经济与科技》2018 年第 15 期。

④ 叶青、苏海：《政策实践与资本重置：贵州易地扶贫搬迁的经验表达》，《中国农业大学学报（社会科学版）》2016 年第 5 期。

（五）金融扶贫

相关研究主要集中在贵州省金融扶贫的做法、不足和政策建议上。陈正源认为，贵州省金融精准扶贫工作为精准扶贫的贵州方略和贵州模式做出了积极的贡献，实践中要进一步加强金融基础设施建设，大力推动金融改革创新，发展绿色金融。① 李榛从金融扶贫现状、工作措施与成效对金融扶贫的实效进行评估，发现贵州脱贫攻坚中存在金融助力不足的问题，建议加快健全金融扶贫政策保障体系、完善风险补偿机制、加快金融产品创新和推进贫困地区信用体系建设。② 舒丽瑰分析了金融扶贫内卷化的主要表现及深度贫困地区金融扶贫内卷化的主要原因，认为在条件欠缺、农户缺乏动力意识使用金融资源的深度贫困地区，政府应慎重推行金融创新，以免产生固化农户以往的贫困路径，加剧农户贫困的意外后果。③

（六）生态扶贫

1. 生态建设与扶贫开发互动机制

周会认为，贵州省必须把生态文明建设与扶贫开发两者有机结合，妥善解决好扶贫开发与林业地占用、环境污染治理以及人口基数大文化水平低之间的矛盾，走出一条以“生态农业”“生态工业”“生态服务业”为特色的生态发展之路。④ 邓小海、曾亮认为，在生态文明建设和精准扶贫的过程中，贵州呈现出了不少两者良性互动的闪光点，但仍有

---

① 陈正源：《金融精准扶贫的“贵州模式”》，《中国财政》2018 年第 19 期。

② 李榛：《金融扶贫的实践与有效路径——以贵州为例》，《征信》2019 年第 1 期。

③ 舒丽瑰：《深度贫困地区金融扶贫内卷化——以贵州 S 民族乡的金融扶贫状况为例》，《贵州社会科学》2018 年第 5 期。

④ 周会：《基于生态文明视野下的贵州扶贫开发模式研究》，《现代营销（下旬刊）》2018 年第 3 期。

认识上存在误区、政策法制建设薄弱、体制机制制约等问题。①

2. 生态移民工程的模式和存在的问题

王永平等探讨了生态移民安置模式的内涵、模式选择的影响因素，分析了以贵州为代表的土地资源稀缺地区实施生态移民工程面临的资源环境条件，提出了土地资源稀缺地区应坚持“以城镇集中安置模式为主，其他安置模式为补充”的移民思路，同时指出，依托城镇化发展对生态移民进行安置过程中必须着力解决安置城镇的选择问题、城镇基础设施和公共服务设施问题、移民的培训与就业问题、移民的社会适应性问题、控制移民搬迁成本问题。② 吴大华、王志鑫认为，作为扶贫生态移民，除了享有宪法和法律赋予的各项权利外，还应享有因迁移而派生的政治权利、财产补偿权、生存发展权及和谐权等权益，应通过促进扶贫生态移民立法，建立健全移民参与和申诉制度，建立扶贫生态移民保障机制等一系列措施构建贵州扶贫生态移民的权益保护体系，保障扶贫生态移民的各项权利落到实处。③ 陈琛等以贵州省省级示范点之一的湄潭县永兴镇作为研究案例，将“生态”和“脱贫”作为双重目标，分析该镇在生态移民过程中的实施策略和经验，从迁出地生态修复、稳定安置移民、安置区可持续发展三方面总结其生态移民模式，并从优势产业发展、民族文化适应性、移民内生动力、移民稳定转型等方面提出更进一步的思考。④

3. 生态扶贫的做法和成效

段明等据湖北省恩施市龙凤镇和贵州省六盘水市水城县的扶贫实践

① 邓小海、曾亮：《贵州生态文明建设与精准扶贫互动对策探析》，《贵州社会主义学院学报》2016 年第 4 期。

② 王永平、吴晓秋、黄海燕等：《土地资源稀缺地区生态移民安置模式探讨——以贵州省为例》，《生态经济》2014 年第 1 期。

③ 吴大华、王志鑫：《贵州扶贫生态移民权益保护研究》，《贵州师范大学学报（社会科学版）》2014 年第 2 期。

④ 陈琛、顾雪莲、刘艳梅：《“生态”与“脱贫”并重的扶贫生态移民实践与思考——以贵州湄潭永兴镇为例》，《生态经济》2018 年第 2 期。

总结出一套“中科院技术+当地政府+当地龙头企业+贫困户/贫困集体”的生态渔业扶贫模式，这种模式的示范与推广保护了生态环境，有效促进了贫困山区水产养殖业的科学发展，保障了贫困户脱贫不返贫。① 颜红霞、韩星焕分析了中国特色社会主义生态扶贫的理论内涵，并总结了贵州生态扶贫的实践模式经验：一是生态环境保护及治理，通过资源靶向供给实现了生态的可持续发展；二是依托生态资源大力发展“生态+”扶贫产业，实现了经济的包容性增长；三是通过“互联网+”开展扶贫管理和电商扶贫，借助大数据全面推进大扶贫；四是扶贫生态移民，生态扶贫的反向开发与环境移民的融合创新。②

（七）社会保障兜底扶贫

相关研究主要集中在贵州省医疗保障减贫、农村老年妇女社会保障问题等方面。董强、聂开吉认为贵州兜底扶贫的经验主要在于建立健全五级远程医疗体系建设，具体做法是贵州省委、省政府以远程医疗为抓手，着力破解基层医疗卫生服务能力弱、人才培养周期长、医技人才引进难、优质医疗资源分布不均的痛点难点，打破传统模式，依托贵州大数据发展战略，强力推进省、市、县、乡、村五级远程医疗服务体系全覆盖。③ 杨玉宏指出，贵州省兜底扶贫存在三点问题：一是兜底扶贫制度与扶贫开发的制度衔接障碍；二是过于重视物质兜底救助，忽视服务救助；三是低水平社会保障兜底扶贫的困境。④ 仇雨临、张忠朝研究贵州民族地区医疗保障反贫困发现，“三重医疗保障”反贫困效果显著，

---

① 段明、张朝硕、肖海金等：《贫困山区生态渔业扶贫模式的实践与思考——从湖北恩施到贵州六盘水》，《中国科学院院刊》2019 年第 1 期。

② 颜红霞、韩星焕：《中国特色社会主义生态扶贫理论内涵及贵州实践启示》，《贵州社会科学》2017 年第 4 期。

③ 董强、聂开吉：《改革开放 40 年贵州扶贫开发经验总结及思考》，《贵州民族报》2018 年 11 月 22 日。

④ 杨玉宏：《贵州省社会保障兜底扶贫问题探讨》，载《社会学视野与贵州脱贫攻坚研究》，科学出版社 2017 年版。

其中新农合减贫效果大于大病保险、大病保险减贫效果大于医疗救助，民族地区医疗保障减贫效果大于非民族地区，新农合基金使用率和供给率均大于大病保险和医疗救助。[①] 张辉对贵州农村老年妇女经济与生活状况进行考察，探讨了农村老年妇女相关社会保障问题中隐含的性别不平等状况，认为农村老年妇女在获得经济来源和收入支持方面因社会性别不平等而较男性存在较大劣势，并提出了相关政策建议。[②]

（八）社会扶贫

相关研究主要集中在贵州省社会扶贫的做法、成效和不足上。黄承伟等指出，贵州广泛凝聚社会力量，依托定点扶贫、东西部扶贫协作、社会帮扶等平台，形成了专项扶贫、行业扶贫和社会扶贫的“三位一体”大格局，上海、大连、苏州、杭州、宁波、青岛、深圳、广州等8个发达城市“一对一”帮扶贵州省8个市（州）。[③] 黄承伟、刘欣指出，本土民间组织参与的扶贫开发在扶贫介入、选择、实施和管理过程中产生了官方影响与民间自觉双重路径融合的行动模式，该模式也使民间组织在扶贫资金来源、扶贫模式及合作关系上表现出一定的特殊性，并进一步影响其在社会扶贫中的定位和发展方向，即规避组织的行政异化以及作为社会扶贫中介者、调和者、创新者和引导者角色的生成。[④] 卢方琦指出，广州对口帮扶贵州黔南和毕节在着力完善帮扶机制、强化产业协同发展、促进劳务精准对接、助力“黔货”出山进城、大力推进旅游开发等方面取得了明显成效，今后应在加强产业合作共建、提高劳务

① 仇雨临、张忠朝：《贵州少数民族地区医疗保障反贫困研究》，《国家行政学院学报》2016年第3期。

② 张辉：《社会性别视角下的农村老年妇女社会保障问题——基于贵州的调查》，《农村经济》2013年第9期。

③ 黄承伟、叶韬、赖力：《扶贫模式创新——精准扶贫：理论研究与贵州实践》，《贵州社会科学》2016年第10期。

④ 黄承伟、刘欣：《本土民间组织参与扶贫开发的行动特点及发展方向——以贵州省某民间组织为例》，《贵州社会科学》2015年第1期。

对接精准度、突出抓好农业扶贫、推进旅游全域发展、扩大干部人才交流等方面创新工作思路和方式方法。[①] 周恩宇指出，贵州的定点扶贫实践在中国的扶贫经验中具有典型性，其较早采取下派工作队作为扶贫的组织行动方式沿袭了中国共产党的农村治理经验，但定点扶贫也面临行动目标的偏离、组织权力的非规范使用及成效评估弱化等实践困境，急需通过厘清行动目标、规范权力使用以及完善财务和评估制度体系等方式研究解决。[②]

（九）文化扶贫

相关研究主要集中在贵州省文化扶贫的做法和不足上。彭芳蓉指出，2016 年以来贵州省陆续出台《关于建设多彩贵州民族特色文化强省的实施意见》《贵州省“十三五”文化事业和文化产业发展规划》《贵州省文化厅文化扶贫行动计划（2017—2019 年）》等政策文件，强调以“文化育民，文化惠民，文化励民，文化富民”为着力点，为全省的文化扶贫指明方向。[③] 杨清虎认为文化扶贫就是要扶观念、扶习俗、扶权益、扶情感、扶健康，同时文化扶贫需要加大成人教育力度、实现“以工代教”、利用新媒体拓宽教育渠道、抓典型搞帮扶、加强农村妇女组织建设等扶贫措施。[④] 刘大泯认为贵州文化扶贫存在一些问题，如贫困人口的文化自信匮乏、贫困人口生存能力和发展能力的制约、文化人才的缺失和文化基础设施管理落后、管理和制度“缺位”等。[⑤]

---

① 卢方琦：《广州对口帮扶贵州的成效、问题及建议》，《探求》2018 年第 1 期。

② 周恩宇：《定点扶贫的历史溯源与实践困境——贵州的个案分析》，《西南民族大学学报（人文社科版）》2017 年第 3 期。

③ 彭芳蓉：《文化扶贫的贵州亮点》，《贵州日报》2017 年 10 月 27 日。

④ 杨清虎：《边远地区农村妇女文化扶贫的路径探析——以贵州为例》，《中共济南市委党校学报》2017 年第 6 期。

⑤ 刘大泯：《贵州文化扶贫的现状及发展对策研究》，《理论与当代》2018 年第 8 期。

二、贵州省脱贫攻坚的挑战和路径选择

2019年是贵州省打赢脱贫攻坚战、全面建成小康社会的关键之年。党的十八大以来贵州脱贫攻坚取得了显著成效的同时，也面临着越来越难啃的“硬骨头”。现有学术研究从宏观上针对贵州的扶贫困境，总结出贵州脱贫攻坚面临的挑战，如少数民族反贫困问题、脱贫攻坚的可持续发展问题、贫困文化问题等，并对贵州脱贫攻坚及2020年后扶贫的路径选择进行了分析和讨论。

（一）贵州省脱贫攻坚的挑战

相关研究主要集中在贵州少数民族反贫困问题、贵州脱贫攻坚的可持续发展问题、贵州贫困文化问题等方面。王晓毅指出，贵州的案例表明，在减贫推进过程中少数民族不断重新认识自己的传统和发展，在反思中可以重建发展的主体、修正发展目标和调整发展措施，可见在少数民族反贫困问题上，需要不断反思、调整发展的政策和措施。[①] 王春光指出，贵州精准扶贫和脱贫首先面临治理的可持续性问题和挑战，一是村庄“去熟人化”导致的内部治理成本过高，二是基层政府忙于落实精准扶贫任务，无暇、无力去深刻认识精准扶贫战略，三是社会组织在贫困治理上存在着空间狭小和嵌入上的水土不服问题。其次，产业扶贫面临多重可持续性发展挑战和问题，一是产业扶贫存在着重项目落实、轻服务的问题，二是产业发展的组织化与扶贫、脱贫不协调，三是产业扶贫政策被截留的情况时有出现，四是产业扶贫的长时性与扶贫脱贫的短期性之间的张力。此外，还有一些挑战，比如易地搬迁存在手段与目标错位问题，社会政策托底不足问题，多元的社会扶贫主体之间存在着

① 王晓毅：《反思的发展与少数民族地区反贫困——基于滇西北和贵州的案例研究》，《中国农业大学学报（社会科学版）》2015年第4期。

责任、义务和权利不清晰、行动逻辑各不相同的问题。[①] 贺海波基于贵州望谟集中连片贫困地区村寨的实证调查，认为精准扶贫与贫困文化存在三组矛盾关系：扶贫经济与贫困文化的作用与反作用、“快扶贫—慢生活”的行动规范冲突和“理性—非理性”的价值观念冲突。[②]

（二）贵州省脱贫攻坚的路径选择

有关贵州脱贫攻坚的路径选择研究主要围绕在产业扶贫、教育扶贫、社会扶贫等方面展开，并对贵州扶贫模式的可持续性发展、空间减贫模式、扶贫政策的延续性等问题提出了一些思考。杜剑、王肇认为贵州省脱贫应注重“造血”：首先利用好贵州得天独厚的资源、突出的环境优势和多民族背景优势，加强旅游业辐射带动作用；其次要多渠道探索农村人口的农业收入，加强规模化、品牌化建设；再次要协同保障政策、资金和基础设施建设；最后要落实教育及培训工作，在义务教育的基础上应及时推动职业教育事业的发展以及扶贫攻坚生产技术的普及。[③] 王春光认为推进贵州脱贫攻坚可持续发展的对策性建议主要是：第一，以党建为抓手，以社会建设和社会治理为基础，打牢脱贫攻坚的社会基础。第二，做好产业扶贫的生产性和市场性公共服务，为产业发展提供良好的技术培训、市场网络、市场规制、质量保证、风险防范等服务。第三，为易地搬迁构建系统的长效政策体系，尤其要重视安置点的社区建设、能力培训，寻找搬出地资源的开发与搬迁户的生计和发展之间的链接机制。第四，强化社会政策在扶贫和脱贫上的作用，特别是在2020年之后，在反贫困上要从运动性治理转向常规性治理，让社会政策担当主导角色。第五，让社会扶贫真正回归“社会”，给社会扶贫

---

① 王春光：《贵州省脱贫攻坚及可持续发展研究》，《贵州民族大学学报（哲学社会科学版）》2018年第3期。

② 贺海波：《贫困文化与精准扶贫的一种实践困境——基于贵州望谟集中连片贫困地区村寨的实证调查》，《社会科学》2018年第1期。

③ 杜剑、王肇：《贵州省农村贫困状况及扶贫政策建议》，载张再杰、李国和：《社会学视野与贵州脱贫攻坚研究》，科学出版社2017年版。

创造更好的政策、更宽松的资源空间和更大的平台。赵璐、赵作权采用空间统计方法和GIS可视化技术，对贵州省域减贫脱贫的空间模式进行了动态统计分析和可视化表达，发现贵州省具有从核心到边缘扩散的空间减贫规律，贫困县致富格局与减贫摘帽过程呈现空间扩张趋势，充分揭示了以贵阳、遵义为核心的黔中经济区的辐射带动作用。① 蒋辉、刘兆阳通过贵州、云南、安徽三省数据的实证分析表明公共政策在“公共政策—农业发展—减贫效应”复合减贫系统中起到了主要的驱动作用，基于此，今后要加大对贫困地区基础教育、公共基础设施、农田水利设施、金融信贷等方面的政策支持力度，形成扶持农业发展的长效机制，政策、资金重点向农业产业化扶贫项目倾斜。②

三、贵州省脱贫攻坚研究文献的特征及未来研究展望

党的十八大以来，贵州省脱贫攻坚作为我国扶贫工作的主战场，成为了学术界的研究热点。现有文献特征主要有三点，一是多学科共同关注，二是多种研究视角剖析贵州脱贫攻坚的模式、成效、挑战和对策，三是从规范分析走向实证分析。众多学者的研究为今后扶贫工作提供了宝贵的知识积累，但还有进一步改善的空间。基于这一认识，对贵州省脱贫攻坚未来研究的方向进行思考，包括目前研究中被忽视的理论化问题，并就方法、数据和关注议题等方面为今后研究提供可能的方向。

（一）现有文献特征总结

1. 学科背景：多学科共同关注

从研究者的学科背景来看，几乎涵盖了社会科学各个领域，其中又以社会学者、公共管理学者、经济学者占绝大多数。学者们除了运用本

① 赵璐、赵作权：《我国省域地区减贫的空间模式探讨——以贵州省为例》，《资源开发与市场》2018 年第 2 期。

② 蒋辉、刘兆阳：《贫困地区公共政策、农业发展与减贫的耦合协调分析——基于贵州、云南、安徽三省数据的实证分析》，《经济地理》2016 年第 11 期。

专业的理论和方法工具外，还大量借鉴其他学科的概念和命题来描述解析贵州脱贫攻坚政策运行中出现的问题及其根源，如“精英俘获”“增长极”“扶贫吸纳治理”等，很好地抓住了贵州脱贫攻坚实践的复杂特征及其背后逻辑。

2. 研究主题：多种研究视角剖析贵州脱贫攻坚的经验、挑战和对策

从研究主题来看，既有研究运用不同视角和方法关注贵州脱贫攻坚的经验、挑战及提升策略等多方面内容。在扶贫经验方面，许多研究涉及扶贫体制机制、产业扶贫、易地扶贫搬迁等具体微观层面，研究方向多元化，研究的角度更加新颖，涵盖基层治理、中央—地方关系等多种视角。多数学者将理论与实践相结合，开始针对某一地区的贵州脱贫攻坚情况做实证性研究，并且这种实证性研究已经成为当前贵州脱贫攻坚研究中的一个重要趋势。在扶贫挑战方面，现有文献在微观层面对各种扶贫模式面临的困难进行了总结，也在宏观层面上对贵州少数民族反贫困问题、贵州脱贫攻坚的可持续发展问题、贵州贫困文化问题等进行了深入的探讨。在扶贫对策方面，主要针对产业扶贫、教育扶贫、社会扶贫等方面提出了政策建议，并对贵州扶贫模式的可持续性发展、空间减贫模式、扶贫政策的重要性等问题提出了一些思考。

3. 研究方法：从规范分析走向实证分析

从研究方法上来看，贵州脱贫攻坚研究多数为定性分析，存在从规范性分析转向实证分析的趋势。随着研究成果的积累和脱贫攻坚的深入发展，近期的文献更多地基于学者对具体案例的深入观察与解读，以及运用量化方法对问卷调查资料的统计和分析。实证研究比重的上升为贵州脱贫攻坚研究提供了丰富生动且翔实的现实素材，增强了研究结论的可行性及对现实工作的指导性。

（二）未来研究展望

1. 应重视对贵州省脱贫攻坚实践的理论总结和提升

学术界对贵州脱贫攻坚的研究虽然是在精准扶贫战略实施之后才陆续展开并扩大规模的，但是作为一个学术研究主题，不能只满足于对其展开现状描述和经验总结，还应该进行理论提升的努力。贵州在扶贫实践中探索出了毕节经验、塘约经验、六盘水“三变”模式、丹寨万达小镇等成功经验，今后应加强这些经验的理论总结和提升，为丰富扶贫治理理论、精准扶贫理论做出努力。

2. 应从规范分析为主转变到规范分析与经验分析并重

既有的精准扶贫研究中，规范分析贯穿始终，后来虽然有了越来越多的案例研究的补充，但还需继续发展完善。首先，现有研究缺乏用比较的视野来发现和分析精准扶贫问题。贵州扶贫实践可以更多放在少数民族地区、集中连片特困地区等更广泛的领域进行对比或者进行成功和失败的案例对比分析，这样的比较研究更有利于总结贵州脱贫攻坚的“样板”经验，体现贵州扶贫工作的独特价值。其次，现有研究缺乏大规模的量化分析，因此在探讨影响贵州脱贫攻坚的作用因素及其具体作用机制方面的深度不够。今后要加强定量研究，以具体测度贵州脱贫攻坚成效，并进行时空比较。最后，实证检验必须更紧密地和理论结合起来。贵州脱贫攻坚的量化研究还比较薄弱，在后续研究中，研究者应有意识地从脱贫攻坚的理论内核出发提出研究假设，提升研究的厚度，如此方能真正促进该领域的知识积累。

3. 应在贵州省脱贫攻坚研究中加入文化视角

有关脱贫攻坚的文化贫困研究还不多见，省级层面的相关研究更少。文化贫困的视角对斩断贫困的演化性、代际传递性和多维交叉性有着重要的作用。文化贫困既是贫困现象的社会背景和贫困根源，也是扶贫方略能够有效实施的文化基础。贵州作为我国扶贫开发任务艰巨、难度极大的区域，有着深刻的文化贫困根源。从文化视角入手，能为激发脱贫内生动力提供新的思路，也很可能会提出很有意义的扶贫本土性理论解释框架。

4. 应加强贵州省2020年后扶贫政策和路径研究

有关贵州省2020年后扶贫政策和路径的研究还很少，多数只是针对当前扶贫工作的梳理总结和政策建议。2020年，贵州省农村贫困将会进入相对贫困阶段，贫困群体会呈现新的特征，贵州扶贫工作的政策和路径也要相应调整。针对扶贫政策的调整，应加紧开展贵州大扶贫格局深化问题、扶贫工作与乡村振兴的衔接问题以及城市相对贫困问题等扶贫领域相关研究。在扶贫路径的改进方面，多样化的脱贫路径大多可归结为发展生产和社会保障两大机制，在贵州省2020年后扶贫时期，只有分清两者联系与区别，才能真正把扶贫脱贫做到因人施策、因地制宜。

附录二

激发内生动力，走满脱贫百里路

脱贫攻坚是干出来的，首先靠的是贫困地区广大干部群众齐心干。用好外力、激发内力是必须把握好的一对重要关系。对贫困地区来说，外力帮扶非常重要，但如果自身不努力、不作为，即使外力帮扶再大，也难以有效发挥作用。

——习近平《在东西部扶贫协作座谈会上的讲话》

（2016 年 7 月 20 日）

“行百里者半九十”，在脱贫攻坚及成果巩固的过程中，外力和内力彼此互为百里的九十，特别是在精准扶贫政策的有效实施以来，扶贫济困的外力已经充分发挥了作用，在这个基础上干部群众的内生动力所铺就的就是这最后十里路。

帮扶干部（特别是一线的帮扶干部，如第一书记）和贫困群众是脱贫攻坚战的主体。对于主体中这两部分人员内生动力，也就是心理状态及其规律的科学认识和调动，是“真脱贫，脱真贫，长效持久脱贫”的最根本保证。以帮扶干部的内生动力的激发为例，首先要了解主体内生动力的外在表现，也就是通常所讲的工作态度、工作热情等，进而了解与这些外在表现相关联的心理状态，研究其规律，进而通过设置合理的方法（例如激励机制）来激发和调动内生动力。这样做的最大好处就是最高效地“减负提效”。再以贫困群众为例。对于内生动力不足表现的一个最恰如其分的刻画是“坐在门口晒太阳，等着政府送小康”，在这种“等靠要”的状态背后，是贫困群众特殊的心理状态，往往在认知、态度和精神层面都有着复杂的原因。这种认知、态度和精神状态决定了这部分群众“很适应”和“很享受”“等靠要”的生活。

此部分内容即通过对贵州部分贫困地区的走访分析，整理出了贵州基层激发干部群众内生动力、打赢脱贫攻坚战的一些经验做法。希望通过这些基层案例，激发脱贫主体对内生动力的科学思考，帮助帮扶干部特别是一线帮扶干部科学了解帮扶主体的心理状态和规律，进而对内生动力进行科学有效的评估，由此探索出内生动力的促进机制和保护机制。同时也对贫困群众的内生动力问题进行科学了解，进而找出一套合理的方法“真脱贫，脱真贫，长效持久脱贫”。

一、打造内生动力充沛的帮扶干部体系

在贵州全省群众安全感满意度测评中，兴仁市潘家庄镇全省排名第一。一个前些年干群关系矛盾严重的地区取得这样的成绩实属意外。究其背后的原因，潘家庄镇政府创新提出了“1234611”脱贫攻坚成效巩固提升工作机制帮助他们走到了全省的前列，即：

1——强化一个领导：强化1+12+11镇级指挥调度体系；

2——激发两个动力，激发贫困户和群众内生动力，激发干部干事业成事业内生动力；

3——完善三个机制：脱贫成效巩固工作落实清单制，脱贫成效巩固问题跟踪派单制，脱贫成效巩固责任追究从严制；

4——提升四大水平：提升产业发展水平，提升就业保障水平，提升资金使用水平，提升旅游扶贫水平；

6——巩固六项成果：巩固基层组织建设成果，巩固教育成果，巩固医疗成果，巩固住房成果，巩固基础设施建设成果，巩固饮水安全

成果；

1——改善一个环境：改善人居环境（三清一改）；

1——探索一个振兴：探索乡村振兴。

着力打造一个内生动力充沛的帮扶干部体系，形成一支负减效增的公务员队伍。由此，在理论和实践层面探索一套科学的方法来激发帮扶干部的工作热情、获得充沛的内生动力的重要性愈发凸显出来。在此次贵州的调研中，贵州省政府及下辖的盘州市和兴仁市的做法提供了有益的启示。

（一）合理有效的激励机制

近日，六盘水市为进一步把习近平总书记和省委对驻村干部的关心关爱落到实处，激励基层干部“牢记嘱托、感恩奋进”，扎根基层、苦干实干，决定从2017年12月17日起，为每个驻村干部配送“四件套”（“一本书”“一床毯”“一笼火”“一个箱”）。看似一件件小事，送去了组织的温暖，充分体现了六盘水市委对脱贫攻坚一线干部的真心真情关爱。省委书记孙志刚批示“可在全省推广、为驻村干部改善条件”，充分体现了中央和省委对基层一线干部的关心关爱。

（新闻报道摘录）

任何一个组织中，成员是组织的。成员的需求和组织的目标一致时，成员会表现出强大的动力，努力实现组织的目标，并且成就人生的价值。对党组织和党组织的领导下脱贫攻坚的成员——帮扶干部来说，同样如此。因为脱贫攻坚的重要性，各省都派出公务员中的佼佼者组成帮扶队伍，以本次调研的贵州省为例，贵州省委省政府始终坚持把脱贫攻坚作为重大政治责任，把脱贫职责扛在肩上，脱贫任务抓在手上，按照“尽锐出战”的要求，选派精兵强将驻村帮扶。这为贵州脱贫攻坚达标提供了基本的保障。

通常，“精锐”的帮扶干部都有较为明确的人生精神追求和职业目标，具有责任心强、抗挫能力强、业务能力强等特点。打造一个内生动力充沛的帮扶干部体系，不仅要更好地保护和调动这些有利因素，而且要关注其个体需求，例如，从时间角度，帮扶干部也会有一些较为短期的需求和长期的需求。短期需求，通常对应的是有比较直接和快速的反馈，例如完成一项任务的过程中群众的认可和领导的肯定。同时他们也会有长期需求，长期需求对应于长期的工作结果，例如，通过持续的努力，村容村貌得到改善，群众生活更加富裕，同时自己也获得职业的发展等。

由此，通过理解帮扶干部的心理状态，对短期需求和长期需求进行区分，激发相应的动机，可以调动帮扶干部的工作积极性。以六盘水市的“四件套”为例，体现了组织对基层帮扶干部工作的认可，以及对其工作条件和工作难度的一种体谅和关怀，亦是一种人性化的高水平管理。“四件套”是对帮扶干部短期需求的一种直接的满足，也对长期需求的引导和满足起到了积极的作用。

“四件套”中送了“一本书”“一床毯”“一笼火”和“一个箱”。对“天无三日晴”的贵州来说，冬季对帮扶干部的考验已大大超出了脱贫攻坚本身所需的基本职业要求，还包括对意志品质和工作信念的考验。“一床毯”“一笼火”从客观上可以帮助帮扶干部抵御恶劣自然环境，更能在精神层面起到坚定意志和巩固信念的作用。这来自脱贫攻坚的各级帮扶干部本身就是一个整体，“四件套”增强了党组织和帮扶干部之间的情感联结，使得每一个帮扶干部都感到了有力的组织支持。同时“一个（药）箱”，这又拓展了帮扶干部和群众的联结，驻村干部除了自身使用，在走访时还兼职充当起“赤脚医生”。

更重要的是“四件套”中送的“一本书”——《习近平的七年知青岁月》。书中平易近人、真情实感的故事对每位帮扶干部都是一种触动，榜样的力量对于每位帮扶干部增强信心起到了正向激励作用。“总书记（当年）住在简陋的窑洞、吃着粗加工口粮、承担高强度劳作，却心系群众，把根扎在黄土地上，用心用情带着群众干，从中让我读到了总书记的初心，感觉自己的使命感更加强烈，信心更加坚定。”一位驻村干部这样说。

好的工作激励从来不能只通过物质奖励实现。“四件套”本身是物质的支撑，是工作保障的一种形式，但是超出了一般工作保障的效果。好的工作激励需要将物质和精神奖励有机结合。在工作保障层面，贵州省委省政府要求严格落实工作经费、艰苦边远地区津贴。每人每年 1 万元工作经费，每人每天不少于 55 元食宿补助，每年组织一次体检，办理保额不低于 50 万元意外伤害保险。同时省委省政府还非常注重激励关怀和典型选树，这同样是满足了帮扶干部的极大心理需求，提升了他们内在的工作热情。在激励关怀层面，各级县乡党委和派出单位领导干部，经常与第一书记和驻村干部谈心谈话，了解思想动态和工作思路，帮助解决困难、疏导压力、打气鼓劲。加大对第一书记和驻村干部评先评优和提拔使用的关心关爱力度，对在驻村工作中成绩突出、百姓认可的优秀干部格外关注，条件成熟的要提拔使用，对实绩特别突出、工作特殊需要的干部，可按程序报批后破格提拔使用。在典型选树上，每年采取自下而上、层层遴选、逐级推荐的方式，在全省评选表彰一批优秀村第一书记和驻村干部。2018 年 7 月，经党中央批复同意，贵州省第一个在《中国共产党党内功勋荣誉表彰条例》颁布后以省委名义开展第一书记专项表彰，共评选表彰“全省脱贫攻坚优秀村第一书记”200 名。

在脱贫攻坚的过程中，贵州省设立了合理有效的激励机制。些激励机制在满足了帮扶干部个体的物质需求的同时更满足了每个人的心理需求，通过情感上的关怀和目标上的引领，提高了帮扶干部想做事、能做事的动力，从而他们的内生动力得到了激发，更为党组织在脱贫攻坚中加强组织建设积累了宝贵经验。

（二）立足培养的容错机制

从我国脱贫攻坚的复杂性和困难性来看，贵州省“名列前茅”。贵州省的帮扶干部基本上面对的都是贫瘠的土地、几乎为零的产业、观念落后的群众等一些“老大难”的问题。帮扶干部的能力及经验，特别是帮扶经验，往往决定了脱贫的效率和效果。如果帮扶干部的经验不足，往往会影响到对自己帮扶工作（自我效能）的认识，进而产生一些不利于工作的行为，例如工作倦怠。在这种情况下，即使进行惩罚追责，效果往往也不尽如人意。给予帮扶干部专业知识的学习和帮扶经验的交流积累，是解决此类问题的关键之一。为此，贵州省通过四项措施对第一书记和驻村干部进行了教育和管理。

一是明晰职责任务。第一书记和驻村干部在乡镇党委领导下，紧紧依靠村党组织，履行好脱贫攻坚主体责任。驻村工作期间，不再承担原单位工作，党组织关系转到所驻村。同时，紧紧围绕向脱贫攻坚发起总攻、夺取全胜，组织市县乡村认真总结经验，梳理村第一书记在脱贫攻坚中所承担的重点工作，收集汇总、归纳提炼、分类聚合，形成《村第一书记履职要点》，明确村第一书记和驻村干部重点要牢牢把握“八要素”，运用好“五步工作法”，履行好宣传党的政策、建强基层组织、推动产业发展、推进精准扶贫的职责。

二是加强教育培训。2016 年以来，以“省级示范、市州统筹、县级为主”的原则，分级负责，每年对第一书记和驻村干部至少进行 1 次轮训。重点围绕产业发展、劳务输出等内容，有效整合各级党校和省内外干部教育培训资源，累计培训 13.5 万余人次。为确保培训质量，精心办好省级示范班，为市、县培训树标杆、立标准。并且，省委常委、组织部长对培训工作高度重视，提出明确要求，亲自审定培训方案，连续两年为第一书记和驻村干部作辅导报告，帮助熟悉政策要求、掌握工作方法、提升能力素质。

三是坚持从严管理。制定第一书记管理办法、“从严管理 12 条”，建立第一书记和驻村干部交叉巡查制度，每季度随机开展 1 次交叉督查，督查结果全省通报。从 2016 年 4 月至 2019 年 3 月，省、市、县三级共开展督查 1247 次，共查处通报第一书记 1071 人，占总数的 14.53%，驻村干部1668人，占总数的3.87%。建立绩效考核“挂钩”制度，对帮扶单位重视不够、帮扶成效不好的，单位年度目标考核不能评为一等奖。

四是注重考核问效。坚持考勤和考绩相结合，采取日常考核、半年考核、民主评议和年终考核等相结合的方式，结合村民评价、村干部评议，每年对第一书记和驻村干部进行考核，年度考核优秀比例由原来的12%大幅度提高到30%，不占派出单位优秀等次名额。

一种行为习惯和认知习惯的培养，通常正向激励是比负向惩罚会有更好的效果，特别是在组织建设中。此四项措施以正向激励为主，在制度上保证了“尽锐出战”的贵州帮扶干部都可以获得有效的扶贫知识。加之以培养人为目的管理初衷，在提高帮扶干部专业性的同时还会增强其对党组织的归属感。

在基层的落实上，本篇伊始介绍的贵州省兴仁市潘家庄镇，对于干部培养又有了进一步的创新。其提出的“1234611”脱贫攻坚成效巩固提升工作机制，就对帮扶干部的培养、工作热情的激发开展了更有益的尝试，即“1234611”中的“3”。这个“3”指的是完善三个机制，即脱贫成效巩固工作落实清单制、脱贫成效巩固问题跟踪派单制、脱贫成效巩固责任追究从严制。这个“3”是一个合理的容错机制，容错的目的在于保证脱贫攻坚任务有效完成，也在于对帮扶干部的培养。

兴仁市潘家庄镇党委意识到，每一级党组织在脱贫攻坚过程中通过学习和经验总结，都积累了大量因地制宜的扶贫方法。通过学习和工作落实清单，即使是新的帮扶干部也可以快速和高效地了解和掌握工作的要点和方法。在实际工作开展过程中，由于贫困本身的复杂性和特殊性，不免有一些新的问题会出现，这很可能对一些帮扶干部如期完成扶贫任务造成了一定的困难。对于这种情况，组织上并不急于对其进行惩处，而是群策群力想办法。通过下任务单，派给未能完成任务的帮扶干部，监督其按要求按期完成。这在很大程度上保护了帮扶干部的工作热情，也对帮扶干部能力起到了培养作用。

（三）打造高水平社会治理公务员队伍

脱贫攻坚的重中之重在于党的领导，在于组织的建设。精准扶贫是我国现阶段脱贫攻坚工作的精髓所在，其体现了习近平总书记关于扶贫工作重要论述的科学性，也为我们的党组织带来一笔非常重要的财富，即一支经过脱贫攻坚洗礼的政治过硬、技能过硬的公务员队伍。这个队伍是今天完成脱贫攻坚目标、巩固脱贫成果的中坚力量，也是明日乡村振兴、提升社会治理水平的主力军。

高水平社会治理公务员队伍建设的前提是“对的人”。这样的公务员有着必要的人格因素。对于这些人格因素的探索和总结，是科学提高公务人员队伍水平的客观需求，也是未来选拔人才和培养队伍的着力点。从心理学大五人格理论的角度来看，对于公务员的基本要求是需要他们具有较高水平的尽责性（责任心）。根据实际的工作需要，不同岗位对外向性、随和性、情绪稳定性、智力和想象力人格因素也有一定要求。例如驻村干部和第一书记，因为需要经常进村入户，和贫困群众面对面交流，所以需要有较为外向的性格。

对于一个高水平社会治理公务员队伍来说，同理心和创造力也同样重要。同理心是一种对于对方情绪和认知亲身实感的能力，“想群众之所想，急群众之所急”就是一个具有优秀同理心的干部的重要表现。贫困群众的致贫原因千差万别，帮扶起来往往需要一户一策。对于不同特点的群众，特别是缺乏内生动力的群众，给他们找到各自合适的“药方”，才能帮助他们有效脱贫，并且巩固脱贫成效。专业的经验和扶贫知识是帮扶的必要条件，更要加之富有同理心，才能真正去理解贫困群众的生活，分析他们致贫的根本原因，分析影响他们脱贫的关键因素，找到正确的“药方”。

只有设身处地地进行了分析，发现了问题，才能找到解决问题的方法，这通常是需要因地制宜创新地解决问题。例如，同样是兴仁市潘家庄镇的例子，在脱贫攻坚前期一直存在干群矛盾问题，脱贫攻坚的效果并不是很理想。造成这个矛盾的关键是镇上的煤矿等企业和群众的利益发生冲突，而传统的调解方法反而造成了冲突各方对干部的不满，干部在中间受着“夹板气”。在了解和分析了矛盾的关键所在后，潘家庄镇党委创新地从产业结构调整角度化解了原有矛盾，通过发展农业产业，增加了当地群众的收入，提高了大家的生活满意度，社会治理水平也随之提高了。

二、多种方法构建贫困群众的内生动力激发体系

贫困群众的内生动力问题，也就是通常所说的“精神贫困”问题，一直贯穿在脱贫攻坚过程始终，随着脱贫攻坚进入最后的阶段，这个问题也越来越凸显出来。“精神贫困”现象，更准确地说是“心理贫困”问题，变得越来越得到各级党组织和社会各界的重视，这是贫困治理所必然经历的阶段，也是“行百里者半九十”的关键问题之一。

（一）评估

贫困群众的内生动力问题变得突出，是因为随着脱贫攻坚各项措施的深入开展，以及我国进入经济发展新常态后，经济增长带动减贫效益下降，未能脱贫或未能稳固脱贫的群众往往表现出内生动力不足。在2018年全国两会上已有学者委员提出将这个问题纳入到扶贫工作的考量之中。“经济的贫困只是外在的表现，思想观念的贫困才是内在的根源。如果不首先解决这种内在的思想观念上的贫困，那么，扶贫工作就会事倍功半。”

通过对全国若干连片贫困地区的走访，特别是此次对贵州的全面调研发现，在实践中帮扶干部对于内生动力问题的认识是基于各自工作经验的。这种基于个体经验的认识往往在个人工作层面是比较有效的，但也存在一个很大的问题，即经验可迁移性的问题。这样就造成每个帮扶干部都要探索出一条适合自己帮扶对象的路子，这无疑提高了工作的时间成本和物质成本，和“基层减负”背道而驰，也给内生动力问题纳

入扶贫工作考量带来了困难。

建立一套系统化、科学化的评估方法，是解决上述问题的重要途径。通过对贫困群众以及一线帮扶干部的访谈，以及对全国贫困地区的大数据分析，研究者总结出了49项对应贫困群众内生动力不足问题的行为表现，通过进一步的研究测量和数据分析，可以构建出一套完成的内生动力的评估指标体系。这为未来将内生动力问题纳入扶贫工作考量打下了基础，也为对内生动力问题进行干预提供了科学依据。

（二）通过沟通改变观念

中国的贫困带有很强的地域性特征，贫困地区的群众特别是贫困群众，会不自主地维持一种“脆弱的平衡”。这种平衡是生产和生活上的，也是对这种生产和生活认识上的。这种平衡会轻易地被生产生活中的意外事件，例如天气灾害、婚丧嫁娶所打破，影响到其生活质量。但是祖祖辈辈的生活习惯，以及主动打破这种平衡过上幸福生活的“成本”决定了绝大多数困难群众会产生对这种脆弱平衡的适应，特别是心理和生理上都会适应。

贵州办新时代农民（市民）讲习所就是针对打破这种平衡的一种极具实效的方式。讲习所最早出现在明朝的《借山亭记》中，是讲解学习的地方。中国共产党历来重视讲习所的重要作用，早在我党建立初期就在全国多地建立了讲习所，传播革命知识，成为那个时期的时代变革推进器。在新时代，讲习所起到了同样重要的作用。以黔西县新时代农民（市民）讲习所为例。2017年4月以来，黔西县在深入贯彻习近平总书记精准扶贫精准脱贫方略进程中，把新时代农民（市民）讲习所作为有效载体和有力抓手，聚焦“六讲六干”，着力于扶贫与“扶智”“扶志”相结合，紧紧围绕“由谁讲、怎么讲、讲什么”关键环节，打通了政策下基层的“最后一公里”，起到了“开启民智、凝聚民心、发挥民力、推动民富”的作用，为打赢打好脱贫攻坚战提供精神动力、理论支撑和方法指导。2017年开展集中式讲习活动8655场，现场式讲习活动1.3万余场，受众63万余人次；2018年开展各类讲习活动近万场，惠及群众25.6万人，其中贫困人口6.8万余人。

“脱贫攻坚讲习所，干部群众你和我。就像当年见红军，看见干部不再躲。宣传政策讲道理，房前屋后种水果。党给我们拔穷根，日子越过越红火。”习近平总书记也对新时代农民讲习所的做法给予肯定，他指出，新时代的农民讲习所，赋予它新的内涵，这是创新。

人与人最有效的沟通需要面对面进行，高效的知识传授和掌握需要有组织的学习，而非单独进行，讲习所恰好满足了上述要求。在讲习所课堂上，讲习员通过通俗易懂的语言为群众讲解扶贫政策、社会主义核心价值观、道德文化、法律和国防知识等内容，这使得原来可能从电视上听到的，但是不好理解的内容变得平易近人，为群众改变观念，树立艰苦奋斗、勤劳勇敢、尊老爱幼、诚实笃信、脱贫典型、勤俭持家的社会风气起到了第一推动作用。在毕节等地，还出现了苗语、彝语讲习所，这也对民族的团结起到了重要作用。

（三）因势利导塑造良好行为

调研组在海坝村走访时的一个最直接感触是，这难道不是一个特色小镇？

盘关镇海坝村以人居环境整治为契机，以基础设施、房屋改造、村庄整治、产业发展为主线，上下联动、多措并举，整村推进人居环境整治。在美丽家园建设的过程中，形成了独具特色的村居文化。海坝村，村在山中、房在林中、果在院中、人在景中的乡村美景，是一个具有原生态韵味的特色新家园。在党建引领下，充分调动群众的积极性，推进村民共制。从建立完善美丽乡村“建、管、用、服”长效机制入手，推动人居环境整治工作制度化、规范化和常态化。一是建立垃圾清运处理机制。各网格每周组织群众对本辖区的公共路段、活动场所打扫不少于3次，对垃圾集中堆放和清运实行收费管理，每户每月缴纳5元垃圾清运费，由村委会安排专人负责垃圾的清运。二是建立积分考核激励机制。运用“三变”思维提出“积分”管理机制，将群众的垃圾清运费、合作社“普惠股”分红与环境卫生整治积分挂钩，按月考核、按季评比，年底根据积分多少，决定次年卫生清理费的收取额度，最大限度地调动群众参与环境整治的积极性。三是建立绩效考核分红机制。合作社拿出5%的收益作为“普惠股”，根据群众积分进行分红，积分越高分红越多。

这是一个非常有效的“助推”尝试。诺贝尔经济学奖得主理查德·塞勒认为对有效行为最好的塑造就是通过这种形式，即通过引导潜移默化使群众形成良好的生活习惯。同时在贵州其他地市，还出现了“垃圾银行”，即群众集中处理垃圾会积累相应的积分，之后可以兑换物品。这也是通过行为引导，在喜闻乐见的氛围下，来塑造良好行为的典范。

三、内外兼修，整态化扶贫

只有用好外力、激发内力，才能形成合力。没有比人更高的山，没有比脚更长的路。只要贫困地区干部群众激发走出贫困的志向和内生动力，以更加振奋的精神状态、更加扎实的工作作风，自力更生、艰苦奋斗，我们就能凝聚起打赢脱贫攻坚战的强大力量。

——习近平《在东西部扶贫协作座谈会上的讲话》

（2016年7月20日）

社会发展环境和参与主体之间的关系在脱贫攻坚和巩固提升的过程中贯穿始终，在今后乡村振兴过程中，亦无例外。对这个关系的处理，直接决定着脱贫攻坚成就的巩固以及未来乡村振兴的效果，同样直接体现了社会治理能力的水平。对于这个关系治理关键在于，营造适宜的社会发展环境，同时激发参与主体的内生动力，以合理的认知能力和态度，积极参与到发展过程之中，最终达到社会发展，人民幸福感、获得感、安全感提升。“用好外力、激发内力，形成合力”，整态化发展。这也是社会发展环境和参与主体之间关系治理的目标，同时也是通过社会治理解决人民日益增长的美好生活需要和不平衡不充分的发展之间矛盾的重要切入点。

自党的十八大开展精准扶贫以来，在为人民生活求福祉的路上，我国走在了世界各国的最前面。这种领先是在习近平总书记关于扶贫工作重要论述的指导下，由丰富的实践经验所积累的一种必然。这种必然的结果给整个社会创造了巨大的财富。这个财富是中国向全面小康社会迈进、实现中华民族伟大复兴的基础，也是中国持续发展的有力支撑。

这个财富中的核心部分是在党的领导下，经过脱贫攻坚重重考验洗礼，所打造出来的一个组织体系，是各级特别是一线的帮扶干部。这些政治过硬、技能过硬的公务员是脱贫攻坚能按期完成的根本人力保证。在某种意义上，帮扶干部体系的工作成效，就是脱贫攻坚的工作成效。由此，一个有充沛内生动力的、高水平社会治理的公务员队伍的重要性不言而喻。

打造这个高水平社会治理的公务员队伍首先要选对人。第一，公务员是一个具体的人，每个人都会存在一定的个体差异。认识到这些个体差异的存在，通过培训和引导，才有可能最大限度地调动每个人的潜在积极性。第二，要建立好培养体系。以对帮扶干部的培养为例。科学系统的培训是高效培养人才的重要措施。在课程设置中要尽量全面，如加入各种专业知识的讲解，包括心理学知识、法律知识等。调研组成员在全国各地以及此次贵州省的走访中，发现存在自我成长需求的帮扶干部不在少数，他们自主地选择学习相应的专业知识，例如压力管理知识，来提高自己日常工作的水平。第三，注重榜样的力量。树立典型，对于榜样要进行表彰。通过榜样的正面引导和激励的积极作用，来提高公务员队伍的建设水平。第四，惩处方面，要有一定的容错机制，对能力和态度进行区分，对于能力不足的加强培训，对于态度有问题的进行批评教育。

对于贫困群众内生动力问题的认识要从单一角度向综合角度前进，要从凭经验向科学评估的角度前进。贫困群众具有特定的心理状态，这是一个由地域、文化、生活习惯等诸多因素造成的心理状态。贫困基本上是伴随着人类文明发展史一直存在的。但贫困并不是人类固有的顽疾，只是一种生活生产的状态——“贫困态”。“贫困态”下的客观大环境，与贫困的主体——人之间，有着一种特殊的互动状态。在这种状态下，所对应客体和主体的各种特点，即生产、生活、文化、心理状态……都有自身特定的表现形式，虽然多数表现为稀缺，但是相互之间的关系是相对匹配稳定的。正是这种匹配和稳定使得打破这种状态是需要一种整体的观念和系统的观念，否则可能会成效难继。例如在很多革命老区有着深厚的精神文化资源，但是环境的限制使得脱贫工作举步维艰。反之，如果“万事俱备”，欠了主体的心理和思想的“东风”，就产生了内生动力不足的问题。

上述情况中，“贫”只是这种生态环境中所包含的各种资源相对稀缺的写照，如果没有特定风险因素，各种资源是可以相对协调的。而“困”才是这种状态下最致命的问题。“困”是脆弱，“困”是不堪风险，“困”是没有活力和发展，“困”还是不幸福。这是和整个国家乃至人类发展相悖的，所以人类文明发展自始至终的主题之一就是对于贫困的应对。对于贫困的药方必须是整体的和系统的，既要扶贫又要治困，既要丰富相对稀缺的资源，又要打破原有的无活力无发展的状态，最终达到社会发展、人民幸福。

未来的方向是，通过科学的评估和分析，建立科学的贫困治理体系。例如，此次调研过程中，根据定量的分析发现，在对美好生活的追求上，帮扶干部最关心的五个问题依次是“公平、公正，高水平的医疗卫生服务，可靠的社会保障，社会安定有序，美满的家庭生活”，而贫困群众最关心的五个问题依次是“美满的家庭生活，良好的经济、满意的收入，良好的教育条件，高水平的医疗卫生服务，社会安定有序、风险程度低”。通过此种有效的分析，为达到精确治理提供依据。在面向未来的乡村振兴上，也要从群众的社会需求出发，建立相应的治理体制，利用好讲习所等形式，振兴乡村，改变困难群众落后的生活观念，提升人民的幸福感、获得感和安全感。着力营造一个有效的社会心理服务体系和治理体系。

综合在贵州调研所见，以及上述思考，扶贫不仅应该重视贫困形成的客观复杂性，同时对贫困主体的内生动力，以及两者之间的联系也应给予高度重视。这也是基于大扶贫的思维，通过扶贫和贫困主体的内生动力激发，充分激活扶贫中的各个关键因素的联系，形成一种由政府主导、群众主体、社会参与的“整态化”扶贫运行机制。在这种“整态化”的扶贫下，扶贫其实是创就一个个生机勃勃的“生态环境”，这种环境呈现了一种经济社会发展带动的经济和精神双发展、人民安居乐业、幸福感提升、欣欣向荣的状态。这在实践上丰富了习近平同志关于精准扶贫的理论体系，符合党的十九大报告中对于建立社会心理服务体系的要求，是对社会治理进行的有效探索。

后　记

贵州省作为我国贫困面最大、贫困程度最深、贫困人口最多的省份，是全国脱贫攻坚的主战场和决战区。党的十八大以来，在习近平总书记关于扶贫工作的重要论述指引下，贵州省委省政府带领全省干部群众，坚持以脱贫攻坚统揽经济社会发展全局，全面实施精准扶贫精准脱贫方略，脱贫攻坚取得巨大成就，创新、累积了大量的宝贵经验。对贵州省脱贫攻坚经验进行总结，能够在理论上丰富贫困治理理论和实践模式，在实践上为区域贫困治理提供经验和借鉴。为了系统总结“十三五”时期贵州省脱贫攻坚的经验，中国扶贫发展中心、贵州省扶贫办、华中科技大学成立联合课题组，组织一批在扶贫研究领域卓有建树的专家、学者，对贵州脱贫攻坚进行总结。课题组组长由贵州省委副秘书长、贵州省扶贫办主任李建和国务院扶贫办中国扶贫发展中心黄承伟研究员担任，副组长为贵州省扶贫办副主任彭锦斌、华中科技大学减贫发展中心主任向德平教授。联合课题组成员包括北京大学、清华大学、北京师范大学、中国农业大学、武汉大学、华中科技大学、贵州大学、江南大学等高校的专家学者和全国扶贫宣传教育中心有关同志。课题组在深入调研贵州省脱贫攻坚成果、问题和发展需求的基础上，全面总结贵州省“十三五”脱贫攻坚的成效经验，系统研判决战决胜阶段脱贫攻坚面临的困难、瓶颈和挑战，深入分析2020年后扶贫工作路径。

本书是多方合作的成果。各章节写作人员如下：

执行摘要：宋雯（河南轻工业大学政法学院）

第一章：黄承伟（中国扶贫发展中心主任、研究员）、向德平（华中科技大学社会学院教授）、罗珍珍（武汉大学社会学院博士研究生）

第二章：王禹澔（北京大学博士研究生）、李峰（吉首大学经济学院研究人员）、梁怡（全国扶贫宣传教育中心干部）、梅莹莹（武汉大学社会学院博士研究生）

第三章：张琦（北京师范大学中国扶贫研究院院长、教授）、赵清秋（西北农林科技大学博士研究生）、魏日盛（江西师范大学）

第四章：向德平、王维（武汉大学社会学院博士研究生）

第五章：向德平、张中强（商丘师范学院讲师）

第六章：向德平、张中强

第七章：雷明（北京大学贫困地区发展研究院院长、教授）、姚昕言、袁旋宇（北京大学光华学院博士研究生）

第八章：左停（中国农业大学国家乡村振兴学院副院长、教授）、金菁、赵梦媛（中国农业大学人文与发展学院博士研究生）

第九章：谢玉梅（江南大学商学院教授）、杨芳元、朱豆豆（江南大学商学院硕士研究生）

第十章：向德平、张坤（武汉大学社会学院博士研究生）

第十一章：李晓红（贵州大学经济学院教授）

第十二章：张中强

附录一：何瑾（武汉大学社会学院博士研究生）

附录二：陈涛（清华大学社会治理研究院助理研究员）

在课题研究过程中，黄承伟主任一次主持实地调研、两次主持课题组召开研究报告修改会，2019 年 12 月 23 日在北京主持召开“贵州省脱贫攻坚总结和 2020 年后扶贫工作路径研究”成果评审研讨会。在评审研讨会上，中国社会科学院社会学研究所王晓毅研究员、北京大学政府管理学院副院长燕继荣教授、中国人民大学农业与农村发展学院郑风田教授、中国农业大学人文与发展学院院长叶敬忠教授、江西财经政法大学人文学院副院长蒋国河教授、中国出版集团研究出版社对课题组完成的《“十三五”时期贵州省脱贫攻坚总结》《2020 年后贵州扶贫工作路径研究》《“十三五”贵州脱贫攻坚典型案例》三项成果修改完善、成果出版发布及深化总结研究提出了意见建议。课题组根据专家意见对研究报告进行了多次修订。

在脱贫攻坚进入决战决胜之际，经贵州省扶贫办同意，把上述研究成果编辑形成《人民至上的生动实践——“十三五”时期贵州脱贫攻坚经验总结》一书交由中国出版集团研究出版社出版。

谨以此书，献给奋战在贵州脱贫攻坚第一线的广大干部群众！感谢所有关心、支持本课题研究的单位和人员。

联合课题组

2020 年 7 月